Mentaltraining im Sport

Herausgeber: Oliver Stoll & Heiko Ziemainz ISSN 1866-3346

Band 1

Rainer Schliermann & Horst Hülß

Mentaltraining im Fußball

Ein Handbuch für Trainer, Übungsleiter und Sportlehrer

3. Auflage

FELDHAUS
EDITION CZWALINA

ISBN 978-3-88020-720-2

FELDHAUS VERLAG GmbH & Co. KG
Postfach 73 02 40
22122 Hamburg
Telefon +49 40 679430-0
Fax +49 40 67943030
post@feldhaus-verlag.de
www.feldhaus-verlag.de

Druck und Verarbeitung: WERTDRUCK, Hamburg

Bibliografische Information der Deutschen Nationalbibliothek
Die Deutsche Nationalbibliothek verzeichnet diese Publikation in der Deutschen Nationalbibliografie; detaillierte bibliografische Daten sind im Internet über http://dnb.d-nb.de abrufbar.

Inhaltsverzeichnis

Vorwort

Seit der ersten Auflage des Buches hat sich die Sportpsychologie bzw. das Mentaltraining im Leistungsfußball weiter etabliert. Mittlerweile verfügt die Mehrheit der hochklassigen Profiligavereine im deutschsprachigen Raum über sportpsychologische Beratungs- und Betreuungsangebote verschiedener Form. Und für die Lizenzierung von Nachwuchsleistungszentren der deutschen Bundesligavereine ist beispielsweise die Kooperation mit einem Sportpsychologen[1] bzw. Mentaltrainer gar obligatorisch. Es vollzog sich also ein Sinneswandel und die Rolle der Psyche resp. des Mentalen wird nun als bedeutsame Leistungsressource betrachtet. Es ist die Einsicht entstanden, dass die Leistungsoptimierung im Fußball neben dem körperlichen Training auch das Mentale Training erfordert. Diese Entwicklung ist begrüßenswert und konsequent. Weniger konsequent und logisch erscheint hingegen die Tatsache, dass die Durchführung von Mentaltraining oder der Einbau mentaler Elemente ins ‚normale' Fußballtraining in der überwiegenden Mehrzahl allein den qualifizierten Mentaltrainern bzw. Sportpsychologen überlassen wird (Schliermann et al., 2010).

Selbstverständlich sollte, wenn möglich, mit einem gut ausgebildeten Mentaltrainer bzw. Sportpsychologen kooperiert werden. Manche Trainingsform oder eine solide sportpsychologische Diagnostik muss auch zwingend von diesen Fachleuten durchgeführt werden. Dies entbindet jedoch die ambitionierten Fußballtrainer nicht davor, sich zumindest grundlegende Kenntnisse zum Mentaltraining zu erwerben und das ‚normale' Fußballtraining auch mit psychologischen Schwerpunkten anzureichern. Denn viele mentale Techniken lassen sich gut ins gewöhnliche Fußballtraining einbauen und vom Fußballtrainer realisieren. Damit dies gelingen kann, ist eine hinreichende Wissenskompetenz erforderlich, die dazu beiträgt, das Wissen im Fußball-Trainingsalltag umzusetzen und das so praktizierte Mentaltraining immer wieder kritisch zu überdenken. Schritt für Schritt entsteht dadurch eine Handlungsroutine in der Anwendung mentaler Trainingsformen.

Hier setzt das Handbuch an. Es möchte dem interessierten Fußballtrainer das nötige Grundlagenwissen präsentieren, mit dessen Hilfe im Fußballalltag mental – durch den Fußballtrainer – gearbeitet werden kann. Hierzu werden in den einzelnen Kapiteln jeweils zunächst grundlegende mentale Zusammenhänge erläutert und schließlich in Trainings-Empfehlungen konkretisiert. Dies erfolgt möglichst konkret durch Beispiele (z. B. Interviewauszüge von Spitzenfußballtrainern der deutschen Profiligen, resultierend aus einem vergangenen Forschungsprojekt), Hervorhebungen, Ablaufdiagramme und Kontrollfragen zum Kapitelende. Es wird also ein spezielles pädagogisch-didaktisches Grundkonzept zum möglichst effektiven selbstgesteuerten Lernen

---

1 Aus Gründen der besseren Lesbarkeit wird bei Personenbezeichnungen und personenbezogenen Hauptwörtern im Buch meist die männliche Form verwendet. Die verkürzte Sprachform hat allein redaktionelle Gründe – selbstverständlich sind alle geschlechtlichen Identitäten gemeint und mögen sich bitte angesprochen fühlen.

genutzt (Schliermann, 2005). Die positiven Rückmeldungen haben uns darin bekräftigt, das Grundkonzept beizubehalten.
Was unterscheidet die aktuell vorliegende dritte überarbeitete Auflage von den bisherigen Versionen? Inhaltlich wird die Gliederung bzw. das Themenspektrum der zweiten überabeiteten Auflage beibehalten, da die dargestellten Fragestellungen und Trainingsformen nach wie vor hohe Praxisrelevanz besitzen und vor allem auch im Trainingsalltag anwendbar sind. Es wurde stellenweise präziser formuliert, um die betreffenden mentalen Techniken und Verfahren noch effektiver und sachgemäßer anwenden zu können. Außerdem wurden die kommentierten Literaturempfehlungen zum vertieften Selbststudium aktualisiert und um weitere Quellen erweitert; das beinhaltet auch die Berücksichtigung grundlegender englischsprachiger Titel. Somit soll der Weiterentwicklung im Feld der Angewandten Sportpsychologie Rechnung getragen und sichergestellt werden, sich am aktuellen Kenntnisstand zu orientieren.
Personell hat sich eine einschneidende und schmerzhafte Änderung ergeben: Mein langjähriger Co-Autor und Freund Horst Hülß ist leider im Oktober 2022 verstorben. Wir lernten uns im Rahmen eines Trainerseminars des Österreichischen Fußball-Bunds (ÖFB) im Jänner 2005 in Wien kennen und hatten sofort einen „guten Draht“ zueinander und Sympathie füreinander. Seitdem blieben wir im Kontakt, entwickelten die Idee und das Konzept zum Verfassen eines anwendungsbezogenen Buchs zum Mentaltraining im Fußball und wurden schließlich Freunde. Horst zeichnete sich durch sein hohes fußballbezogenes Fachwissen und seine herausragenden menschlichen Qualitäten aus. Er war ein äußerst angenehmer Gesprächspartner und Mensch. Für die Freundschaft bin ich sehr dankbar. Das vorliegende Handbuch wird selbstverständlich auch weiterhin in unserer beider Namen verfasst und im Sinne von Horsts Vorstellungen und Ideen überarbeitet und weiterentwickelt.
Nun wünsche ich – auch im Sinne Horsts – viel Erfolg und Freude bei der Anwendung ausgewählter Trainingsformen!

Regensburg, im Dezember 2023
Rainer Schliermann

1 Mentales Training im (Fußball-)Sport: Psychokram oder Hilfestellung zur Leistungssteigerung?

Sportpsychologie bzw. Mentales Training[2] spielte im Leistungsfußball bis in die 1990er Jahre kaum eine Rolle. Es wurde offenbar vorrangig Wert auf die Entwicklung konditioneller (körperlicher) und spieltechnisch-taktischer Leistungsvoraussetzungen gelegt, das psychische (mentale) Moment jedoch außen vorgelassen. Mittlerweile scheint es allerdings eine Trendwende zu geben. Besonders im höheren Leistungsfußball (sowohl im Erwachsenen- als auch im Nachwuchsbereich) setzt sich vermehrt die Einsicht durch, dass mentale Faktoren einen erheblichen Einfluss auf sportlichen Erfolg haben. So werden nun beispielsweise die verschiedenen Nationalmannschaften des Deutschen Fußball-Bundes (DFB), Österreichischen Fußball-Bundes (ÖFB) und des Schweizerischen Fußball Verbandes (SFV) selbstverständlich von qualifizierten Sportpsychologen betreut. Unsicherheiten bestehen allerdings nach wie vor hinsichtlich des konkreten Nutzens bzw. der Anwendbarkeit mentaler Trainingsformen im Praxisalltag des Fußballtrainers (Schliermann et al., 2010). Wir wollen deshalb im Eingangskapitel Grundsätzliches zum Mentaltraining im (Fußball-)Sport ausführen. Als ersten Schritt greifen wir weit verbreitete Missverständnisse zum Mentalen Training auf und versuchen sie zu klären (Kap. 1.1). Im zweiten Teil geht es dann um eine Begriffsbestimmung des Mentalen Trainings und dem Herausarbeiten zentraler Merkmale (Kap. 1.2). Zum Schluss können Sie Ihr neu erworbenes Wissen kontrollieren und gegebenenfalls nochmals vertiefen (Kap. 1.3).

1.1 Missverständnisse zum Mentalen Training

Wir wollen damit beginnen, einige oft gehörte Aussagen im Zusammenhang mit dem Nutzen bzw. Nicht-Nutzen Mentalen Trainings im Fußball darzustellen. Bitte überlegen Sie, welche Zitate vielleicht auch Ihrer Meinung entsprechen.

(a) „Früher haben wir auch keinen Psychologen gebraucht und wurden Deutscher Meister. Wir brauchen bei uns keinen Mentaltrainer. Die sollen Fußball spielen. Ein Bundesligaspieler muss dem Druck gewachsen sein, ansonsten muss er eben etwas Anderes machen."

(b) „Ein Sportpsychologe hat dann vor einem entscheidenden Spiel die Blockaden im Kopf gelöst und dann haben wir gewonnen."

(c) „Meine Spieler sind doch keine Psychopathen. Wir brauchen keinen Psychologen."

(d) „Ein Mentaltrainer bringt uns nichts. Da werden die Spieler höchstens abhängig von ihm."

(e) „Ein Mentaltrainer macht wenig Sinn. *Ich* muss mit der Mannschaft tagtäglich arbeiten. Also bin *ich* als Psychologe gefordert und kein Außenstehender."

---

1 Im vorliegenden Handbuch verwenden wir die Begriffe ***Mentales Training*** und ***(Sport-)Psychologisches Training*** gleichbedeutend. Wir orientieren uns hier am aktuellen Vorgehen in Sportpraxis und Sportwissenschaft, obwohl die Gleichsetzung aus theoretischen Gründen eigentlich nicht ganz korrekt ist (vgl. hierzu etwa Eberspächer, 1995, S. 9).

(f) „Das ‚Mentale' wird im Spitzenfußball immer wichtiger. Ich habe da in der Trainerausbildung aber bisher zu wenig mitbekommen. Ich weiß nicht, wie man das im normalen Training anwenden kann."

Die Aussagen (a) bis (f) spiegeln oft geäußerte Missverständnisse bzw. Unsicherheiten bei Fußballtrainern wider. Wir wollen hierzu im Folgenden Stellung beziehen und uns dabei auf den aktuellen sportpsychologischen Kenntnisstand stützen.

- **Mentaltraining war früher nicht nötig und ist es auch heute nicht:**

Vor allem innerhalb der letzten ca. vierzig Jahre hat der höhere Leistungsfußball in allen deutschsprachigen Ländern grundlegende Veränderungen erfahren, die zusätzliche Anforderungen und evtl. Belastungen an Spieler und Trainer stellen: angewachsene Medienlandschaft durch die Einführung des Privatrundfunks (-fernsehen; -hörfunk), gestiegene Zuschauerzahlen in den Stadien durch den Neubau moderner und kundenfreundlicherer Arenen, zugenommene Kommerzialisierung, deutlich veränderte und forcierte PR-Aktivitäten (Soziale Medien), erheblich ausdifferenziertes Funktionsteam rund um die Mannschaften (sog. Staff: Trainer; Mediziner/Physiotherapeuten/Rehatrainer; Leistungsdiagnostiker; Konditionstrainer; Videoanalyst; Datenanalyst; Ernährungsberater; Mentaltrainer), fortgeschrittene Internationalisierung (multikulturelle Zusammensetzungen der Mannschaften) oder schnelleres (z. B. Passspiel) und athletischeres Spiel. Die veränderten Bedingungen erfordern effektive (körperliche *und* mentale) Fertigkeiten des Bewältigens. Mentale Trainings können helfen, verschiedene Bereiche zu optimieren.

- **Mentale Fertigkeiten sind angeboren und können nicht antrainiert werden:**

Oftmals glauben Trainer, mentale Stärke sei eine stabile Persönlichkeitseigenschaft, die „man hat oder eben nicht hat". Zwar gibt es sicherlich Spieler und Trainer mit quasi von Natur aus relativ gut ausgeprägten mentalen Kompetenzen, jedoch bedürfen auch sie bis zur optimalen Beherrschung der Fertigkeiten noch beträchtlichen Übens. Jeder muss und kann seine mentalen Kompetenzen verbessern. Sie sind nicht einfach gegeben und bleiben dann stabil bestehen. Sie können das mit dem Training körperlicher bzw. technisch-taktischer Fertigkeiten vergleichen. Auch hier haben Sie bestimmt schon hochtalentierte Spieler erlebt, die sozusagen „mit dem Ball zur Welt gekommen sind" und denen einfach die tollsten Kabinettstückchen gelangen. Andere wiederum mussten Sie das „Einmaleins des Stoppens und Jonglierens" erst antrainieren. Doch auch diese Spieler konnten erhebliche Fortschritte machen. Und außerdem: Ohne beständiges Üben diverser Schusstechniken wird es letztlich auch dem Talentierten nicht gelingen, sie in wichtigen Spielen „treffsicher" anzuwenden. Denken Sie außerdem an Klaviergenies, die ihr Können auch durch permanentes Üben vervollkommnen. Oder denken Sie an Ausdauertraining: Nur durch beständiges Training lässt sich beispielsweise die aerobe Ausdauer verbessern; sie verschlechtert sich allerdings auch, wenn Sie längere Zeit nicht trainieren.

- **Mentale Übungsformen sind nur für ‚Problemspieler' bzw. Krisensituationen wichtig:**

Das Beherrschen mentaler Fertigkeiten bringt allen etwas (siehe letzter Punkt) und ist beim Beheben aufgetretener Probleme (etwa: Konzentrationsschwäche bei Abwehrarbeit; geringes Selbstvertrauen; Angst vor kommender Partie) genauso nützlich wie beim Optimieren bereits gut ausgeprägten Könnens (z. B.: *noch höheres* Selbstvertrauen; *noch besseres* Konzentrationsvermögen). Die Medien und teils auch Trainer bringen jedoch Mentaltrainer oder Sportpsychologen meist erst in Extremsituationen (bspw.: Niederlagenserien; Übertrainingszustände; Burnoutsyndrom; Depression) ins Spiel – und erwarten dann möglichst sofortige Besserung.

- **Mentaltrainer arbeiten mit psychisch Abnormalen/Kranken und dringen in die Tiefen der Persönlichkeit ein:**

Oftmals wird Psychologie mit psychischer Krankheit bzw. Abnormalität gleichgesetzt. Und folglich werden dann die mit einem Sportpsychologen/Mentaltrainer arbeitenden Trainer und Sportler auch als psychisch krank/abnormal angesehen. Auch herrscht die weitverbreitete öffentliche Meinung vor, Probleme müssten durch lange Therapiesitzungen behoben werden, in denen der Sportler auf der Couch liegt und sein Innerstes/Intimstes preisgibt (was im Fußball-Praxisalltag natürlich nicht umsetzbar ist). Beide Aspekte haben mit der aktuellen, seriös betriebenen Sportpsychologie nichts zu tun. Einerseits sind von Mentaltrainern unterstützte Sportler und Trainer im Normalfall nicht psychisch krank oder abnormal (zumindest nicht mehr als auch Nicht-Sportler), sondern erbitten sich lediglich zusätzliche Hilfestellung zur Bewältigung der oft extremen Anforderungen (z. B.: Endspiel; hohe Anspannung vor den 70000 Zuschauern im Stadion; drohender Abstieg; Existenzangst). Andererseits wird nicht mit tiefenpsychologischen Methoden (z. B. gemäß der Psychoanalyse Sigmund Freuds) gearbeitet und ins Innerste des Unbewussten oder der Kindheit (zurück)gegangen. Die oft vermutete Couch, auf der die peinlichsten Erfahrungen ans Tageslicht kommen, existiert nicht. Mentaltrainer arbeiten in der Regel pragmatisch und versuchen, für konkrete Probleme im Sport auch konkrete Lösungen zu erarbeiten. Und ganz wichtig: Kein Sportler oder Trainer muss gegen seinen Willen irgendetwas erzählen oder preisgeben. Das Vorgehen geschieht ausschließlich in der vertrauensvollen Kooperation zwischen Spieler/Trainer und Sportpsychologe.

- **Mentales Training erbringt schnelle Lösungen:**

Die „sofortige Besserung" mit anhaltender Wirkung tritt im Regelfall nicht (!) ein. Das Erarbeiten und Verfeinern mentaler Fertigkeiten benötigt ebenso wie bei körperlichem Training (siehe weiter oben) oft beträchtliche Übungszeit. Sie würden sicherlich nicht widersprechen, dass Sie für den Aufbau eines gewissen Ausdauer- und Kraftniveaus oder bestimmter Angriffsvarianten Wochen oder gar Monate benötigen, ehe sie in den Pflichtspielen stabil und zufriedenstellend abrufbar sind. Wieso sollten mentale Fertigkeiten dann nicht ebenso viel Zeit beanspruchen und systematisch trainiert werden müssen? Gelegentliche schnelle Erfolge (siehe etwa das Zitat [b] weiter oben) sind zwar ebenfalls möglich, beruhen dann allerdings meist mehr auf Zufall und sind oft nur von kurzer Dauer.

- **Mentale Trainingsformen können nur vom ausgebildeten Mentaltrainer effektiv durchgeführt werden:**

Sicherlich gibt es schwer erlern- und anwendbare Trainingsmaßnahmen. Solche sollten sinnvollerweise vom akademisch ausgebildeten Mentaltrainer vermittelt und angewendet werden. Allerdings stehen inzwischen genügend Übungen zur Verfügung, die Sie selbstständig durchführen und gut in den normalen Trainingsalltag einbauen können. Manchmal benötigen Sie vielleicht zunächst Einführungen und Erläuterungen durch einen ausgebildeten Mentaltrainer. Oftmals jedoch reicht bereits das gründliche selbstständige Erarbeiten der nötigen Inhalte (beispielsweise mittels des hier vorliegenden Handbuchs), um die Methoden alleine einzusetzen. Die Grundvoraussetzung dabei ist allerdings Ihre Offenheit und Unvoreingenommenheit gegenüber sportpsychologischer (mentaler) Verfahren. Und natürlich das Selbstvertrauen, die Methoden auch tatsächlich im Trainingsalltag einsetzen zu können. Warum sollte das eigentlich nicht funktionieren? Die Mechanismen sind nicht anders als bei Ihrer ‚normalen' (körperlichen) Trainingsarbeit: Sie lesen sich interessiert die relevanten Inhalte zu den Trainingsmethoden und -inhalten an und setzen sie dann bei der Trainingsgestaltung konkret um. Eventuell arbeiten Sie mit Leistungsdiagnostikern bzw. Sportwissenschaftlern und Sportmedizinern zusammen und lassen sich kompetent beraten. Das Vorgehen ist beim mentalen Trainieren prinzipiell identisch. Mit einer Ausnahme: Sie haben noch keine Erfahrungen damit.

Auf der Basis der eben benannten und erläuterten Missverständnisse lassen sich zusammenfassend erste Charakterisierungen zum Mentaltraining festhalten:

- Mentaltraining ist ***vor allem im heutigen (höheren) Leistungsfußball sinnvoll***, da die Anforderungen in den letzten ca. vierzig Jahren teils erheblich zugenommen haben.
- Sicher gibt es Spieler und Trainer mit „von Natur aus" gut entwickelten mentalen Fertigkeiten. ***Jedoch können und müssen grundsätzlich alle Sportler und Trainer dauerhaft an sich arbeiten und ihre Fertigkeiten perfektionieren***. Mentale Fertigkeiten sind für jeden erlernbar.
- ***Mentales Training ist bei Problemen als auch zur Optimierung bereits gut entwickelter Kompetenzen sinnvoll***. Die Medien und auch viele Trainer betonen jedoch oftmals nur die „Nothelferfunktion" (= kurzfristige Problemlösung) des Sportpsychologen.
- Leistungsfußballer und Trainer sind genauso ‚normal' wie alle Nicht-Sportler und somit ***keinesfalls psychisch krank oder abnormal, nur weil sie mit Sportpsychologen zusammenarbeiten***. Die Mentaltrainer ***helfen lediglich dabei, die im Leistungssport oftmals außergewöhnlich hohen Anforderungen besser bewältigen zu können***. Sie tun das nicht durch aufwändige tiefenpsychologische

Analysen, bei denen der Spieler/Trainer auf der vielzitierten Couch liegt und sein Innerstes, Peinlichstes bzw. Unbewusstes preisgeben muss. Vielmehr ***setzen die Sportpsychologen an den konkreten (Sport-)Problemen an und suchen mit dem Athleten/Trainer zusammen nach brauchbaren Lösungen***. Und noch einmal: Der Sportpsychologe realisiert ***nichts gegen den Willen der Spieler oder Trainer***.

- Wie beim ‚normalen' körperlichen Training, so ***erfordert auch das psychologische (mentale) Training teils beträchtliche Übungszeit***, um relevante Fertigkeiten zufriedenstellend aufzubauen. Schnelle Erfolge sind die große Ausnahme.
- Sicherlich gibt es einige Verfahren, die schwer vermittel- und anwendbar sind. Für sie bleibt der akademisch ausgebildete Mentaltrainer unverzichtbar. Aber mittlerweile existieren ***viele Übungsformen, die vom Fußballtrainer selbstständig erlernt und ins ‚normale' Training eingebaut werden können***. Wichtig hierbei ist die ***Offenheit*** für sportpsychologische (mentale) Inhalte und das ***Selbstvertrauen***, die Erkenntnisse auch im Trainingsalltag umzusetzen.

1.2 Nutzen des Mentalen Trainings im Leistungsfußball: Leistungssteigerung

Vielleicht sind Ihnen die Unsicherheiten hinsichtlich des Mentalen Trainings im (Fußball-)Sport nun etwas genommen und haben sich Ihre Ängste oder Fehldeutungen relativiert. Sie werden sich jedoch immer noch die Frage nach dem Spezifischen des Mentaltrainings (sportpsychologischen Trainings) und dem besonderen Nutzen bzw. die Anwendbarkeit im Traineralltag stellen. Was also genau ist (a) unter Mentalem Training zu verstehen und (b) wie sind solche Trainings im Fußball anwendbar?

(a) Das Spezielle von Mentalem Training: zwei Begriffsbestimmungen

Psychologisches Fertigkeitstraining (Mentales Training; Rainer Schliermann (R. S.)) bezieht sich auf systematisches und beständiges Üben mentaler oder psychologischer Fertigkeiten mit dem Ziel, die Leistung zu steigern, dabei Spaß zu haben oder die Zufriedenheit durch Sporttreiben zu erhöhen (Weinberg & Gould, 2003, S. 242; Übersetzung R. S.).

Psychologisches Fertigkeitstraining beinhaltet keine Verfahren, die geheimnisvolle oder schnelle Problemlösungen herbeiführen. Sie sind systematisch und pädagogisch ausgerichtete Verfahren, um Ihnen und Ihren Athleten zu helfen, psychologische Fertigkeiten zu erlernen und einzuüben. Die entsprechenden Verfahren haben sich als nützlich zur Leistungssteigerung und Freude am Sport erwiesen. Psychologisches Fertigkeitstraining kann Ihren Athleten eine wichtige Hilfestellung geben, wobei oftmals nur geringe Impulse erforderlich sind (Martens, 1987, S. 70; Übersetzung R. S.).

Die beiden Definitionen entstammen einem amerikanischen sportpsychologischen Lehrbuch für Studierende (obere Definition) sowie speziell einer Abhandlung zum Mentaltraining für Sporttrainer (untere Definition) und beinhalten die wesentlichen Merkmale dessen, was solches Training im Sport beinhaltet. Es handelt sich beim Mentaltraining demzufolge um eine Reihe speziell für die Belange des (Leistungs-) Sports konzipierter Verfahren. Sie sollen die teils außergewöhnlich hohen Anforderungen des Leistungssports effektiver bewältigen helfen (vgl. das Gesagte zum Punkt 1.1). Häufig versuchen Sportpsychologen zum Beispiel, mentale Fertigkeiten wie *Selbstvertrauen und Motivation*, *Konzentrationsvermögen*, *Erregungssteuerung*, *Kommunikationsfähigkeit*, *Erholungsregulation* oder *Mannschaftszusammenhalt* aufzubauen oder zu optimieren. Im Fußballsport lassen sich dadurch entscheidende Situationen besser bewältigen: z. B. in wichtigen Spielen die vorhandenen Leistungsmöglichkeiten abrufen, nach belastenden Spielen einschlafen, Stress effektiv verarbeiten oder Verletzungen schnell überwinden können (siehe Abb. 1).
Sie sehen an der Aufzählung, dass Mentales Training weit mehr umfasst als Entspannungsübungen zur Erregungsregulation (etwa Autogenes Training, Progressive Muskelrelaxation, Yoga etc.) oder Motivationsschulung. In der Sportpraxis und medialen Berichterstattung wird psychologisches Training jedoch oft auf letztgenannte Aspekte reduziert. Das Training ist vorrangig auf die Leistungssteigerung im Sport ausgerichtet. Es kann jedoch auch im Breiten-, Freizeit- oder Schulsport nützlich sein und zu größerer Freude und Zufriedenheit beim Sporttreiben beitragen. Glauben Spieler in wichtigen Partien plötzlich nicht mehr an ihr Können, so lässt sich dieser mentale Bereich gezielt durch entsprechende Maßnahmen trainieren (siehe auch Kap. 4). Oder möchten Sie als Trainer nach Pflichtspielen einigermaßen gut einschlafen können, so lässt sich auch das trainieren (siehe z. B. Kap. 12). Sie sehen: Mentaltraining ist für Spieler <u>und</u> Trainer geeignet, wenngleich sich die sportpsychologische Forschung und Praxis bisher vorwiegend auf Sportler konzentriert. Damit die jeweiligen Fertigkeiten erfolgreich erlernt und außerdem in ‚Ernstsituationen' (z. B.: Pflichtspiel; Umgang mit Medien) wirksam und zuverlässig eingesetzt werden können, bedarf es systematischen und dauerhaften Eintrainierens bzw. Übens. Nur wenn die Fertigkeiten methodisch richtig („mit Köpfchen") eintrainiert werden, ist das zufriedenstellende Beherrschen möglich. Wie bereits weiter oben angeführt, erfordert mentales Trainieren ebenso wie körperliches Training einen langfristigen und andauernden Trainingsprozess – mit ebensoviel Mühe und Anstrengung verbunden. Insofern sind schnelle Erfolge durch den einmaligen oder gelegentlichen Einsatz eines Mentaltrainers kaum möglich. Und wenn doch, dann ist das eher durch Zufall zu erklären. Ein sporadisches und/oder unsystematisches Vorgehen führt meist zu Misserfolgen und Unzufriedenheit. Die Aussagen der ehemaligen Spitzenschwimmerin Hannah Stockbauer untermauern das eindrucksvoll. Sie beklagte via TV etwa den kurzfristigen Einsatz eines Sportpsychologen alleine für die Zeit der Olympischen Wettkämpfe in Athen 2004. Weshalb dann keine mentalen (und auch körperlichen) ‚Meisterleistungen' der deutschen Schwimmer zu erwarten waren, können Sie sich leicht denken.

(b) Anwendung mentaler Trainingsformen: Die Arbeit mit dem Handbuch

Viele Trainer des Leistungsfußballs erahnen die Bedeutung der psychologischen bzw. mentalen Komponenten für den optimalen Erfolg der Mannschaft. Was jedoch oftmals zu fehlen scheint, sind fundierte und wissenschaftlich abgesicherte Kenntnisse über mentale Trainingsformen. Genauer: Für den Trainer verständliche und im Fußball-Sport umsetzbare Informationen. Denn nur auf einer soliden Wissensgrundlage ist Ihnen letztlich die überlegte und selbstständige Anwendung diverser Methoden im Trainingsalltag möglich. Wir haben bereits beim Punkt 1.1 anklingen lassen, dass es viele mentale Verfahren gibt, die Sie *selbstständig* in Ihrem Sportalltag anwenden können. Das vorliegende Handbuch will Ihnen als diesbezüglich hilfreiche Begleiterin dienen.

In welcher Reihenfolge sollten Sie das Handbuch durcharbeiten? Das Buch besteht aus 13 Kapiteln. Zum möglichst erfolgreichen Umsetzen der einzelnen Verfahren im Traineralltag empfiehlt sich das ***Durcharbeiten in bestimmter Reihenfolge***: Nach den grundlegenden Einführungen hier (***Kap. 1***) sollten Sie das ***Kapitel 2*** lesen. Es gibt Ihnen einen ***Grobüberblick*** zu den Kapiteln 4 bis 13.

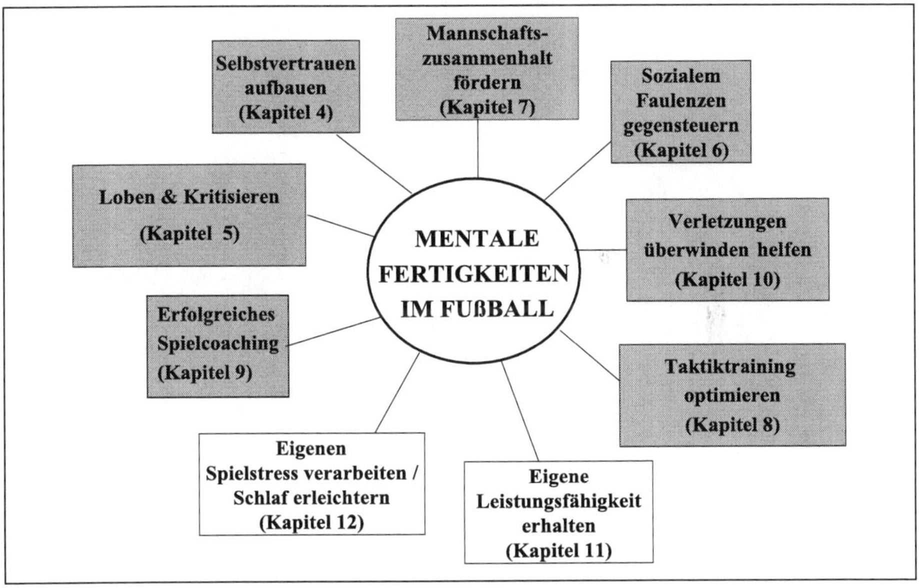

Abb. 1. Optimierbare mentale Bereiche im Fußball (schattierte Kästen: Der Fußballtrainer muss diese Bereiche bei den Spielern optimieren; unschattierte Kästen: Der Fußballtrainer muss diese Bereiche bei sich selbst optimieren).

Ihnen wird u. a. jeweils kurzgefasst vorgestellt, (a) welche Problemstellungen/Fragestellungen behandelt werden und mit welchen mentalen Verfahren man genannte

Sachverhalte in der Praxis konkret angehen kann. Lesen Sie die Erörterungen aufmerksam durch. Das ermöglicht die schnelle und für Ihre Fragestellung ‚passende' Auswahl des erforderlichen Kapitels. Es ist also nicht nötig, das gesamte Buch von vorne bis hinten durchzulesen. Die Kapitel 4 bis 12 bauen nicht aufeinander auf (vgl. Abb. 1).
Im Anschluss daran ist die Lektüre von Kapitel 3 anzuraten. Dort werden Ihnen Methoden vorgestellt, mit denen Sie gezielt psychologisch relevante Erkenntnisse über Ihre Spieler bzw. etwaiger Probleme erhalten können. Denn bevor Sie einzelne mentale Verfahren anwenden und Fertigkeiten eintrainieren (Kap. 4 bis 12), müssen Sie zunächst den Status Quo und die Defizite der Spieler (ggf. Ihrer eigenen) genau kennen. Das Vorgehen entspricht dem eines Arztes: Er muss auch erst eine exakte Diagnose erstellen (etwa durch genaue Befragung, spezielle Tests oder Röntgenuntersuchung), bevor diverse Therapien einzuleiten sind. Geschieht das nicht, bleibt der Therapieerfolg ungewiss: Man behandelt möglicherweise nicht die tatsächliche Ursache. Analog ist Kapitel 13 für Nachwuchsspieler anzusehen.
Benutzen Sie nun das Handbuch. Gehen Sie dabei am besten in der empfohlenen Reihenfolge vor:

(1) **Lesen Sie Kapitel 1:** Hier erfahren Sie ***Grundlegendes*** zum Mentaltraining, v. a. in Bezug auf Missverständnisse, Nutzen und Empfehlungen beim Durcharbeiten.
(2) **Lesen Sie Kapitel 2:** Hier erhalten Sie einen ***Grobüberblick der Kapitel 4 bis 13.*** Alle Kapitel behandeln unterschiedliche Problem-/Anforderungsbereiche des Fußballs. Nach Lektüre des Kapitels 2 fällt Ihnen die ***Auswahl verbesserungsbedürftiger mentaler Fertigkeiten*** bzw. das Heranziehen relevanter Buchkapitel leichter.
(3) **Lesen Sie Kapitel 3:** Hier sind ***Methoden*** beschrieben, wie Sie ***zu psychologisch relevanten Erkenntnissen Ihrer Spieler gelangen*** (z. B.: Defizite ausfindig machen, die dann durch gezieltes Training verbessert werden können).
(4) **Wählen Sie aus:** Die Kapitel 4 bis 13 behandeln jeweils verschiedene Problem-/ Anforderungsbereiche des Fußballs. Je nach Ihren persönlichen Erwägungen (Defizite im Team; Unsicherheiten Ihrerseits) lesen Sie das entsprechende Kapitel aufmerksam durch. Sie müssen jetzt keine Reihenfolge mehr beachten.

1.3 Selbstkontrolle: Habe ich die wichtigsten Inhalte behalten und verstanden?

Abschließend können Sie Ihr neu erworbenes Wissen zu den Grundlagen Mentalen Trainings überprüfen. Bitte kreuzen Sie die „richtigen" Aussagen an (2 sind richtig). Die Lösungen finden Sie im Anhang. Wenn Sie sich bei einzelnen Aussagen noch unsicher sind, dann lesen Sie bitte die kommentierten Antworten im Anhang und wiederholen Sie die jeweiligen Abschnitte des Kapitels nochmals. Sobald Sie mit Ihrem Kenntnisstand zufrieden sind, zögern Sie nicht, das Kapitel 2 durchzulesen.

(1) In der Regel wirken mentale Trainingsformen schon nach einer einzigen Anwendung.
(2) Mentales Training ist nur notwendig, wenn Probleme im Training und Wettkampf entstanden sind.
(3) Mentales Training erfordert ein systematisches, zielgerichtetes und relativ dauerhaftes Erarbeiten der entsprechenden Fertigkeiten.
(4) Mentales Training sollte möglichst in den normalen Trainingsablauf integriert werden.
(5) Die mentale bzw. sportpsychologische Betreuung einer Fußballmannschaft kann ausschließlich vom qualifizierten Sportpsychologen und nicht vom Fußballtrainer übernommen werden, da der Trainer nicht kompetent dafür ist.

2 Überblick: Welche mentalen Bereiche sind im Fußballsport relevant und wie lassen sie sich konkret optimieren?

Im Eingangskapitel versuchten wir, Grundlegendes zum Mentalen Training bzw. Sportpsychologischen Training darzustellen. Wir wollten Ihnen verdeutlichen, was seriöses Mentaltraining leisten kann und wo dessen Grenzen liegen. Und außerdem: Wir versuchten die oft geäußerten Vorurteile und Missverständnisse bzgl. mentalen Trainierens zu korrigieren, zumindest jedoch zum Nachdenken anzuregen. Sofern Ihre Neugier auf mehr diesbezügliches Wissen geweckt werden konnte, freut uns das natürlich sehr. Das Kapitel 2 gibt nun einen Überblick über Situationen bzw. Probleme des Traineralltags, die bei den durchgeführten Interviews mit Profiliga-Trainern (Schliermann, 2005) immer wieder genannt wurden und mentale Optimierungen sinnvoll erscheinen lassen. Es empfiehlt sich, die folgende Übersicht zunächst aufmerksam zu studieren. Sie hilft Ihnen, dass für Sie aktuell bedeutsame Kapitel zu finden und intensiver durchzuarbeiten. Anschließend können Sie die jeweiligen Trainingsmaßnahmen ggf. ins ‚normale' Training einbauen. Wichtig: Die verschiedenen Kapitel müssen nicht in der vorgegebenen Reihenfolge durchgearbeitet werden. Sie bauen nicht aufeinander auf (Ausnahme: das Kapitel 3 als zu empfehlender Einstieg).
Die nachstehende Tabelle 1 ist folgendermaßen zu verstehen: In der linken Hälfte werden mögliche Problemstellungen und Optimierungserfordernisse des Fußballalltags aufgelistet *(„Das ist noch nicht optimal entwickelt")*. Die rechte Tabellenhälfte listet hierfür vorgeschlagene Trainingsmaßnahmen auf *(„Das könnte hilfreich sein")*. Lesen Sie nun bitte die Tabelle aufmerksam durch und wählen Sie das für Sie zutreffende Kapitel aus.

Tab. 1. *Überblick der mentalen Schwerpunkte dieses Handbuchs*

„Das ist noch nicht optimal"	„Das könnte hilfreich sein"
Kapitel 4: Training-Wettkampf-Diskrepanz: mangelndes Selbstvertrauen	
• Der Spieler setzt im Pflichtspiel nicht das um, was er eigentlich – im Training – kann. • Der Spieler zweifelt an seinen Fähigkeiten, vor allem in wichtigen Spielsituationen (z. B. entscheidender Elfmeter/Freistoß kurz vor Spielschluss). • Der Spieler spielt nur Sicherheitsfußball (z. B. Kurzpass statt riskanter Flankenwechsel).	▶ Es könnte sich um mangelndes Selbstvertrauen handeln; das macht sich v. a. dann bemerkbar, wenn schwierige (Spiel-)Situationen auftreten und dann plötzlich nicht das – im Training – vorhandene Können umgesetzt wird. ▶ Durch geschickte Gestaltung des ‚normalen' Trainingsprogramms inkl. der Schaffung vieler Erfolgserlebnisse kann Selbstvertrauen aufgebaut werden; auch Videopräsentationen einstiger ‚Glanztaten' können helfen; ebenso ist gezieltes, wettkampfnahes Training (z. B. sog. Prognosetraining) möglich.

<table>
<tr><th>„Das ist noch nicht optimal“</th><th>„Das könnte hilfreich sein“</th></tr>
<tr><td colspan="2">Kapitel 5: Gezielte Verhaltenssteuerung: Lob und Kritik wirksam einsetzen</td></tr>
<tr><td>• Der Spieler ist zu undiszipliniert im Spiel.
• Der Spieler soll noch risikoreicher spielen.
• Die Trainingsatmosphäre soll noch besser werden.
• Der Spieler soll noch mehr Energie mobilisieren.</td><td>▶ Lob und Kritik sind Mechanismen, die zur gezielten Verhaltenssteuerung (Aufbau erwünschter vs. Abbau unerwünschter Verhaltensweisen) genutzt werden können; besonders Lob/Anerkennung steigert das Selbstvertrauen, erhöht die Motivation und begünstigt eine gute Mannschaftsatmosphäre;
▶ gezieltes Loben oder Bestrafen Ihrerseits kann u. U. Verhaltensänderungen bei den Spielern bewirken – sofern die Maßnahmen bestimmte Gesetzmäßigkeiten beachten.</td></tr>
<tr><td colspan="2">Kapitel 6: Mit angezogener Handbremse spielen: „soziales Faulenzen“</td></tr>
<tr><td>• Im (Klein-)Gruppentraining funktionieren blitzschnelle Konterangriffe, im Spiel „läuft das alles zu schleppend ab“.
• Im Sprinttest erbringen die Stürmer sehr gute Testwerte (11.0-11.6 Sek.), im Spiel traben sie jedoch eher wie „lahme Gäule“.
• Obwohl eine Mannschaft in der neuen Saison über mehr Klassespieler („Top-Neuzugänge“) verfügt, verschlechtert sich die Mannschaftsleistung.</td><td>▶ Es ist hier an das Phänomen des sog. sozialen Faulenzens zu denken; das besagt, dass der einzelne Spieler im Pflichtspiel – bewusst oder unbewusst – einen „Gang zurückschaltet“, sozusagen faulenzt; das Phänomen tritt vor allem auf, wenn die jeweiligen Einzel-Leistungen der Spieler nicht objektiv registriert und beobachtet werden können.
▶ Alle Maßnahmen, die das Registrieren der individuellen Spieler-Leistung ermöglichen, sind geeignete Gegenmaßnahmen; somit nehmen sie dem Spieler die Gelegenheit, sich unbemerkt etwas zurückzunehmen; Videoaufzeichnungen sind z. B. ebenso geeignet wie Trainings in Kleingruppen, bei denen der Co-Trainer/Betreuer etc. bestimmte Aspekte (z. B. Anzahl der Torschüsse etc.) beobachten und registrieren kann; auch die Nutzung von Wearables, Smartwatches oder aufwändiger Analysesysteme können bestimmte Spieler-Leistungen objektivierbar machen und somit das soziale Faulenzen erschweren.</td></tr>
<tr><td colspan="2">Kapitel 7: Als Einheit auftreten: Mannschaftszusammenhalt fördern</td></tr>
<tr><td>• Die Mannschaft besteht aus zu vielen Cliquen.
• Innerhalb der Mannschaft bestehen keine Freundschaften bzw. empfinden die Spieler keine Sympathien füreinander.
• Die Mannschaft ist nicht geschlossen von der vom Verein festgelegten Saison-Zielsetzung bzw. -erreichung überzeugt.
• Es besteht keine einheitliche Zielrichtung.
• Einzelne Spieler haben unrealistische (d. h. zu hohe/zu niedrige) Saisonziele.</td><td>▶ Zu viele Teil-Gruppen bzw. Cliquen gefährden den Mannschaftserfolg; das Team kann somit nicht als „verschworene Gemeinschaft“ bezeichnet werden; es ist dann von einem niedrigen sozialbezogenen Mannschaftszusammenhalt zu sprechen.
▶ Uneinheitliche Zielvorstellungen im Team sind ebenfalls nicht leistungsförderlich; die Mannschaft präsentiert sich dann nicht als „Einheit“, bei der sich „alle dem gemeinsamen Ziel unterordnen“; der aufgabenbezogene Teamzusammenhalt ist somit gering ausgeprägt.
Für Mannschaftserfolg ist vor allem die hohe Ausprägung des aufgabenbezogenen Zusammenhalts wichtig und es sollten gleichzeitig positive zwischenmenschliche Beziehungen unter den Spielern bestehen.
▶ Verschiedene Maßnahmen des Teambuilding sind vom Trainer zu initiieren, um Zusammenhalt zu</td></tr>
</table>

„Das ist noch nicht optimal“	„Das könnte hilfreich sein“
	fördern; v. a. in der Saisonvorbereitung bieten sich hier gute Gelegenheiten an, wobei auch während der Spielrunde ‚Auffrischungen‘ angezeigt sind.
Kapitel 8: Taktik lernen und stabilisieren: optimiertes Taktiktraining	
• Manche Spieler scheinen einfach Ihre Taktikvorstellungen nicht zu verstehen und verzögern so den Lernprozess erheblich. • In entscheidenden Spielphasen sind manche Spieler nicht in der Lage, eingeübte Spielzüge umzusetzen. • Der Mittelfeldspieler macht in bestimmten Spielphasen komischerweise nie das (taktisch) Richtige. • Der Mannschaft fällt es schwer, während eines Spiels auf andere Taktiken umzuschalten.	▶ Spezifische Taktikzüge verlangen oft beträchtlichen Trainingsaufwand und kosten den Trainer „viele Nerven“; durch Kombinieren von Mentalem Training/ Vorstellungsübung und körperlichem Training auf dem Platz können lernförderliche Effekte entstehen. ▶ Systematische Trainings- bzw. Lernschritte von gedanklichem Vorstellen und fußball-praktischem Umsetzen auf dem Platz erhöhen die Wahrscheinlichkeit, dass die Spieler die geforderten Spielvarianten zuverlässiger abspeichern und im Pflichtspiel abrufen/umsetzen.
Kapitel 9: Herausforderung Pflichtspiel: Wirksames Coaching	
• Die Spieler scheinen bei der Teambesprechung *vor* Spielbeginn nicht alles aufzunehmen. • Die Mannschaft kassiert komischerweise stets unmittelbar nach der Halbzeitpause die meisten Gegentore. • Es passieren immer wieder dieselben Fehler im Spiel.	▶ Erfolgreiche Spiele erfordern vom Trainer kompetentes Handeln bzw. Coaching in entscheidenden Phasen; vor allem die Teamsitzung vor dem Spiel, Halbzeitpause und Spielnachbesprechung sind wichtige Einflussmöglichkeiten des Trainers. ▶ Ein mehrmaliges gedankliches Durchspielen der Teamsitzung vor Spielbeginn kann helfen, die Besprechung dann tatsächlich souverän zu gestalten und alles Nötige angemessen mitzuteilen; bei der Halbzeitpause empfiehlt sich die Orientierung am sog. *LEA-Prinzip* (**L**ösen-**E**rholen-**A**ktivieren); die Spielnachbesprechung sollte v.a. sachlich und konstruktiv verlaufen, ohne Einzelne öffentlich vorzuführen.
Kapitel 10: Verletzter Spieler: Sportliches Comeback beschleunigen	
• Der Spieler ist nach einem Arztbesuch völlig verunsichert. • Der Spieler verliert die Motivation im Rehaverlauf und arbeitet nicht konsequent genug mit. • Der Spieler geht nach Wiedereinstieg in den regulären Spielbetrieb viel zu zaghaft ans Werk – aus Angst, das Knie würde „nicht halten“.	▶ Oftmals wird ausschließlich der körperlich-medizinische Genesungsprozess beachtet und vergessen, dass auch die mentale Seite entscheidend zum Heilungserfolg beiträgt – ihn sowohl beschleunigen als auch verzögern kann. ▶ Verständliches Mitteilen/Erklären der medizinischen Diagnosen reduziert bereits Unsicherheit/Stress; klare Zeitpläne inkl. Zielvorgaben im Rehaverlauf führen zu Sicherheit und lassen Genesungserfolge erkennen; Vertrauen in die Wieder-Belastbarkeit verletzter Körperteile (z. B. Bänder; Knochen) durch Austesten erleichtert den Übergang in den regulären Pflichtspielbetrieb.
Kapitel 11: Der leistungsfähige Trainer: das Wohlbefinden des Trainers erhalten	
• Sie fühlen sich als Fußballtrainer „ständig unter Strom“. • Sie möchten als Fußballtrainer effektiver mit den Anforderungen des Traineralltags umgehen.	▶ Trainer im höherklassigen Fußball müssen vielfältige Entscheidungen treffen, mit unterschiedlichen Anforderungen zurechtkommen und insgesamt gesund und leistungsfähig bleiben; v. a. bei ineffektiver Stressbewältigung bzw. dauerhafter

„Das ist noch nicht optimal"	„Das könnte hilfreich sein"
• Sie möchten als Fußballtrainer optimal leistungsfähig bleiben und sich dabei wohl fühlen.	Überbeanspruchung droht die Gefahr, nicht hinreichend leistungsfähig zu sein und/oder im schlimmsten Fall das Erschöpfungssyndrom *Burnout* (Ausbrennen) zu erleiden. ▶ Gezieltes Trainieren von Stressbewältigungsstrategien kann helfen, Alltagsstress bzw. -anforderungen im Fußball schnell zu lösen, gedanklich abzuhaken und wieder neue Herausforderungen anzugehen; auch ausgeklügeltes Zeitplanen oder aufgestellte Erholungspläne fördern das Wohlbefinden und erhalten Ihre Leistungsfähigkeit.
Kapitel 12: Herausforderung „Nach-Spiel": den Schlaf des Trainers erleichtern	
• Sie haben (gelegentlich) Schlafstörungen.	▶ Im Profibereich treten häufig Schlafstörungen nach Pflichtspielen auf; die Trainer berichten u. a. von immer wiederkehrenden „Spielfilmen" strittiger vorheriger Situationen (z. B. Schiedsrichterfehlentscheidungen; Leichtsinnsfehler von Spielern etc.), die schwer unterbrochen werden können; auch scheint oftmals die physiologische Aktivierung noch zu hoch ausgeprägt für guten Schlaf. ▶ Körperliche Entspannungstechniken (z. B. Progressive Muskelrelaxation) reduzieren Anspannung und Aktivierung und erleichtern somit evtl. das Einschlafen; ebenfalls möglich sind gedankliche Entspannungen mittels bestimmter Vorstellungen (sog. Ruhebilder; Phantasiereisen); außerdem kann es hilfreich sein, durch gezieltes Führen eines Spielprotokolls die für spätere Nachbesprechungen wichtigen Aspekte *vor* dem Schlafengehen festzuhalten und somit Gewissheit zu haben, sie nicht vergessen zu können.
Kapitel 13: Nachwuchsleistungsfußball: mit jungen Spielern mental arbeiten	
• Sie wissen nicht, wie Sie vermutete mentale Probleme von jungen Spielern genauer erkennen können (angemessene Diagnostik). • Sie wissen nicht, ob bzw. welche Techniken und Verfahren des Mentaltrainings auch für jüngere Athleten geeignet sind.	▶ Prinzipiell lässt sich Mentaltraining auch für den Nachwuchsleistungsfußball anwenden; allerdings sollten die Verfahren und Programme manchmal abgeändert werden, um zum Beispiel den ‚Spaß-Faktor' zu erhöhen bzw. die Motivation aufrecht zu erhalten. ▶ Je jünger die Fußballer, desto mehr muss auf deren denkbezogenen Entwicklungsvoraussetzungen geachtet werden; geschieht dies nicht, bleibt das Mentaltraining unwirksam und überfordert die Athleten. ▶ Zum genaueren Erkennen mentaler Schwachstellen müssen im Nachwuchsleistungsfußball altersgerechte Diagnostik-Verfahren eingesetzt werden; dem vertrauensvollen Gespräch zwischen Trainer/Sportpsychologe und Spieler kommt hier eine besondere Bedeutung zu.

3 Diagnostik: Wie bekomme ich Informationen zu mentalen Bereichen?

Sie erwarten von einem Arzt, dass er Sie sorgfältig untersucht und eine möglichst genaue Diagnose für die vorgebrachten Beschwerden stellt. Er soll also evtl. Blutuntersuchungen vornehmen, Röntgenaufnahmen veranlassen oder Allergietests durchführen – um Ihren gesundheitlichen Problemen auf den Grund zu gehen. Sein Ziel dabei: Auf der Basis der erhaltenen Fakten ist die für Sie geeignete Therapie einzuleiten; und zwar diejenige Therapie, die sich nachweislich als wirksam erwiesen hat (sog. Evidenz-Basierte Medizin; EBM). Diagnostizieren müssen auch Fußballtrainer bzw. Sportpsychologen, wenn es um mentale Problembewältigung bzw. Leistungsoptimierung geht. Denn nur bei möglichst genauem Erkennen mentaler ‚Schwachstellen' (entspräche beim Arzt: Diagnose) können diese durch geeignete und wirksame Trainingsmaßnahmen angegangen werden (entspräche beim Arzt: Therapie). Andernfalls laufen Sie Gefahr, für die jeweilige Fragestellung ungeeignete bzw. vorschnelle mentale Trainingsformen anzuwenden und ggf. Misserfolg und Frustration (dem Mentaltraining gegenüber) zu erleiden. Wir stellen deshalb im Kapitel 3 kurz gefasst praxistaugliche Möglichkeiten der psychologischen Erkenntnisgewinnung vor.

3.1 Systematische Verhaltensbeobachtung

Beobachtungen gehören zum (Trainer-)Alltag und erfolgen naturgemäß permanent. Dennoch können wir uns nicht immer auf sie verlassen, da uns z. B. Fehler unterlaufen (z. B.: Wir übersehen Details; bestimmte Reize werden durch andere überlagert), unsere Wahrnehmungsverarbeitung an Grenzen stößt (z. B.: zu viele Sinneseindrücke auf einmal) oder wir nicht korrekte Schlussfolgerungen des Beobachteten anstellen bzw. Bewertungen vornehmen. In der Psychologie sprechen wir in diesem Kontext von sog. *Beobachtungsfehlern*, die es möglichst zu minimieren gilt (vgl. Faßnacht, 1995). Eine Minimierung verschiedener Beobachtungsfehler lässt sich im Wesentlichen durch zwei Aspekte erreichen: (1) sollten wir *wissenschaftlich* (d. h., systematisch) beobachten und nicht *naiv*. Hiermit ist gemeint, dass der relevante Sachverhalt möglichst *mehrmals* beobachtet wird, die Beobachtungen sich auf *bestimmte eingegrenzte Bereiche* beziehen (z. B.: Offensivverhalten von Spieler X beim Pflichtspiel X) und das Verhalten *registriert und Kategorien zugeordnet* wird. Von *naiven* Alltags-Beobachtungen wird in der Psychologie dann gesprochen, wenn die Beobachtungen einmalig, unsystematisch und unkontrolliert erfolgen (z. B.: Trainer KV schaut sich Spieler MG in einem Spiel an und schlussfolgert dann, dass dieser ‚zu labil' ist). (2) sollten das zu beobachtende Verhalten sowie gegebenenfalls Bewertungen des Verhaltens genau definiert werden. Sofern Sie diverse mentale Schwachstellen bei einem Spieler vermuten und sie mittels mentalen Trainings zu beheben gedenken, sollten Sie also zunächst die vermuteten ‚Probleme' genau beobachten. Das verschafft Sicherheit,

auch tatsächlich die ‚geeigneten' Trainingsmethoden auszuwählen und anzuwenden. Idealerweise legen Sie ein bestimmtes eingegrenztes Verhalten fest, das betrachtet werden soll. Also nicht: „Ich schaue mir das Offensivspiel von Spieler X im Spiel X an.", sondern: „Ich betrachte die Anzahl der Torschüsse von Spieler X im Spiel X.". Eventuell bestimmen Sie weitere Verhaltensausschnitte, die beobachtet werden sollen. Wichtig ist die möglichst exakte Festlegung dessen, was Sie genau betrachten und registrieren wollen. Zweck: Das jeweilige Verhalten des Spielers soll bestimmten Kategorien genau zugeordnet werden können. In der Psychologie ist hier von operationalisiertem Verhalten die Rede: Man zerlegt ein Verhalten so in Einzelsequenzen, dass es mess- bzw. registrierbar ist. Also: Sie möchten etwa ‚Offensivaktionen' beobachten und zerlegen dieses Gesamt-Verhalten in die Einzelteile ‚Torschüsse', ‚50-Meter-Vorstöße' und ‚50-Meter-Steilpässe'. Die Einzelteile stellen nun Kategorien dar, die Sie oder beispielsweise Ihr Co-Trainer während eines Spieles kritisch begutachten können bzw. mit diversen Strichlisten, Punkten etc. registrieren. Damit Sie sich mit Ihrem Trainerteam ganz auf das Spiel insgesamt und den Coachingaufgaben konzentrieren können, empfiehlt sich die Delegation solcher Beobachtungs-Aufgaben auf eher im Hintergrund agierende Staff-Mitglieder. Im Profifußball gibt es außerdem die Möglichkeit, die Spiele via Video, etwa durch sog. Videoanalysten, aufzuzeichnen und im Nachgang auf die entsprechenden Aspekte hin zu beobachten bzw. das Spieler-Verhalten zu klassifizieren. Bei mehrmaligem diesbezüglichen Vorgehen (z. B. auch bei Testspielen) sollten sich Ihre anfänglichen Vermutungen bestätigen lassen resp. sind sie zu überdenken.
Gehen Sie beim systematischen Beobachten bitte schrittweise vor:

(1) Legen Sie genau fest, in welchen Situationen Sie den Spieler beobachten.
(2) Bestimmen Sie konkrete Elemente (Kategorien), nach denen Sie das beobachtete Spielerverhalten einordnen.
(3) Legen Sie genau fest, wie Sie das zu beobachtende Spielerverhalten registrieren wollen (z. B.: Strichliste; Kreuzchen; Punkte etc.).
(4) Beobachten Sie und/oder ein anderer Betreuer (z. B.: Co-Trainer) *mehrmals* das relevante Spielerverhalten und registrieren Sie es in der entsprechende(n) Kategorie(n).
(5) Werten Sie die Beobachtungs-Kategorie(n) aus (z. B.: Häufigkeit; Grafik etc.).
(6) Überlegen Sie (evtl. zusammen mit dem Co-Trainer), ob die Beobachtungsresultate (vermutete) mentale Problembereiche erklären helfen und ergreifen Sie ggf. entsprechende mentale Trainingsmaßnahmen und/oder führen Sie ein Gespräch mit dem betroffenen Spieler (siehe nächster Punkt: *Interview*).

3.2 Exploration/Interview

Exakte Beobachtungen sind stets Grundvoraussetzung zur Erklärung bzw. Beseitigung mentaler Problembereiche. Jedoch sollten Sie dennoch nicht auf das *direkte Gespräch* (zielorientierte Befragung) mit dem betroffenen Spieler verzichten. Er kann

Ihnen Zusatzinformationen geben und vor allem seine *subjektiven* Gedanken, Empfindungen und Wahrnehmungen mitteilen, die alleine durch Betrachten äußerlich sichtbarer Verhaltensaspekte verborgen bleiben. Suchen Sie also, wenn möglich das direkte Gespräch mit dem (Problem-)Spieler. Verabreden Sie sich in ruhiger Atmosphäre und stellen Sie *gezielt* Fragen. Wichtig: Im Allgemeinen erhalten Sie die exaktesten Antworten, wenn Sie ebenso exakt nachfragen. Manche mentalen Sachverhalte lassen sich nicht so einfach und schnell in Worte fassen. Geben Sie deshalb dem Spieler bei Bedarf Bedenkzeit und lassen Sie ihn seine Gefühlslage, Empfindungen und Wahrnehmungen ruhig beschreiben. Hilfreich kann manchmal sein, ihn zu Vergleichen aufzufordern („Das ist ein Gefühl wie bei XXX"), grafische Darstellungen auf einem Blatt Papier zu nutzen oder subjektive Einschätzungsskalen zu verwenden („Auf einer Skala von 0 [= überhaupt keine Nervosität] bis 10 [= totale Nervosität] – wie würdest Du da Deine Nervosität vor dem letzten Spiel einschätzen?").
Auch sind potenzielle Sprachbarrieren bei ausländischen Spielern zu beachten und ernst zu nehmen: Wenn beispielsweise noch eher geringe Deutschkenntnisse bestehen, dann sprechen Sie evtl. etwas langsamer und deutlicher und/oder nutzen Sie Assistenz von kompetenten Dolmetschern. Die Kombination von sorgfältiger Beobachtung und durchdachter Interviewführung (Gespräch) liefert in der Regel bereits aufschlussreiche Erkenntnisse.
Orientieren Sie sich bei der Interviewführung an folgenden Schritten:

(1) Analysieren Sie Ihre (systematischen) Beobachtungen eines Spielers.
(2) Halten Sie Ihre *Vermutung* für das mentale Problem bzw. die unzureichende Leistung des Spielers schriftlich fest (z. B.: Stichpunkte; grafische Modelldarstellung etc.).
(3) Machen Sie sich Stichpunkte, welche Inhalte Sie mit dem betreffenden Spieler besprechen möchten.
(4) Vereinbaren Sie mit dem Spieler einen Gesprächstermin. Achten Sie darauf, dass weder Sie noch der Spieler zu der Zeit in Eile ist. Wichtig: Das Gespräch sollte in einem ruhigen Raum stattfinden, in dem ungestört gesprochen werden kann. Es sollten nur Sie Beide (Trainer + Spieler) und evtl. der Co-Trainer anwesend sein.
(5) Führen Sie das Gespräch gemäß Ihrer stichpunktartigen Vorbereitung durch.
(6) Werten Sie das Gespräch aus: Wo liegen vermutlich die Probleme für die unzureichende Leistung/Problemverhalten? Welche Erklärungen sind wahrscheinlich? Mit welchen mentalen Trainingsformen lässt sich die Leistung optimieren bzw. das Problem beheben?
(7) Bauen Sie entsprechende mentale Maßnahmen ins Training ein und/oder fordern Sie den Spieler zur *Selbstbeobachtung* auf (siehe nächster Punkt: 3.3).

An die Beachtung bestimmter Prinzipien sollten Sie denken:

- Bleiben Sie im Gespräch ***sachlich-freundlich*** und machen Sie dem Spieler ***keine Vorwürfe*** (der Spieler spielt im Regelfall nicht absichtlich schlecht).
- Berichten Sie dem Spieler über ***Ihre (systematischen) Beobachtungen und Vermutungen*** und geben Sie ihm Gelegenheit, ***seine Gedanken, Empfindungen bzw. Wahrnehmungen*** hierzu zu äußern.
- ***Orientieren*** Sie sich an Ihrer ***stichpunktartigen Gesprächs-Vorbereitung.***
- ***Fragen Sie möglichst konkret*** (nicht: „Was könntest Du in der Situation gedacht haben?"; „Waren die Gedanken negativ?"; **sondern**: „Was hast Du konkret in der Situation gedacht?"; „Nenne mir Deine damaligen Gedanken!"). Je genauer Sie Sachverhalte erfragen/ansprechen, desto zuverlässiger wird die Antwort des Spielers im Regelfall sein.
- ***Geben Sie dem Spieler Zeit, schwer zu beschreibende Zustände*** (z. B.: Beschreibung von physiologischen Angst-/Stressmerkmalen; „Anspannung"; „flaues Gefühl im Magen") ***zu konkretisieren.*** Fordern Sie ihn etwa auf, hierbei Vergleiche mit anderen Zuständen/Situationen zu nutzen (z. B.: „Das Gefühl im Bauch war so, als wenn ich in der Achterbahn sitze."). Auch kann die grafische Veranschaulichung hilfreich sein.
- ***Achten Sie darauf, dass der ausländische Spieler Ihre Fragen versteht.*** Sprechen Sie evtl. etwas langsamer und deutlicher (ohne jedoch künstlich zu wirken) oder nutzen Sie bei Bedarf andere Sprachen (z. B. Englisch); bitten Sie bei Bedarf einen Dolmetscher um Unterstützung.

3.3 Schriftliche Befragung

Manchmal kann es notwendig sein, den Spieler zusätzlich zu den oben dargestellten Methoden (siehe Kap. 3.1 & 3.2) noch *schriftlich* zu befragen. Dies lässt sich sowohl durch wissenschaftlich sorgfältig geprüfte psychologische Fragebögen erreichen als auch durch von Ihnen zu entwickelnde Fragen. Die erstgenannten Fragebögen werden von (sport-)psychologischen Experten in langwierigen Entwicklungsprozessen erarbeitet und müssen verschiedene Gütestandards (vor allem sog. Hauptgütekriterien Objektivität, Reliabilität, Validität) erfüllen. Deren Einsatz und Ergebnisinterpretation sollte dem qualifizierten (Sport-)Psychologen vorbehalten bleiben, da es hierfür der Kompetenz in (sport-)psychologischer Diagnostik bedarf. Werden solche psychometrisch geprüften standardisierten Fragebögen unsachgemäß durchgeführt, sind unbrauchbare Ergebnisse und falsche Interpretationen zu vermuten. Solche Fragebögen sollten Sie bei Bedarf mit gut qualifizierten, akademisch ausgebildeten Sportpsychologen bzw. Mentaltrainern zusammen einsetzen. Die im Folgenden beschriebene Form von Fragebögen lässt sich demgegenüber direkt von Ihnen im Fußballalltag nutzen. Sie schreiben dem Spieler etwa drei bis vier Fragen auf (in Abhängigkeit der Problemstellung evtl. auch mehr), die er bis zur nächsten Woche zuhause

beantworten soll. Er erhält somit die Gelegenheit, mehr Zeit zum Reflektieren zu haben und sich gegebenenfalls in bestimmten (Trainings-/Spiel-)Situationen nochmals selbst zu beobachten. Unter Umständen erhalten Sie dadurch weitere, wichtige Details. Aber Achtung: Das Vorgehen setzt hinreichende deutsche Sprachkenntnisse und die Fähigkeit voraus, Gedanken, Empfindungen und Bewertungen adäquat schriftlich-sprachlich zu formulieren. Insofern kann es auch hier sinnvoll sein, andere Sprachen zu nutzen (z. B. Englisch) und/oder mithilfe von Dolmetschern die Fragen und Antworten übersetzen zu lassen. Außerdem ist absolute Vertraulichkeit der niedergeschriebenen Informationen zu gewährleisten. Nur unter ausdrücklicher Zustimmung des Spielers dürfen dessen Niederschriften an Dritte (z. B. Co-Trainer) weitergegeben werden (etwaige Dolmetscher haben selbstverständlich auch Schweigepflicht einzuhalten). Es sollte dem Spieler außerdem verdeutlicht werden, dass es nicht um das aus der Schule bekannte ‚Abfragen' und ‚Bewerten' geht, sondern um das *bessere Verständnis* der optimierungswürdigen sportlichen Situation.
Beachten Sie bitte zusammenfassend folgende Aspekte:

- Der Spieler muss ***ausreichende Deutsch-Kenntnisse*** besitzen, um sich schriftlich mitteilen zu können; nutzen Sie im Zweifelsfall andere Sprachen (z. B. Englisch) oder lassen Sie die Fragen und Antworten übersetzen.
- Der Spieler muss ***intellektuell in der Lage sein***, die betreffenden Fragen zu verstehen und seine Antworten entsprechend in Worte zu fassen.
- Es muss ein ***großes Vertrauensverhältnis zwischen Ihnen und dem Spieler*** bestehen, damit er von der strengen Vertraulichkeit seiner schriftlichen Angaben überzeugt sein kann (d. h.: Keinesfalls dürfen schriftliche Aufzeichnungen ohne ausdrückliche Erlaubnis des Spielers an Dritte weitergegeben werden).
- Formulieren Sie ***konkrete Fragen*** (siehe *Prinzipien effektiver Gesprächsführung*; weiter oben).
- Halten Sie den Spieler an, ***stichpunktartig zu antworten***. Aber: Falls sich bestimmte Fragen nur ausführlich ausformuliert beantworten lassen, gestatten Sie das.

3.4 Performance Profiling

Die bisher vorgestellten Verfahren sind vor allem geeignet, um wichtige Informationen zu *bestimmten* (Teil-)Aspekten bzw. Problembereichen zu erhalten. Mit ihrer Hilfe wird dann im Regelfall ein entsprechendes sportpsychologisches Trainingsprogramm zusammengestellt und realisiert. Es gelingt mit diesem Instrumentarium jedoch nur schwer, die Vielfalt der für den (Fußball-)Sport relevanten mentalen Kompetenzen *im Überblick* (quasi als Screening-Instrument) zu erfassen. Das kann jedoch wichtig sein, da mentale Schwachstellen bzw. Optimierungsbedarf oft im Zusammenspiel verschiedener Komponenten auftreten. Außerdem ist die Fußball-Leistung als Produkt mehrerer mentaler und physischer Faktoren anzusehen. Die oben beschriebenen Diagnostik-Verfahren lassen den Sportler insgesamt auch eher passiv erscheinen: Der Fußballer wird beobachtet bzw. befragt nach vorher festgelegten Bereichen und Aspekten, er ist quasi lediglich ein nützlicher Datenlieferant. Das Performance Profiling (PP) hingegen bietet u. a. einen Überblick über mehrere relevante mentale Bereiche des (Fußball-)Sports und bezieht darüber hinaus den Athleten (und auch Trainer) *aktiv* in den Diagnostik-Prozess mit ein. In der Konsequenz kann dadurch neben einer breiteren Informationsbasis vor allem auch die Akzeptanz für und Mitarbeit im Mentaltraining gesteigert werden.

Butler und Hardy (1992) haben mit dem PP eine stärker sportartorientierte und somit auch fußballspezifische Diagnostikvariante entwickelt. Es sollen die fußballspezifisch bedeutsamen mentalen und physischen Faktoren (Eigenschaften; Fähigkeiten und Fertigkeiten) identifiziert und deren individuelle Ausprägung eingeschätzt werden. Dies soll aus der *subjektiven* Perspektive des Spielers (und gegebenenfalls Trainers; siehe weiter unten) erfolgen. Die Methode lässt sich vielseitig einsetzen und kreativ gestalten. Die Meinung des Spielers wird ernst genommen und ausdrücklich auch erbeten. Dadurch wird im Idealfall für das Mentaltraining in positiver Weise sensibilisiert und eine gute Basis für konstruktives Arbeiten an bestimmten mentalen Bereichen gelegt. Insofern nimmt die Methode des PP neben diagnostischen auch wichtige Funktionen für den mentalen Trainingsprozess wahr (Weston, Greenless & Thellwell, 2010; Weston, Greenless & Thellwell, 2011). Das Vorgehen läuft in vier Stadien bzw. Schritten ab: Stadium 1: Einführung der Grundidee; Stadium 2: Sammeln zentraler mentaler Faktoren; Stadium 3: Kompetenz-Einschätzung; Stadium 4: grafische Veranschaulichung.

Stadium 1: Einführung der Grundidee

Am Anfang muss der Mannschaft der Sinn der Methode klar gemacht werden. Es ist hervorzuheben, dass es um die Sensibilisierung für leistungsrelevante Faktoren und Prozesse geht und diese insbesondere aus der *subjektiven* Perspektive der Spieler erfahren werden sollen. Außerdem ist der Hinweis wichtig, dass es keine „richtigen" oder „falschen" Antworten und Meinungen gibt. Es zählen die *persönlichen* Beurteilungen der Spieler.

Stadium 2: Sammeln zentraler mentaler Faktoren

Jetzt müssen die wichtigsten Komponenten für eine optimale Fußball-Spielleistung aus der *Perspektive der Spieler* herausgearbeitet werden. Das kann in schriftlicher oder mündlicher Form geschehen. Die Spieler sollen dies in ihrer Alltagssprache formulieren. Als Fußballtrainer könnten Sie beispielsweise fragen: „Welche sind Eurer Meinung nach die wichtigsten Qualitäten und Eigenschaften eines Spitzen-Fußballers?". Um Antworten zu sammeln, eignet sich in der Gruppe das *Brainstorming*. Die Spieler werden aufgefordert, ihre Ansichten der Gruppe mitzuteilen. Sofern nach der Ideen-Sammlung noch bedeutsame Faktoren unerwähnt bleiben, können sie von Ihnen bzw. dem Mentaltrainer ergänzt oder nochmals zur Diskussion gestellt werden

(z. B.: „Es wurde bisher gar nicht X genannt. Glauben Sie nicht, dass das auch eine wichtige Komponente für Spitzenleistungen im Fußball ist?"; „Sie haben bisher gar nicht Y genannt. Finden Sie nicht, dass das gerade für einen Stürmer eine bedeutsame Kompetenz ist?").

Stadium 3: Kompetenz-Einschätzung

Anschließend werden die Spieler aufgefordert einzuschätzen, wie gut die herausgearbeiteten Eigenschaften bzw. Kompetenzen bei ihnen ausgeprägt sind. Das erfolgt auf einer Skala von 0 (= „überhaupt nicht ausgeprägt") bis 10 (= „voll und ganz ausgeprägt"). Auch diese Kompetenzbeurteilungen lassen sich mittels eines Brainstormings realisieren, d. h. die Mannschaft einigt sich auf einen Wert, den sie alle als zutreffend akzeptieren (z. B.: Einschätzungen bezogen auf die gesamte Mannschaft, einzelne Mannschaftsteile oder einzelne Spielerpositionen denkbar).

Stadium 4: grafische Veranschaulichung

Abschließend sind die gesammelten (Stadium 2) und bewerteten (Stadium 3) Kompetenzbereiche grafisch zu veranschaulichen. Das kann zum Beispiel durch Kreis- und Balkendiagramme geschehen. Beispielsweise zeichnet man einen Kreis und unterteilt ihn in verschiedene Segmente. Die einzelnen Segmente stellen verschiedene mentale (oder auch physische; technische; taktische) Kompetenzbereiche dar. Vom Kreisinneren Richtung Kreisäußeres lässt sich dann die Bewertungsskala der jeweiligen Kompetenzen (z. B.: 0 = „überhaupt nicht ausgeprägt"; 10 = „voll und ganz ausgeprägt") abtragen (Butler & Hardy, 1992). Nun sind die gegebenen Einschätzungen durch Schraffieren sichtbar zu machen: Die schattierten Flächen verdeutlichen vermutete mentale (bzw. physische) Kompetenzen resp. deren Ausprägungen. In diesem Stil ließen sich (a) die aktuell ausgeprägten Kompetenzen der Mannschaft oder (b) die eingeschätzten Ideal-Werte von Spitzen-Fußballern oder (c) die Einschätzung des eigenen Teams durch Sie als Trainer grafisch darstellen. Das geschilderte Vorgehen ist problemlos auch für einzelne Spieler oder bestimmte Mannschafts-Teile oder Spiel-Positionen anwendbar.

Das PP eignet sich vor allem in der Kombination mit anderen Diagnostik-Verfahren (siehe etwa Kap. 3.1, 3.2, 3.3) und im Verlauf systematischer mentaler Trainingsprogramme. Es trägt dazu bei, dass man einen Zugang zu den subjektiven Bewertungen der Spieler bekommt. Außerdem erhöht das Verfahren bei den Spielern in der Regel die Bereitschaft und Motivation zur Teilnahme am Mentaltraining. Überdies schafft es eine gute Gelegenheit zur intensiveren Kommunikation im Team über Leistungsverständnis und selbstkritische Einschätzungen zu leistungsrelevanten mentalen Aspekten. Zur Durchführung der PP-Methode orientieren Sie sich zusammenfassend an folgendem Ablauf:

(1) *Bedeutsame fußballspezifische Faktoren erfassen:* Lassen Sie die Mannschaft (bzw. einen einzelnen Spieler) die aus *subjektiver* Sicht bedeutsamen Faktoren mündlich oder schriftlich formulieren. Die Spieler sollen ihre eigenen Worte benutzen und ggf. durch Kurzbeschreibungen die thematisierten Bereiche näher kennzeichnen. Die bedeutsamen Bereiche können sich neben dem mentalen auch auf den physischen, technischen und taktischen Bereich beziehen. Da wir uns aber auf die leistungsrelevanten mentalen Faktoren konzentrieren, beschränken wir uns hierauf.

(2) *Leistungsprofil vervollständigen:* Falls noch wichtige mentale Bereiche vergessen wurden, weisen Sie auch auf diese hin oder geben Sie deren potenzielle Leistungsrelevanz zu bedenken.

(3) *Kompetenz-Einschätzung:* Lassen Sie die Mannschaft (bzw. einen einzelnen Spieler) nun einschätzen, wie die jeweiligen Kompetenz-Bereiche ausgeprägt sind (Skala von 0 = „überhaupt nicht ausgeprägt“ bis 10 = „voll und ganz ausgeprägt“). So wird das Profil Schritt für Schritt ausdifferenziert und vervollständigt.

(4) *Grafische Veranschaulichung des Profils:* Stellen Sie im nächsten Schritt das Leistungsprofil der Mannschaft bzw. des Spielers graphisch dar. Schattieren Sie die vorgenommenen Ausprägungs-Bewertungen farblich (siehe Beispiel Protokollbogen im Anhang).

(5) *Diskussion des Profils:* Besprechen Sie das Profil nun mit der Mannschaft (bzw. einem einzelnen Spieler). Heben Sie die Bedeutung der Kompetenzbereiche hervor und stellen Sie auch heraus, dass sie mit Spitzenleistungen im Fußball in Verbindung stehen und trainiert werden können. Heben Sie die Bereiche hervor, die vor allem trainiert werden sollten. Weisen Sie besonders auch auf die Bedeutsamkeit einzelner Komponenten hin, sofern notwendig (z. B.: getrennt für Angriff vs. Abwehr etc.).

(6) *Einsatz während systematischen Mentaltrainings:* Diagnostizieren Sie zu mehreren Zeitpunkten (z. B. vor Beginne des Mentaltrainings; nach einigen Wochen/Monaten; ggf. nach Beendigung eines schwerpunktbezogenen Mentaltrainings) durch das PP in Kombination mit anderen Diagnose-Verfahren (siehe oben) und lassen Sie die Erkenntnisse kontinuierlich in den mentalen Trainingsprozess einfließen.

3.5 Selbstkontrolle: Habe ich die wichtigsten Inhalte behalten und verstanden?

Das Kapitel 3 hat sich mit praxistauglichen Methoden des Diagnostizierens im Fußballalltag befasst. Solche Methoden sind wichtig, um etwaige mentale Schwachstellen bzw. Ansatzpunkte für Optimierungen zu erkennen. Dadurch lassen sich zielführende mentale Trainingsmaßnahmen planen und durchführen. Testen Sie Ihre neu erworbenen Erkenntnisse in diesem Bereich.

Sportpsychologische Diagnoseverfahren im Fußball (**2 richtige Aussagen; siehe Punkt 3.1-3.4**):

(1) ‚Naive' Beobachtungen sind ‚wissenschaftlichen' vorzuziehen, da wissenschaftliche Beobachtungen im Fußball-Alltag nicht anwendbar sind.
(2) Exploration/Interview als mündliche Formen gezielter Gespräche sind bedeutsam und vom Fußballtrainer gut nutzbar.
(3) Performance Profiling ist höchstens in der Kriminologie nutzbar, wenn Täterprofile erstellt werden sollen. In der Sportpsychologie hat die Methode nichts zu suchen.
(4) Systematische Verhaltensbeobachtungen sind auch von Fußballtrainern nutzbar, wenn bestimmte Prinzipien beachtet werden.

4 Wie kann ich das Selbstvertrauen der Spieler steigern?

In Trainingspraxis und Sportwissenschaft ist man sich einig, dass Selbstvertrauen eine Schlüsselrolle für sportlichen Erfolg einnimmt. Fußballtrainer stellen nach schlechten Partien häufig erstaunt fest, die eigene Mannschaft habe zu ängstlich, vorsichtig oder behäbig agiert, sich nichts zugetraut und ihre spielerischen Fertigkeiten nicht ausgeschöpft. Das sind oftmals Anzeichen mangelnden Selbstvertrauens[3]. Wir wollen uns im folgenden Kapitel genauer mit dem Phänomen beschäftigen. Zunächst stellen wir Grundannahmen vor, die die Wirkungen von Selbstvertrauen auf das Verhalten und die Leistung der Spieler beschreiben. Außerdem verdeutlichen wir Quellen, aus denen sich Selbstbewusstsein entwickelt (Kap. 4.1). Danach schlagen wir Trainingsformen vor, mit deren Hilfe Sie das Selbstvertrauen der Spieler gezielt aufbauen können (Kap. 4.2). Abschließend können Sie das neu erworbene Wissen überprüfen und eventuell einzelne Aspekte nochmals vertiefen (Kap. 4.3).

4.1 Kompetenzüberzeugung: Der Glaube an die eigenen Fertigkeiten und Fähigkeiten

Die folgenden Situationen sind für Sie bestimmt nicht neu. Sie verdeutlichen die Bedeutung von Selbstbewusstsein für sportliche Spitzenleistungen im Fußball.

(a) Sie stehen mit Ihrem Team in einem Finale. Beim Stand von 1:2 gibt es in letzter Minute einen Elfmeter für Ihre Mannschaft. Eigentlich haben Sie einen „schlafwandlerisch sicheren" Elfmeterschützen, der nahezu alle Strafstöße sicher verwandelt. In diesem Spiel weigert er sich jedoch hartnäckig, zu schießen. Er beteuert, sich nicht wohl zu fühlen und sich außerdem eine leichte Zerrung im Spiel zugezogen zu haben. Allerdings konnten Sie weder ein Unwohlsein noch eine Zerrung erkennen. Sie ahnen vage, es könnte sich um ein „mentales Problem" des Selbstvertrauens handeln.

(b) Sie studieren mit Ihrer Mannschaft das schnelle Umschalten von Abwehr auf Angriff ein. Das Ziel besteht darin, nach nur zwei bis drei Querpässen in der eigenen Hälfte in die Tornähe des Gegners zu gelangen. Hierfür ist nach den ersten Querpässen der „tödliche", lange Pass über ca. 50 Meter notwendig. Die Spielvariante klappt im Training prima. Es freut Sie besonders, dass die zwei „Spielmacher" beinahe jeden der Langpässe fuß-genau zum eigenen Mann bringen. Umso erstaunter sind Sie, als in den nachfolgenden fünf Pflichtspielen nahezu kein solcher Spielzug probiert wird. Kritiker vermuten deshalb, die Mannschaft spiele gegen Sie und provoziere Ihre Entlassung. Sie denken, die Spieler würden nicht mehr auf Sie hören und deshalb die Vorgaben nicht umsetzen.

c) Ihre Mannschaft spielt im Training einen äußerst attraktiven Offensivfußball. Die Kombinationen „laufen wie am Schnürchen", die „Offensivabteilung" agiert beinahe mühelos. In den Pflichtspielen sehen Sie den tollen Fußball jedoch nur phasenweise: Solange das Team in Führung liegt, „zaubert" es und es läuft toll. Sobald jedoch der Spielausgang eng ist, bleiben alle Offensivbemühungen aus. Es findet sich dann keiner, der „das Heft in die Hand nimmt" und energisch das eigene Spiel forciert. Keiner spielt riskante Pässe. Sie sind es leid, immer nur ansatzweise den gewünschten Offensivfußball geboten zu bekommen.

---

2 Im Folgenden werden die Begriffe *Selbstvertrauen*, *Selbstbewusstsein* und *Kompetenzüberzeugung* gleichbedeutend verwendet.

Alle genannten Beispiele haben mehr oder weniger mit unzureichend ausgeprägtem Selbstbewusstsein der Spieler zu tun. Nachdem Sie die folgenden, grundlegenden Erörterungen durchgearbeitet haben, wird Ihnen das klar sein. In der Sportpsychologie existieren verschiedene Erklärungen zu Entstehung und Wirkung von Selbstvertrauen. Bisher am besten untersucht und für die Trainingspraxis nutzbar sind die Erkenntnisse des Psychologen Albert Bandura. Er entwickelte die so genannte Self-Efficacy-Theorie zwar für den Bereich der Klinischen Psychologie, doch ist sie auch im Sport bedeutsam.

Wirkung von Kompetenzüberzeugung: Handlungssteuerung und sportliche Leistung

Bandura (1977, 1997) geht davon aus, dass unser Handeln stark von den Kompetenzüberzeugungen (synonym: Selbstwirksamkeitserwartungen; self-efficacy) beeinflusst wird. Als Kompetenzüberzeugung versteht man die persönlich eingeschätzte Gewissheit, eine schwierige oder neue Anforderung erfolgreich durch eigenes Handeln bewältigen zu können. Man vertraut sozusagen fest auf die eigenen Fertigkeiten (Kompetenzen) bzw. das individuelle Können. Der Glaube an die Stärken ist vor allem bei der Auseinandersetzung mit Anforderungen wichtig, die sich nicht quasi automatisch und mühelos erledigen lassen: eine für Sie völlig überraschende Taktik des gegnerischen Trainers; der plötzliche, langfristige Ausfall eines Führungsspielers; oder der für Sie unerwartet ausbleibende Trainingsfortschritt – solche und ähnliche Situationen erfordern den festen Glauben an das eigene Können, um sie anzupacken und schließlich zu meistern. Sie müssen sich – subjektiv eingeschätzt – sicher sein, Ihre Fertigkeiten bzw. Kompetenzen auch in kritischen Situationen handlungswirksam (= für die Problemlösung effektiv) einsetzen zu können. Für die Spieler sind feste Überzeugungen der eigenen Stärken ebenfalls außerordentlich wichtig: der wiederholte Versuch eines 50-Meter-Langpasses, auch wenn er bisher immer den Gegner erreichte; das forsche Ankurbeln des eigenen Spiels von Führungsspieler X, auch wenn der 0:3-Rückstand scheinbar aussichtslos erscheint; der entscheidende Elfmeterschuss in einem Finalspiel; oder das auch weiterhin aggressiv-offensive Spiel der Mannschaft, selbst wenn der Gegner mindestens über die gleiche Spielstärke verfügt. Den – schwierigen – Anforderungen werden sich die Spieler nur stellen, wenn sie ohne Zweifel an das eigene Potenzial glauben.
Wie wirkt nun hoch ausgeprägte Kompetenzüberzeugung bzw. Selbstvertrauen auf das Agieren der Spieler im Training und Wettkampf? Die für Sie wahrscheinlich noch wichtigere Frage: Ist von gesteigerter Leistungsfähigkeit inklusive höheren Erfolgschancen bei selbstbewussten Akteuren auszugehen? Kompetenzüberzeugung hat zunächst einen (a) direkten Einfluss auf die Handlungssteuerung der Spieler. Durch das dadurch beeinflusste Spiel- und Trainingsverhalten ist schließlich auch von (b) höheren Leistungen der Mannschaft und mehr Siegen auszugehen.

Im Einzelnen:

(a) Hohe Kompetenzüberzeugung bewirkt bei den Spielern *ein bestimmtes Herangehen an und Bewältigen von Trainings- und Wettkampfanforderungen*. Sind die Angreifer beispielsweise fest davon überzeugt, von der Seite hereingeflankte Bälle volley abnehmen zu können und Tore zu schießen, dann werden sie sich auch im Pflichtspiel nicht von anfänglichen Fehlversuchen („Über-den-Ball-Treten") abbringen lassen. Stattdessen suchen sie weiterhin die schwierigen Flankenbälle: Sie laufen immer wieder energisch in die Nähe des gegnerischen Strafraums und realisieren die Direktabnahmen erneut. Demgegenüber würden Spieler mit niedrigem Selbstvertrauen wahrscheinlich nach anfänglichen Fehlversuchen eher mit passiveren Aktionen reagieren: Vermutlich würden sie sich nicht mehr energisch in den Strafraum wagen und die hereinfliegenden Flankenbälle zunächst unter Kontrolle bringen, ehe aufs Tor geschossen wird. Oder stellen Sie sich eine selbstbewusste Mannschaft im Vergleich mit einem Team mit wenig Selbstvertrauen vor: Erstgenannter Mannschaft macht ein 2:0-Rückstand nach 30 Minuten wahrscheinlich noch nicht besonders viel aus. Sie verlässt sich auch weiterhin auf die eigenen Kompetenzen und nimmt die Herausforderung an, das Spiel noch zu wenden und zu gewinnen. Die Führungsspieler gehen hier noch energischer zur Sache und lassen sich auch von Rückschlägen nicht beirren. Resignation oder Passivität sind hier noch nicht zu sehen. Dagegen wird eine Mannschaft mit wenig Kompetenzüberzeugung wahrscheinlich am eigenen Können zweifeln, ihre eigentlichen Stärken in Frage stellen und nach weiteren Fehlern schließlich resignierend-passiv spielen. Wir können aus den Beispielen also ableiten, dass Kompetenzüberzeugung entscheidenden Einfluss auf die *Auswahl (Schwierigkeitsgrad)* von Handlungen, die *Intensität (Anstrengung)* ihrer Verwirklichungen und die *Ausdauer (Beharrlichkeit)* in der Konfrontation mit möglichen Schwierigkeiten und Barrieren hat (vgl. Bandura, 1997). Es ist in der Sportpsychologie und anderen psychologischen Bereichen vielfach nachgewiesen, dass sich selbstbewusstere Personen im Vergleich zu weniger selbstbewussten höhere Ziele setzen bzw. sich schwierigeren Handlungen zuwenden *(Auswahl)*, diese mit größerem Einsatz verfolgen *(Intensität)* und sich bei auftretenden Schwierigkeiten durch Beharrlichkeit *(Ausdauer)* auszeichnen (siehe z. B. Bandura, 1997; Feltz & Lirgg, 2001; Schwarzer, 1992).

(b) Die positiven Folgen des eben geschilderten *„selbstbewussten" Handelns auf die sportliche Leistung* bzw. den Erfolg einer Mannschaft sind nun vermutlich einleuchtend: Das selbstbewusste Spiel- bzw. Trainingsverhalten (siehe obige Beispiele) garantiert letztlich, die im Training erarbeiteten technisch-taktischen, konditionellen und mentalen Grundlagen auch in der Wettkampfsituation abzurufen und somit Erfolg zu haben. In Phasen, in denen Ihr Team sozusagen „vor Selbstvertrauen strotzte", wird es wahrscheinlich in der Mehrzahl auch punktemäßig erfolgreich gewesen sein oder zumindest Ihre Erwartungen erfüllt haben. Sie konnte nämlich die vorhandenen Leistungsgrundlagen im Pflichtspiel voll ausschöpfen.

Über die Auswirkungen von Selbstvertrauen auf Handlungssteuerung und Leistung wissen wir bisher:

- In der Sportwissenschaft und -praxis ist man sich einig, dass hoch ausgeprägtes Selbstvertrauen eine entscheidende Voraussetzung für Spitzenleistungen im (Fußball-)Sport darstellt und die Handlungen der Sportler entscheidend beeinflusst.
- Es existieren verschiedene Vorstellungen, die die Entstehung und Auswirkungen von Selbstvertrauen/Selbstbewusstsein erklären. Für den (Fußball-)Sport bietet die *Self-Efficacy-Theorie* von Bandura (1977, 1997) wichtige praktische Umsetzungsmöglichkeiten.
- In den Erkenntnissen Banduras nimmt vor allem die so genannte Kompetenzüberzeugung (syn.: Selbstwirksamkeitserwartung; self-efficacy) eine herausragende Stellung ein. Als Kompetenzüberzeugung versteht man die persönlich eingeschätzte Gewissheit, eine schwierige oder neue Anforderung erfolgreich durch eigenes Handeln bewältigen zu können.
- Kompetenzüberzeugung, also der feste Glaube in das eigene Können, ist vor allem für optimale Leistungen im Pflichtspiel eine wichtige Voraussetzung. Solche Partien konfrontieren die Spieler oftmals mit unvorhersehbaren, kritischen Situationen. Um trotz solcher Schwierigkeiten und veränderten Bedingungen (im Vergleich zur Trainingssituation) dennoch die optimale Leistung abrufen zu können, müssen die Spieler von ihrem Können völlig überzeugt sein.
- Insgesamt wirkt sich hoch ausgeprägtes Selbstvertrauen/Kompetenzüberzeugung positiv auf die Handlungssteuerung der Spieler im Training und Wettkampf aus. Von ihrem Können überzeugte Akteure setzen sich höhere Ziele bzw. stellen sich schwierigen Spielsituationen, zeigen viel Engagement im Spiel und lassen sich auch durch Rückschläge nicht in ihren Aktionen beirren.

Die für Sie relevante Frage lautet nun: Wie kann ich das Selbstvertrauen der Spieler aufbauen? Die nachfolgenden Ausführungen geben hierauf eine erste, grundsätzliche Antwort. Darauf basierende, konkrete Trainingsmaßnahmen werden dann im anschließenden Punkt 4.2 präsentiert.

Entstehung und Aufbau von Kompetenzüberzeugung: Erfolgserfahrungen machen

Bandura (1997) nennt verschiedene *Quellen* (Informationen), die unser Selbstvertrauen beeinflussen. Durch vielschichtige Verarbeitungsprozesse der Informationen entwickelt sich schließlich unsere *situationsspezifische Kompetenzüberzeugung*. In Abbildung 2 stellen wir die für den (Fußball-)Sport wichtigsten Einflussfaktoren dar. Wir beziehen uns hier neben Bandura auch auf ein sportspezifisches Modell (sog. *Sport Confidence Model)* der US-amerikanischen Sportpsychologin Robin S. Vealey (2001). Es sollen hier nicht alle abgebildeten Quellen ausgeführt werden. Vielmehr sind wesentliche Aussagen herausgegriffen, auf die sich die nachfolgenden praxisorientierten Darstellungen im Punkt 4.2 größtenteils beziehen: In der Sport-Praxis hat sich die theoretische Meinung weitgehend bestätigt, dass für den Aufbau von Selbstvertrauen vor allem *direkte Erfolgs-Erfahrungen in der Auseinandersetzung mit Anforderungen bzw. dem Einsatz von Fertigkeiten* wichtig sind. Mit anderen Worten: Der Fußballer muss unmittelbare Erfolge „spüren“ können. Beispiel: Sie lassen den Freistoßspezialisten im Training in Sondereinheiten so lange 25-Meter-Freistöße trainieren, bis er die Schüsse quasi „im Schlaf“ stets „brandgefährlich“ schießt. Ihr Spieler X ist sich dann gewiss, solcherart Schüsse prinzipiell zu beherrschen und hat viel entsprechendes Selbstvertrauen. Doch im (Fußball-)Sport kommt es außerdem stark darauf an, die Fertigkeiten auch im Wettkampf *einzusetzen* und deren *Wirksamkeit im Ernstfall hautnah zu erfahren*. Sie sollten als Fußballtrainer also zusammenfassend dafür sorgen, dass die Spieler konkrete Erfolgserfahrungen im Einsatz von Fertigkeiten bzw. der Bewältigung von Anforderungen sammeln können (siehe auch Punkt 4.2).

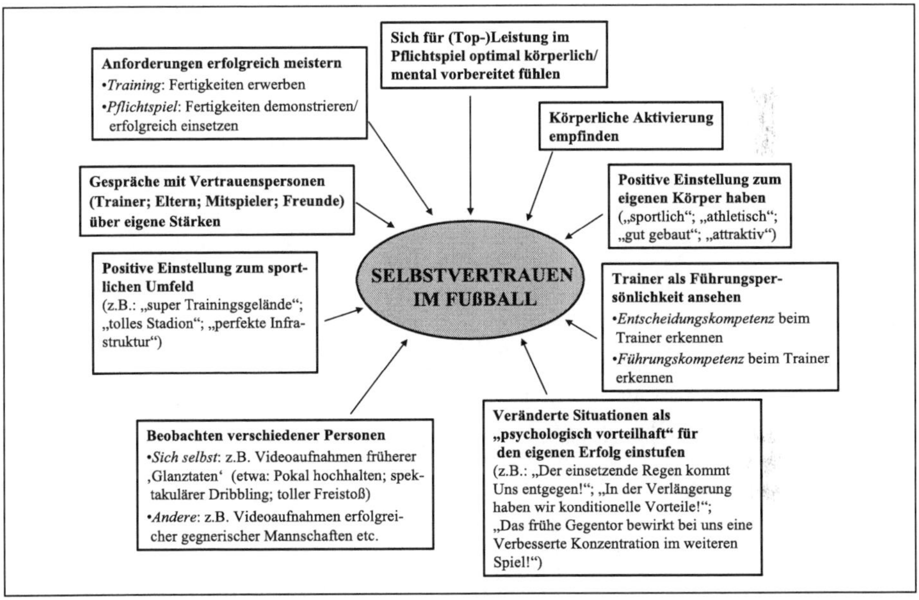

Abb. 2. Einflussfaktoren auf das Selbstvertrauen im (Fußball-)Sport.

Ebenfalls für den Aufbau von Kompetenzüberzeugung geeignet sind *Gespräche*. Sie können den Spielern demnach mit Argumenten versichern, dass diese über bestimmte Stärken und Fertigkeiten verfügen. Wenn Sie gute Argumente vorbringen, kann das bei den Spielern durchaus wirksam sein. Oftmals werden Sie wahrscheinlich jedoch auch die Erfahrung gemacht haben, beinahe „gegen eine Wand“ gesprochen zu haben: Sie versicherten dem Spieler zwar eindrucksvoll dessen Fernschussqualitäten, er hat im Spiel dennoch kaum solche Schüsse getätigt. Offenbar glaubte er nicht an seine Kompetenzen, obgleich Sie ihm diese deutlich im Gespräch vergegenwärtigten.

Wie ist das zu erklären? In Banduras Vorstellung haben verbale Überzeugungsversuche (also hier Ihre Gespräche mit dem Spieler) einen weniger starken Einfluss auf den Aufbau von Selbstvertrauen als etwa die bereits erwähnten direkten Erfolgserfahrungen. Auch wenn Gespräche unter den Trainern wahrscheinlich diesbezüglich am meisten stattfinden, ist ihre Effektivität geringer. Bandura stellt nämlich eine Reihenfolge von den effektivsten zu den weniger wirksamen Quellen auf: (1) Persönliche Erfahrung (Meisterung), (2) Beobachtung, (3) verbale Überzeugung (Gespräch), (4) körperliche Erregung. Demgemäß sind Maßnahmen besonders wirksam, bei denen die Spieler direkte Erfolgserfahrungen sammeln bzw. bei sich oder (Mit-)Spielern erfolgreiche Aktionen beobachten können (z. B.: Video mit perfekt ausgeführtem Dribbling des Spielers X anschauen). Für den Fußballbereich wichtig sind außerdem optimale körperliche/mentale Vorbereitungen auf sportliche Höhepunkte: Ihre Spieler werden zum Beispiel in wichtige (End-)Spiele mit mehr Selbstvertrauen gehen, wenn sie sich körperlich bzw. mental als optimal trainiert sehen.

Das bedeutet etwa: Ein systematisches aerobes Ausdauertraining zu Saisonbeginn (z. B.: individuelle Belastungsgestaltung über mehrere Wochen auf der Grundlage sportmedizinischer Laktatdiagnostik) schafft die Gewissheit, in entscheidenden Saisonphasen körperliche Vorteile im Ausdauerbereich zu haben und den Gegnern überlegen zu sein. Anders kann es bei nur vereinzeltem oder zu hartem Ausdauertraining sein: Die Spieler fühlen sich vermutlich weniger leistungsfähig bzw. überbeansprucht – und in der Folge nicht-optimal für bestimmte Saisonphasen vorbereitet. Für Ihre Trainerpraxis muss bereits – im Gegensatz zum Nicht-Sportbereich – die besondere Bedeutung körperbezogener Phänomene für den Aufbau von Selbstvertrauen herausgestellt werden (siehe auch 4.2). In Abbildung 2 ist die Sportspezifik zu erkennen.

Zur Entstehung von Selbstvertrauen lässt sich grundsätzlich festhalten:

- Die Überzeugtheit von den eigenen Fertigkeiten und Können entwickelt sich im Zusammenspiel mehrerer Faktoren. Solche Quellen von Kompetenzüberzeugung bieten wichtige Ansatzpunkte, das Selbstvertrauen der Spieler systematisch aufzubauen. Von Banduras Annahmen und den sportspezifischen Erkenntnissen Vealeys lassen sich wichtige Maßnahmen für die Trainerpraxis ableiten.
- Den stärksten Einfluss auf den Aufbau von Selbstvertrauen haben unmittelbare Erfahrungen des Bewältigens schwieriger (Wettkampf-)Situationen. Demnach sollten Sie bereits im Training wettkampfähnliche Situationen einplanen, in denen die Spieler direkte Erfolgserfahrungen sammeln können. Obwohl von den meisten Trainern am häufigsten angewendet, haben verbale Überzeugungsversuche durch Gespräche (z. B.: „Du hast wahnsinniges Talent, du kannst den 50-Meter-Pass schlagen!“; „Du musst einfach mal antreten, du bist der schnellste Spieler der Liga. Trau dich!“) weniger starken Einfluss aufwachsendes Selbstbewusstsein als die genannten direkten Erfahrungen.
- Speziell im (Fußball-)Sport spielen körperbezogene Phänomene eine besondere Rolle im Kontext des Aufbauens von Kompetenzüberzeugungen. Als Trainer sollten Sie den Aspekt stets im Auge behalten.

Sie haben sich nun einen umfassenden Überblick zur Wirkungsweise und der Entstehung von Selbstvertrauen im Fußballsport erworben. Jetzt wird es Ihnen leichtfallen, die am Kapitelanfang dargebotenen Beispielsituationen mit Hilfe des Grundlagenwissens zu erklären. Versuchen Sie es jetzt einmal.
Wie kann man nun im Trainingsalltag gezielt Selbstvertrauen aufbauen? Nachfolgende Punkte geben Antworten darauf und konkretisieren die bisherigen Grundannahmen.

4.2 Aufbau von Selbstbewusstsein: Erfolgserfahrungen initiieren

Wir haben im Punkt 4.1 verschiedene Quellen genannt, die Selbstvertrauen beeinflussen können (siehe Abb. 2). Alle Maßnahmen zur Erhöhung von Selbstbewusstsein könnten deshalb grundsätzlich die genannten Einflussfaktoren berücksichtigen. Wir beschreiben Ihnen, wie das in der Trainerpraxis konkret möglich ist. Sie können Kompetenzüberzeugung wirksam durch geschickte Trainingsgestaltung (Abs. 4.2.1), mit Hilfe von Videoaufzeichnungen (Abs. 4.2.2) oder durch wettkampfnahe Trainingsformen (Abs. 4.2.3) aufbauen.

4.2.1 Selbstvertrauen durch geschickte Trainingsgestaltung

Kompetenzüberzeugung können Sie bereits durch das tagtägliche Verhalten beim Training, quasi nebenbei, fördern. Ihr Umgang mit den Spielern, die Art des Lobens/ Belohnens oder Kritisierens/Bestrafens, das Zugestehen von Fehlern oder eine systematische Trainingsgestaltung hat oft großen Anteil an selbstbewussten Akteuren. Solche „unsichtbaren" Handlungen werden von vielen Trainern unterschätzt. Folgende Aspekte sollten Sie bei der täglichen Trainingsarbeit stets beachten und gegebenenfalls gezielt verbessern:

- ***Loben Sie sichtbare Fortschritte der Spieler möglichst gleich nach der gezeigten Leistung***. Viele Trainer scheinen zu glauben, dass zu viel Lob „schädlich" sei, da die Spieler dann nachlässig, überheblich oder faul würden. Im Allgemeinen ist jedoch das Gegenteil der Fall: Wenn die Spieler für erfolgreiche Aktionen (z. B. neue Taktikvarianten werden beherrscht; Volleyschüsse gehen traumhaft-sicher ins Tor) von Ihnen Lob erfahren (z. B.: „Prima, wie Du den Ball direkt genommen hast!"), werden sie noch motivierter arbeiten, sich auch weiterhin anstrengen und konzentriert die neu gelernten Fertigkeiten einsetzen. Sie entwickeln folglich „automatisch" Selbstvertrauen. Nichts ist demotivierender als ausbleibende Anerkennung nach erfolgreichen Aktionen. Reagieren Sie z. B. ständig *nicht* auf gelungene Dribblings, so wird Ihr Spieler wahrscheinlich mittelfristig keine mehr probieren („Wieso sollte ich das machen, es interessiert ja eh keinen.") und sich das Selbstbewusstsein evtl. verschlechtern.
- ***Ermutigen Sie risikoreiches Spielen***. Ermutigen Sie die Spieler, im Training ruhig einmal außergewöhnliche Aktionen zu probieren. Wenn solche

„sensationellen“ Schüsse, Dribblings, Flankenläufe etc. mehrmals klappen, werden die Spieler an die eigenen Stärken glauben und auch im Spiel risikoreicher agieren. Wichtig dabei: Sie müssen den Spielern deutlich zu verstehen geben, dass auch ein Misslingen der Aktionen keine negativen Konsequenzen nach sich zieht! Es ist hier *ausschließlich der mögliche Fortschritt (= erfolgreiche Aktionen) wichtig* und nicht das Scheitern! Selbstverständlich müssen Sie für gelungene Aktionen auch Anerkennung, Lob oder Begeisterung signalisieren.

- ***Heben Sie besondere Leistungen auch gesondert heraus.*** Sie haben durch das Medieninteresse am Fußball genug Möglichkeiten, einzelne Spieler, Mannschaftsteile oder das gesamte Team für erfolgreiche Spiel- und Trainingsaktionen auch einmal öffentlich zu loben. Wenn Sie in der Pressekonferenz etwa das herausragende Defensivverhalten der Abwehr betonen, dokumentieren Sie nachdrücklich den Glauben an die Mannschaft („Wenn der Trainer das schon öffentlich sagt, dann müssen wir wirklich gut gewesen sein.“).
- ***Versuchen Sie, Probleme souverän zu lösen bzw. Entscheidungen rasch zu treffen.*** Wenn Sie in der Lage sind, aufkommende Spannungen im Training zügig und nachvollziehbar zu lösen bzw. Entscheidungen zu treffen, untermauert das bei den Spielern das Bild eines „fachkompetenten Trainers“. Man vertraut Ihren Trainingsmaßnahmen dann eher und glaubt an das Erarbeitete („Wenn der Trainer mit seiner Kompetenz den Angriffszug einstudiert, dann macht das Sinn. Wir sind dadurch optimal vorbereitet!“). Zögern Sie also wichtige Entscheidungen nicht zu lange hinaus. Bemühen Sie sich außerdem, trainingsmethodisch auf dem neuesten Stand zu sein und das den Spielern durch Handeln zu zeigen.
- ***Erarbeiten Sie erkennbar systematisch und kontinuierlich die konditionellen und spieltaktischen Fertigkeiten.*** Die Grundvoraussetzung für sportliche Leistung im Fußball ist eine gute körperliche/taktische Verfassung der Spieler. Wenn das nicht gegeben ist, können die Fußballer auch nicht selbstbewusst an ihr Können glauben. Sie bezweifeln latent die optimale Vorbereitung durch optimales Training. Erarbeiten Sie mit Ihrem Team deshalb, wenn möglich bestimmte Schwerpunkte (z. B.: aerobe Ausdauerkapazität; schnelle Konterangriffe) *über einen längeren Zeitraum*, sodass die Fertigkeiten routiniert beherrscht werden. Erst dann können die Spieler von sich behaupten: „Wir haben uns optimal vorbereitet, wir beherrschen X, Y, Z.“ Verwenden Sie zum Beispiel *Trainingspläne* oder lassen Sie Ihre Spieler entsprechende *Trainingstagebücher* führen (Inhalt: z. B. Datum/Uhrzeit; Trainingsziel; Trainingsinhalt; Trainingsmethode; Anstrengungsgrad, Befinden). Durch gemeinsame Bilanzierungen des absolvierten Trainings der letzten Wochen bekommen die Spieler dann „objektiv“ die Trainingsfortschritte dokumentiert. Das Selbstvertrauen sollte somit allmählich wachsen.

4.2.2 Selbstvertrauen mit Hilfe von Videodemonstrationen

Wir haben bereits im Punkt 4.1 auf die besondere Wirkung von Beobachtungen für den Aufbau von Kompetenzüberzeugung hingewiesen. Im Trainingsalltag ist sie besonders gut durch Videodemonstration möglich. Das Verfahren lässt sich auf zweierlei Weise nutzen: Sie können der Mannschaft Videoszenen eigener, vergangener Erfolgserlebnisse vorführen. Jedoch ist es genauso möglich, Videos bestimmter Aktionen von „bewunderten“ anderen Mannschaften als Unterstützungshilfe für Selbstvertrauen zu nutzen. Der Einsatz solcher Videodemonstrationen hat den Vorteil, bei den Spielern und auch Trainern weitgehend akzeptiert und praktiziert zu werden (z. B.: Videostudien des kommenden Gegners inklusive Stärken und Schwächen; Videodemonstration der gemachten, eigenen Fehler nach einem Spiel etc.; mittlerweile sind sog. Videoanalysten in Profiteams etabliert). Aus lernpsychologischer Sicht (vgl. Bandura, 1986: Modelllernen) sollten Sie beim Einsatz entsprechender Videoaufzeichnungen einige Aspekte beachten. Dadurch verbessern Sie die Verarbeitung der Szenen.

- ***Führen Sie Videoausschnitte in einem ruhigen Raum vor, der für die Mannschaft reserviert ist***. Am besten geeignet ist hier ein Besprechungszimmer, eine Umkleidekabine oder evtl. die Trainerkabine. Räume mit (starker) Hintergrundkulisse bzw. Fans (z. B. Sportgaststätte) sind unpassend. Die Spieler sollten die Erfolgsszenen klar und deutlich in allen Einzelheiten „nacherleben“ können.
- ***Achten Sie darauf, dass keine anderen Aktivitäten ausgeführt werden***. Vor allem sollten Smartphones oder Videospiele während des Videostudiums ausgeschaltet bleiben. Um Selbstvertrauen aufzubauen, müssen die Spieler die gezeigten Erfolgsszenen ohne Ablenkung verinnerlichen.
- ***Orientieren Sie sich bei der Auswahl der Videoszenen am aktuellen Leistungsvermögen Ihres Teams***. Wählen Sie Szenen aus, die in etwa das unter den gegebenen Voraussetzungen maximal Mögliche veranschaulichen. Sie müssen sich also auf das aktuelle Leistungsniveau des aktuellen Kaders einstellen und dürfen nicht das Leistungsvermögen der letztjährigen Mannschaft als Maßstab nehmen. Möglicherweise hat das momentane Team nämlich zahlreiche Schlüsselspieler verloren und somit auch „an Substanz“.
- ***Gestalten Sie das Videostudium nicht zu lange***. Ein Zeitraum von ca. 15 Minuten mit wenigen, dafür aber eindrucksvollen Szenen scheint ausreichend. Somit vermeiden Sie Langeweile, erhöhen die Aufmerksamkeit und fördern die Verarbeitung.
- ***Variieren Sie die Präsentation***. Nutzen Sie die technischen Möglichkeiten und zeigen Sie außergewöhnliche Aktionen (z. B. überragendes Direktspiel; mutige Dribblings) mehrmals, eventuell sogar in Zeitlupe. Das hat behaltensfördernde Wirkung. Aber: Überfrachten Sie die Videos nicht mit Special-Effects und Sinnesreizen.

- ***Setzen Sie das Videostudium in enger Verbindung zum Training ein.*** Es empfiehlt sich, entweder vor oder unmittelbar nach einer Trainingseinheit diverse Erfolgsausschnitte zu präsentieren. Das verursacht zusätzliche Motivation, die jeweiligen Fertigkeiten auch auf dem Trainingsplatz umzusetzen.
- ***Wenn Sie Ihren Spielern Szenen anderer „Vorbild-Mannschaften" vorführen (Sie zeigen beispielsweise Ihrer Mannschaft Ausschnitte eines Ligakonkurrenten), beachten Sie bitte ebenfalls die oben genannten Punkte.*** Vor allem: vergleichbare Leistungsstärke; wertgeschätztes Team.

4.2.3 Selbstvertrauen wettkampfnah trainieren

Hans Eberspächer (2004a) hat aus seiner reichhaltigen Erfahrung in der Betreuung von Spitzensportlern erkannt, dass viele Athleten in der besonderen Wettkampfsituation – im Fußballsport das *Pflichtspiel* – nicht das eigentlich vorhandene Leistungsvermögen ausschöpfen: sie setzen ihre Fertigkeiten und Fähigkeiten nicht oder nur unzureichend ein. Offenbar verlieren sie in einer solchen Anforderungssituation den Glauben an die eigenen Stärken. Man ist sich plötzlich nicht mehr sicher, über das Können zur Bewältigung der gestellten Spielanforderungen zu verfügen. Offensichtlich wird die Problematik bei den so genannten *„Trainingsweltmeistern":* Diese können im Training alles, wagen z. B. atemberaubende Dribblings oder nehmen die schwierigsten Flankenbälle direkt ab. Im Pflichtspiel am Wochenende sind sie dann jedoch nur noch „ein Schatten ihrer selbst". Eberspächer (2004a) hat deshalb das Trainingsverfahren *Kompetenzüberzeugungstraining* in drei verschiedenen Varianten entwickelt, um die *Wettkampfsituation zu simulieren* und selbstbewusstes Agieren im Pflichtspiel zu erreichen.
Die Varianten trainieren Sportler, sich auf die *besonderen Bedingungen der Pflichtspiele* im Vergleich zum Training adäquat vorzubereiten:

(1) Pflichtspiele sind ***nicht wiederholbar***; sie sind ***einmalig*** (wenn das Spiel vorbei ist, besteht keine Möglichkeit mehr zum Revidieren der beendeten Partie).

(2) Pflichtspiele gehen immer (bewusst oder unbewusst) mit einer ***Prognose/Vorhersage bezüglich des erwarteten Ergebnisses/Spielverlaufs*** einher (die Spieler erwarten vor dem Anpfiff einen bestimmten Spielverlauf bzw. ein bestimmtes Endergebnis und sind nachher zufrieden, verärgert oder enttäuscht, wenn es ideal gelaufen, „holprig" oder „schiefgelaufen" ist).

(3) Pflichtspiele haben immer ***Konsequenzen*** (die Spieler empfinden etwa nach guten Spielen Stolz, innere Genugtuung oder große Freude und bei Niederlagen tiefe Enttäuschung, Selbstzweifel oder Kritik von den Medien).

Zum systematischen Training der oben genannten typischen Wettkampfanforderungen entwickelte Eberspächer (2004a) die Übungsformen (a) Prognosetraining, (b) Training der Nicht-Wiederholbarkeit/Einmaligkeitstraining und (c) Prognosetraining bzw. Training der Nicht-Wiederholbarkeit/Einmaligkeitstraining mit Zeitverzögerung.

Alle Varianten können Ihnen unter bestimmten Voraussetzungen wertvolle Hilfestellung beim Aufbau von Selbstvertrauen und Wettkampfstabilität bzw. Stresstoleranz der Spieler leisten und werden nun beschrieben.

(a) Prognosetraining:

> Auf die Frage einer Reporterin, welches Saisonziel Spieler X mit seinem Verein habe, antwortet er vor der Saison: „Ja gut, die Saison ist lang. Alle haben einen guten Kader und viele gute Spieler geholt. Wir auch. Es kann viel in einer Saison passieren. Ich sag' mal: ich möchte gute Spiele machen und dann schauen wir mal, was dabei rauskommt." Nach der Vizemeisterschaft am Saisonende sagte er dann: „Den dritten Tabellenplatz hatte ich mir schon als Saisonziel vorgestellt. Wir haben unsere Erwartungen klar erfüllt."

Kennen Sie solche Szenen, dass vor einer Saison Aussagen über Ziele vermieden werden und nachher dennoch von „Zielerreichung" gesprochen wird? Das hat oftmals mit Aspekten von mangelndem Selbstvertrauen zu tun. Im Leistungsfußball und Leistungssport generell ist es notwendig, sich stets – bewusst oder unbewusst – Handlungsziele zu setzen bzw. Prognosen über den Spielverlauf und -ausgang abzugeben. Ihre Spieler wissen beispielsweise, dass Gegner X in der Defensive anfällig ist und nehmen sich daher vor, verstärkt die ausgemachte Schwachstelle im Spiel auszunutzen. Ebenfalls wäre es denkbar, sich vor einer entscheidenden Saisonphase die Vorgabe zu machen, drei von fünf Spielen zu gewinnen und somit einen gesicherten Mittelplatz in der Abschlusstabelle zu belegen. Fehlt es an stark ausgeprägtem Selbstvertrauen, so weigert man sich jedoch, eindeutige Zielvorgaben vor dem Spiel (allgemeiner: vor der Anforderung) zu nennen. Stattdessen bleiben die Spieler dann lieber allgemein und unverbindlich und verlieren sich in nichtssagenden Phrasen. Sie stellen höchstens nach dem Spiel fest, dass das Ziel erreicht wurde. Das Vorgehen ist somit „geschummelt", da das Ziel nach der Handlung „hingetrickst" wird. Dieses Vorgehen scheint im Leistungssport oft vorzukommen und ist auch im obigen Beispiel veranschaulicht: Man nimmt sich dadurch den Druck im Spiel bzw. bei der Bewältigung von Anforderungen und muss sich vor allem nach einem möglichen Scheitern (Niederlage; schlechtes Spiel; unbefriedigende Saison etc.) nicht rechtfertigen, da man ja sozusagen „ziellos" agiert hat. Die Spieler handeln sich mit dem Vorgehen jedoch die negativen Effekte ein, die im Leistungssport üblichen (positiv-realistischen) Zielsetzungen nicht systematisch zu erlernen. Außerdem wird so nicht die Auseinandersetzung mit den üblichen spielbezogenen Belastungen (z. B.: Anspannung vor dem Spiel; kritische Spielsituationen) trainiert und es muss sich nicht mit den (negativen) Auswirkungen des Wettkampfes auseinandergesetzt werden. Genau solche Faktoren zeichnen jedoch den Wettkampfcharakter aus und erfordern ein hoch ausgeprägtes Selbstvertrauen für wettkampfstabiles Handeln. Es macht also Sinn, den Spielern Leistungs-Prognosen abzuverlangen und dadurch gezielt Kompetenzüberzeugung und Wettkampfstabilität bzw. Stresstoleranz zu entwickeln. Andernfalls besteht die Gefahr, in wichtigen Pflichtspielen nicht die optimale Leistung abzurufen oder zu versagen.

Das Grundprinzip der Trainingsform besteht darin, von den Spielern (a) *Zielformulierungen (Prognosen) der Anforderungsbewältigung* zu verlangen, dann deren (b) *Handlungsausführung* abzuwarten und zu beobachten und schließlich (c) das *Erreichen, Nicht-Erreichen oder Übertreffen bewerten* zu lassen. Bei den Bewertungen ist darauf zu achten, dass die Spieler erfolgreiche Handlungen mit ihrem eigenen Können erklären und nicht mit Zufall oder Glück (z. B.: „Ich habe die schwierigen Schüsse sicher verwandelt, weil *ich gut trainiert* und eine *präzise Schusstechnik habe*!" statt: „Ich habe die schwierigen Schüsse sicher verwandelt, weil *ich Glück hatte*").

Gehen Sie zum konkreten Durchführen solcher Einheiten folgendermaßen vor:

(1) Vergewissern Sie sich, dass unzureichende Leistung im Spiel auch aus mangelndem Selbstvertrauen entstanden ist. Überlegen Sie dabei genau, ob die schlechte Spielleistung nicht vielleicht auf ungenügendes oder nicht optimales Training zurückgeführt werden kann. **Denn**: Wenn die konditionellen/technisch-taktischen Grundlagen fehlen, können sie auch im Pflichtspiel nicht abgerufen werden. Dann müssten Sie entsprechende Grundlagen erst im Training entwickeln, ehe man sie in Spielen voraussetzt. Sie sollten also zunächst die mangelnden Spielleistungen genau analysieren. Schauen Sie hierzu gegebenenfalls nochmals im Kapitel 3 (*Informationen erhalten* nach. Konkret:

- Beobachten Sie „schlechte" (Spiel-)Szenen mehrmals im Spiel und beim Training; Wird im Training „gut" und im Spiel „schlecht" agiert?
- Notieren Sie konkrete Schwachpunkte; besprechen Sie die aufgeschriebenen Defizite mit dem Co-Trainer.
- Überdenken Sie das zurückliegende Training dahingehend, ob die nötigen Fertigkeiten ausreichend trainiert wurden.
- Besprechen Sie mit den betreffenden Spieler(n) Ihre Unzufriedenheit und holen Sie deren Meinung über die Gründe der schwachen Spielleistungen ein.

(2) Legen Sie eine entsprechende Aufgabe fest oder lassen Sie die betreffenden Spieler in Absprache mit Ihnen und dem Co-Trainer die zu bewältigende Anforderungssituation und Zielstellung/Prognose festlegen. Achten Sie darauf, dass die ausgewählte Anforderung unter hohem Einsatz noch realisierbar ist, also nicht zu schwer ist. Halten Sie die konkreten Anforderungen und Ziele/Prognosen am besten schriftlich fest. *Als zusätzliche Erschwernis möglich:* Die Spieler verkünden ihre Ziele/Prognosen öffentlich (z. B.: der gegnerischen Mannschaft beim Trainingsspiel „5 gegen 5" die Absicht konkret mitteilen); dadurch entsteht ein noch höherer Leistungsdruck (sog. *Offenes Prognosetraining).* Wichtig: Legen Sie außerdem negative Konsequenzen (Maßnahmen) für den Fall des Nicht-Erreichens fest. Das erhöht den Druck der erfolgreichen Anforderungsbewältigung und sorgt dafür, mit hohem Einsatz die Aufgabenbewältigung anzugehen. **Aber**: Die gewählten negativen Konsequenzen müssen für die Spieler zwar unangenehm sein, jedoch dürfen sie keine überharten „Straftrainings" oder entwürdigende Maßnahmen beinhalten!

Überlegen Sie sich deshalb zunächst gründlich geeignete negative Konsequenzen, seien Sie dabei auch kreativ (z. B.: Abbauen bzw. Einsammeln des gesamten Trainingsequipments; Wegfall eines geplanten ‚sozialen Abends'; Wegfall eines geplanten trainingsfreien Tags und stattdessen Durchführen einer Videostudiums-Sitzung).

Beispiele:

Anforderung:	Stürmer müssen Flankenbälle volley aufs Tor schießen
Ziel/Prognose:	Von zehn Versuchen treffen die Stürmer mindestens sechsmal aufs Tor (also höchstens viermal geht der Ball über/neben das Tor)
Anforderung:	Im zwanzigminütigem Trainingsspiel „Sturm gegen Abwehr" gibt die Abwehr keinen Ball verloren und verteidigt ihr Tor unter allen Umständen, egal was auch passiert
Ziel/Prognose:	Die „Abwehr" lässt höchstens einen Gegentreffer zu
Anforderung:	Beim Elfmetertraining verwandeln bestimmte Spieler sicher
Ziel/Prognose:	4 von 5 Schüsse werden pro Spieler verwandelt
Anforderung:	Im Trainingsspiel muss die ballbesitzende Mannschaft innerhalb von maximal 24 Sekunden auf das gegnerische Tor geschossen haben. Misslingt das, bekommt die gegnerische Mannschaft den Ball und es geht genauso weiter (dies ist aus dem Basketballspiel abgeleitet).
Ziel/Prognose:	Mannschaft A (Angreifer) schafft mindestens 10 24-Sekunden-Abschlüsse im Trainingsmatch.

(3) Halten Sie Ihre Spieler jetzt an, die Anforderung zu bewältigen; beobachten Sie dabei genau, ob und gegebenenfalls in welchem Ausmaß die Aufgabenstellung erfüllt wird.

(4) Analysieren Sie mit den Spielern und Ihrem Co-Trainer zusammen, ob das Leistungsziel (Prognose) erreicht, nicht erreicht oder übertroffen wurde; ziehen Sie hierbei die schriftlich fixierten Zielformulierungen beim Punkt (2) heran sowie Ihre Aufzeichnungen beim Punkt (3).

(5) Suchen Sie unter Rücksprache mit den Spielern und Ihrem Co-Trainer nach möglichst objektiven Gründen für das erhaltene Leistungsergebnis.
Wenn das Ziel bzw. die Prognose erreicht oder übertroffen wurde, halten Sie den Spieler an, die erfolgreiche Bewältigung mit dem eigenen Können bzw. den eigenen, gut entwickelten Kompetenzen zu erklären. Diese Kompetenzen lassen sich am deutlichsten durch ‚harte Fakten' hervorheben; etwa: hoher Trainingsumfang (Trainingseinheiten/Woche); viel Taktiktraining (Trainingseinheiten/Woche); verbesserte Grundlagenausdauer (Laktat-Ausdauer-Stufentest); gesteigertes koordinatives Niveau (Koordinations-Tests).

(6) Vergessen Sie nicht, die „erfolgreichen“ Spieler für deren Leistungen zu loben und den „erfolglosen“ Spielern die vorher angekündigten negativen Konsequenzen spüren zu lassen, jedoch gleichzeitig auch Mut und Aufmunterung für weitere Versuche zuzusprechen; Sie sollten allen Spielern Respekt signalisieren, dass sie sich überhaupt solchen Wettkampfsituationen im Training stellen.

(7) Legen Sie in Absprache mit den Spielern und dem Co-Trainer evtl. veränderte Anforderungen/Ziele für das nächste, diesbezügliche Training fest.

(b) Training der Nicht-Wiederholbarkeit/Einmaligkeitstraining:

Eine *verschärfte* Form wettkampfspezifischen Trainings stellt das ***Einmaligkeitstraining*** dar. In vielen Spielen kommen kritische Situationen vor, die *nur eine einzige Möglichkeit* der (erfolgreichen) Auseinandersetzung zulassen. Man hat hier also keine weiteren Versuche beim ersten Scheitern. Die Aufgabe muss sofort optimal realisiert werden („Alles-oder-Nichts!“; „Jetzt-oder-nie!“; „Hop-oder-top!“). Solche Anforderungen (z. B.: letzter Schütze beim Elfmeterschießen; Finalspiel; eigener Freistoß in der Nachspielzeit bei 1:2 Rückstand) verursachen zusätzlichen Druck für die Spieler und erfordern Übung, um die Situationen dennoch erfolgreich-routiniert zu bewältigen. Sie sollten die Übungsform demnach gezielt ins normale Training einbauen, um vorgenannte Drucksituationen zu trainieren. Ein Grund, weshalb entscheidende Elfmeter verschossen werden, liegt oft in der fehlenden Simulation solcher Anforderungen im Training. Das häufig praktizierte „Elfmetertraining“, nach dem eigentlichen Trainingspensum nochmals – *ohne Druck* – einige Elfmeter zu schießen, hat psychologisch keine leistungsförderliche Wirkung und ist auch trainingsmethodisch fragwürdig: Das richtige *Schießen* des Strafstoßes (Anlauf; richtige Fußstellung; platzierter Schuss etc.) beherrscht im Regelfall jeder Spieler und muss nicht eingeübt werden. Den Strafstoß – *unter Druck* – verwandeln *zu müssen* ist hingegen psychisch belastend und bedarf speziellen Übens. Und zwar in simulierten Ernstsituationen.
Sie können sich beim Einmaligkeitstraining ebenfalls an den Ablaufschritten des oben erwähnten „Prognosetrainings“ orientieren. Beachten Sie jedoch, dass Sie Ihren Spielern nun nur noch eine Möglichkeit der Ziel-/Prognoseerfüllung zugestehen. Also zum Beispiel: Die Spieler haben nur einen Elfmeterversuch – und der muss verwandelt werden (statt z. B. 3 von 5 Schüssen müssen Tore sein); die Spieler haben einen Versuch zum Volleyschuss nach einem schwierigen Flankenball – und müssen diesen einen Versuch aufs Tor treffen (statt z. B. 6 Treffer von 10 Versuchen); die Spieler müssen alle 5 Elfmeter treffen (statt z. B. 4 von 5).
Wenn Sie den Übungsschwerpunkt in die Mitte einer Trainingseinheit einbauen, dann setzen Sie diese nach dem mentalen Übungsteil ganz normal fort. Es darf allerdings ***keine*** neuerlichen Versuche innerhalb der Einheit geben, falls die Zielstellung nicht erreicht wurde.

(c) Prognosetraining/Einmaligkeitstraining mit Zeitverzögerung:

Als weitere Variante wettkampfnahen Überzeugungsaufbaus hat Eberspächer das so genannte *Zeitverzögerungstraining* konzipiert. Der Grundgedanke ist dabei: Wenn zwischen der Aufgabenstellung und dem Realisieren der Anforderung der Zeitraum zunimmt, stellt das auch zusätzliche Schwierigkeiten bei der Handlungsausführung dar. Dann hat man als Spieler nämlich mehr Zeit zum Nachgrübeln, Zweifeln oder die Konzentration schweift vom Wesentlichen ab. Wenn Sie also zusätzlichen (Wettkampf-) Druck stimulieren wollen, können Sie die unter (a) und (b) vorgestellten Verfahren mit zusätzlichen Zeitverzögerungen zwischen Ankündigung der Anforderung und tatsächlichem Zeitpunkt des Realisierens erweitern. Sie können dabei entweder einen bestimmten Zeitraum vorgeben, innerhalb dem sich die Spieler auf den ‚Ernstfall' vorbereiten sollen (Bsp.: ***„In 10 Minuten** schießt ihr 3 Elfmeter, die alle verwandelt werden. Ansonsten ist morgen der trainingsfreie Tag gestrichen!"*), oder aber den Erbringungszeitpunkt völlig offenlassen (Bsp.: ***„Irgendwann** in der heutigen Trainingseinheit verwandelt ihr 3 von 3 Elfmetern, ansonsten ist morgen der trainingsfreie Tag gestrichen!"*).

Bevorzugter Einsatzbereich: Wann sind die Trainings sinnvoll?

- Wenn Spieler konditionelle (Ausdauer; Schnelligkeit; Kraft) bzw. spieltechnisch-taktische Fertigkeiten im Training sicher/routiniert beherrschen, sie allerdings im Pflichtspiel deutlich unzureichend oder kaum einsetzen.
- Wenn Spieler starke Übererregung/Vorspiel-Angst (Stress) empfinden, die deutlich über das übliche Maß der Vorspielnervosität bzw. angespannten Grundstimmung hinausgeht.
- Wenn sich Spieler zu leicht von Gegnern beeindrucken bzw. aus dem Konzept bringen lassen.
- Wenn junge Spieler noch über wenig Erfahrung in kritischen Stresssituationen verfügen.

Trainingshäufigkeit: Wie oft sollten die Trainings eingesetzt werden?

- Trainings nicht zu oft einsetzen, da sonst Langeweile oder chronischer Stress entstehen kann (**Achtung**: Diese Art wettkampfnahen Trainings beinhaltet für die Spieler erhöhte psychische/körperliche Beanspruchung); *höchstens alle 5 Trainingseinheiten* anwenden.
- Am besten ***zum*** Ende einer Trainingseinheit anwenden, da die Spieler dann die positiven und negativen Konsequenzen bis zur nächsten Trainingsmöglichkeit „ertragen" müssen.

Trainingsdurchführung: Wie kann ich die Trainings konkret durchführen?

(1) ***Versichern Sie sich, dass wettkampfnahe Trainingsformen zum Aufbau von Selbstvertrauen notwendig sind*** (orientieren Sie sich hierbei z. B. an den obigen Kriterien *„Bevorzugter Einsatzbereich");* führen Sie zu dem Zweck v. a.

vertrauensvolle Gespräche mit den betreffenden Spielern und/oder beobachten Sie deren Verhalten in Spiel und Training genau (siehe hierzu auch Kapitel 3: *Informationen erhalten).*

(2) ***Entscheiden Sie sich für eine der drei Trainingsformen***; **Wichtig**: Wenn Sie bisher noch keine solchen Trainings durchgeführt haben, beginnen Sie bitte mit dem *Prognosetraining;* die anderen beiden Verfahren (*Einmaligkeitstraining*; *Prognosetraining bzw. Einmaligkeitstraining mit Zeitverzögerung*) stellen höhere Anforderungen an die Spieler und verursachen evtl. anfangs (zu) hohe psychische/körperliche Beanspruchung.

(3) Legen Sie die auszuführende Aufgabe fest oder lassen Sie die Spieler in Absprache mit Ihnen und dem Co-Trainer konkrete Anforderungen festlegen, die bewältigt werden sollen; **Wichtig**: Die Anforderungen müssen so anspruchsvoll sein, dass sie mit hohem Einsatz gerade noch erreichbar sind; sie müssen allerdings zu bewältigen sein. **Und: legen Sie auch die negativen Konsequenzen bzw. Maßnahmen fest, die bei Nicht-Erreichung der Ziele eintreten werden.**

(4) ***Lassen Sie die Spieler in Absprache mit Ihnen und Ihrem Co-Trainer genau das Leistungsziel festlegen, das sie erreichen möchten.***

(5) ***Führen Sie jetzt eine der drei Übungsformen durch: das bedeutet: lassen Sie Ihre Spieler eine konkrete Anforderung/Aufgabe ausführen***; Achten Sie darauf, dass Sie den mentalen Schwerpunkt optimal in das gewöhnliche Trainingsprogramm integrieren.

(6) ***Analysieren Sie mit Ihrem Co-Trainer und den Spielern zusammen, ob die erwartete Leistung*** **erreicht, nicht erreicht** ***oder*** **deutlich übertroffen** ***wurde*** (Ist-Soll-Vergleich).

(7) ***Suchen Sie mit Ihrem Co-Trainer und den Spielern zusammen nach möglichst plausiblen Gründen für das erbrachte Handlungsergebnis***; überlegen Sie gemeinsam, ob beim nächsten diesbezüglichen Training das Ziel niedriger, gleichbleibend oder erhöht werden sollte.

(8) ***Loben Sie bei Zielerreichung und lassen Sie bei Nicht-Erreichung die vorab formulierten negativen Konsequenzen/Maßnahmen folgen***.

(9) ***Richten Sie sich bei der nächsten Einheit an den unter (7) bestimmten Zielvorgaben und lassen Sie die Anforderung erneut durchführen.***

4.3 Selbstkontrolle: Habe ich die wichtigsten Inhalte behalten und verstanden?

Abschließend können Sie die bisher erworbenen Kenntnisse zum Selbstvertrauen im (Fußball-)Sport überprüfen. Bitte kreuzen Sie die Aussagen an, die Sie als „richtig" einschätzen. Pro Block finden Sie jeweils 3 richtige Antworten. Wenn Sie sich bei einzelnen Aussagen noch unsicher sind, dann lesen Sie bitte die kommentierten Antworten im Anhang und wiederholen Sie die jeweiligen Abschnitte des Kapitels nochmals. Sobald Sie mit Ihrem Kenntnisstand zufrieden sind, zögern Sie nicht, einzelne Maßnahmen bei Bedarf im Training einzusetzen.

Grundannahmen: Konsequenzen und Entstehung von Selbstvertrauen (**3 richtige Aussagen; siehe Punkt 4.1**):

(1) Hoch ausgeprägte Kompetenzüberzeugung ist grundsätzlich gefährlich, weil sich meine Spieler dann „faul zurücklehnen“ und schwierige Spielsituationen nicht mehr offensiv angehen.
(2) Hoch ausgeprägte Kompetenzüberzeugung bewirkt, dass sich meine Spieler schwierigen Spielsituationen stellen und sie offensiv angehen.
(3) Kompetenzüberzeugung beeinflusst sowohl das Handeln als auch die Leistung meiner Mannschaft ganz wesentlich.
(4) Selbstvertrauen hat nur wenige Einflussfaktoren.
(5) Selbstvertrauen lässt sich am wirksamsten aufbauen, indem ich die Spieler durch Gespräche von deren Stärken überzeuge.
(6) Selbstvertrauen lässt sich am wirksamsten aufbauen, wenn meine Spieler direkt die Meisterung schwieriger Anforderungen erfahren können bzw. erworbene Fertigkeiten im Pflichtspiel einsetzen.
(7) Körperbezogene Wahrnehmungen der Spieler haben für den Aufbau von Selbstvertrauen kaum Bedeutung.

Trainingsmaßnahmen zur Förderung von Selbstvertrauen (**3 richtige Aussagen; siehe Punkt 4.2**):

(8) Ich kann Kompetenzüberzeugung bei meinen Spielern nicht systematisch aufbauen, weil es keine brauchbaren Trainingsverfahren gibt.
(9) Kompetenzüberzeugung hat man oder hat man nicht. Mentales Training bringt da nichts.
(10) Der bekannte Sportpsychologe Eberspächer schlägt beim Training von Kompetenzüberzeugung vor, wettkampfähnliche Anforderungen zu vermeiden, da sie im Training nicht simuliert werden können.
(11) Eberspächers Trainingsverfahren orientieren sich konsequent an wettkampfähnlichen Anforderungen, die gezielt im Training zu meistern sind.
(12) Eberspächer entwickelte die Verfahren „Prognosetraining“, „Training der Nicht-Wiederholbarkeit/Einmaligkeitstraining“ und „Zeitverzögerungstraining“.
(13) Videodemonstrationen als Mittel des Aufbaus von Selbstvertrauen sind im Fußballsport absolut ungeeignet.
(14) Kompetenzüberzeugung erfordert nicht unbedingt auch das tatsächliche Beherrschen von körperlichen Fertigkeiten, da die Spieler nur „mental“ an ihre Stärken glauben müssen.
(15) Ich muss die Spieler schon im Training wo immer möglich in Situationen bringen, in denen sie die erworbenen Fertigkeiten „hautnah erfahren/spüren“ können.

5 Gezielte Verhaltenssteuerung: Wie kann ich Lob und Kritik effektiv einsetzen?

Wir beschäftigen uns nun ausführlich mit belohnenden und bestrafenden Maßnahmen von Fußballtrainern. Die von allen Trainern – wenn auch oft nicht bewusst – häufig eingesetzten Interventionen werden in Bezug auf ihre möglichst effektive Anwendung sowie den positiven und negativen (Neben-)Wirkungen erörtert. Begonnen wird mit grundlegenden Erkenntnissen (Kap. 5.1), denen konkrete Empfehlungen beim Anwenden inklusive möglicher (Neben-)Wirkungen folgen (Kap. 5.2: Bestrafung; Kap. 5.3. Belohnung). Zum Schluss können Sie das erarbeitete Wissen und Verständnis überprüfen (Kap. 5.4).

5.1 Verstärkungslernen: Ihre Reaktionen auf das Verhalten der Spieler

(a) Ihr Spieler hat in einer Saison der österreichischen Admiral Bundesliga schon fünf rote Karten erhalten und die Mannschaft dadurch erheblich geschwächt und einige Punkte gekostet. Unmittelbar nach der fünften roten Karte verbannen Sie ihn „aus disziplinarischen Gründen" zwei Wochen lang aus dem Kader. Die „Denkpause" scheint gefruchtet zu haben: Zwar hatte der Spieler anfangs schlechte Laune, doch nach Wiedereingliederung in den Wettkampfkader war die Stimmung wieder gut und er hat im nächsten halben Jahr nur noch einen Platzverweis erhalten.

(b) Sie haben bei Ihrem Team bemerkt, dass es in „Eins-zu-Eins"-Situationen vor dem gegnerischen Tor zu ungefährlich ist. Deshalb lag Ihre Mannschaft auch lange Zeit im hinteren Tabellendrittel der schweizerischen Credit Suisse Super League, obwohl die Mannschaft spielerisch eigentlich deutlich besser ist als es der Tabellenplatz aussagt. Sie entschieden sich deshalb dafür, die kritischen Spielsituationen im Training einzustudieren. Alle geglückten „Mann-gegen-Mann"-Situationen würdigten Sie stets durch anerkennendes Loben („X, Du hast Dich wunderbar-dynamisch durchgesetzt!"; „Dein Durchsetzungsvermögen ist super!"). In den Folgespielen bemerkten Sie ein deutlich häufiger probiertes und erfolgreich ausgeführtes Offensivverhalten der Spieler.

(c) Sie arbeiten mit hervorragenden Co-Trainern zusammen und loben die Mitarbeiter intern und auch öffentlich „über den grünen Klee" für die in den letzten Wochen exzellenten Spielbeobachtungen/-analysen kommender Gegner. Obwohl die Arbeit der Assistenztrainer schon immer herausragend war, erkennen Sie nun noch akribischere Vorgehensweisen und erhöhten Einsatz. Außerdem herrscht im Trainerteam eine auffallend gute Stimmung.

Solche oder ähnliche Beobachtungen haben Sie bestimmt schon gemacht. Sie beruhen auf den Lernprinzipien der so genannten Operanten Konditionierung (Verstärkungslernen; Instrumentelles Lernen; vgl. Skinner, 1966), die in der (Sport-)Psychologie intensiv erforscht wurden. Sie besagen im Grunde Folgendes:

(1) Wenn Sie auf ein bestimmtes Verhalten der Spieler mehrmals mit einer *positiv-angenehmen Maßnahmen* (= *Belohnung*; z. B.: Lob; Anerkennung) reagieren, so werden Ihre Spieler dieses *Verhalten zukünftig wahrscheinlich häufiger zeigen*.

(2) Wenn Sie ein bestimmtes Verhalten der Spieler dagegen mehrmals mit einer *negativ-unangenehmen Maßnahme (= Bestrafung*; z. B.: harsche Kritik; Auswechselung

im Spiel) beantworten, so wird der Spieler das Verhalten vermutlich in der Zukunft seltener realisieren.

Die zwei Grundregeln können Sie nun auch auf die obigen Beispiele anwenden. Also: Spielt der Spieler X in der österreichischen Admiral Bundesliga zu oft foul (gezeigtes Verhalten) und reagiert der Trainer dann darauf als Konsequenz mit einer zweiwöchigen Verbannung aus dem Kader (erfolgte Maßnahme des Trainers/Konsequenz), so nimmt das zukünftige „rohe Spiel" im Beispiel (a) vermutlich ab (Verhaltensänderung). Oder: Zeigen die Spieler im Training beherzte Dribblings in „Eins-gegen-Eins"-Situationen (gezeigtes Verhalten) und lobt der Trainer sie deshalb mehrmals unmittelbar anerkennend (erfolgte Maßnahme des Trainers/ Konsequenz), so dribbeln die Spieler in den nächsten Pflichtspielen der schweizerischen Credit Suisse Super League im Beispiel (b) wahrscheinlich öfter und setzen sich außerdem durch (Verhaltensänderung).
Überlegen Sie nun, ob und vor allem wo in Ihrer Trainerpraxis die geschilderten Mechanismen wirksam waren. Kam es nach mehrmaligem Lob, Anerkennung oder Zuwendung (= Belohnung) der Spieler in der Regel zu häufigerem Auftreten bestimmter Verhaltensweisen? Oder können Sie hier keine Regelmäßigkeit feststellen? Wenn Letzteres der Fall ist, befinden Sie sich in guter Gesellschaft mit Praktikern in pädagogischen Feldern bzw. des Sports. Obwohl viele die scheinbar einfachen Prinzipien kennen, lässt die beabsichtigte Wirkung oftmals zu wünschen übrig. Offenbar werden wichtige Erkenntnisse der (sport-)psychologischen und (sport-)pädagogischen Forschung nicht präzise angewendet. Sie beziehen sich insbesondere auf *vermeintliche* „Belohnungen"/„Bestrafungen" oder den *Zeitpunkt* entsprechender Trainermaßnahmen. Die weiteren Ausführungen sollen Ihnen deshalb konkrete Empfehlungen zur Umsetzung in Training und Spiel geben.

5.2 Bestrafung: unerwünschtes Verhalten der Spieler abbauen

Beginnen wir zunächst mit Strafmaßnahmen. Aus der Alltagserfahrung haben Sie wahrscheinlich bereits bemerkt, dass Bestrafungen (von Spielern) in manchen Situationen unumgänglich sind und bestimmtes nicht tolerierbares Verhalten reduzieren helfen. Denken Sie etwa an das Beispiel (a) beim Punkt 5.1, in dem der Fußballer nach zwei Wochen Suspendierung vom Spielkader in der Folge „geläutert" zurückkam und weniger rote Karten kassierte. Oder erinnern Sie sich an Ihre „Problemspieler", die permanent zu spät zum Training kamen und nach einer „Kopfwäsche" von Ihnen plötzlich pünktlich erschienen sind. Offenbar können *Bestrafungen auf zweierlei Art erfolgen* und somit unerwünschte Verhaltensweisen der Spieler abbauen: (1) durch Ergreifen von für die Spieler *negativ-unangenehmen Maßnahmen* (im genannten Beispiel also die „Kopfwäsche" des unpünktlichen Spielers) oder (2) durch *Ausbleiben/Entzug von positiv-angenehmen Maßnahmen* bzw. Konsequenzen (im Beispiel also die zweiwöchige Suspendierung des Spielers aus dem Kader). In der Sportpraxis scheinen solche Sanktionierungen oftmals das Trainerverhalten zu dominieren.

Im Kinder- und Jugendbereich rechtfertigen die Trainer das häufige Strafen dann etwa dadurch, dass sie die Spieler „disziplinieren“ müssten, sie ihnen „die deutschen Tugenden anerziehen“ wollten oder „die vergangenen Werte ‚Härte' und ‚Einsatzbereitschaft' zurückbringen“ müssten. Auch manche bekannten Trainer der deutschsprachigen Profiligen scheinen noch solches, auf Strafen ausgerichtetes, (Führungs-)Verhalten zu favorisieren. Fallen Ihnen spontan entsprechende Namen ein?
Wir werden weiter unten noch erläutern, in welchen *ausgewählten Situationen* strafendes Trainerverhalten sinnvoll sein kann. An dieser Stelle wollen wir jedoch besonders die *negativen Wirkungen von* – vor allem häufiger und harter – *Strafen* herausstellen. Sie sehen dabei gleichzeitig die Notwendigkeit, Sanktionen wohlüberlegt und -dosiert einzusetzen. In den Ausführungen zum Punkt 5.3 wird schließlich verdeutlicht, weshalb Sie sich in Ihrem Trainerverhalten vor allem an *positiv-angenehmen Maßnahmen* (Belohnungen) orientieren sollten.
Es wird einleuchten, dass häufige Strafen wenig förderlich für ein angenehmes Trainingsklima sind. Sie können insbesondere die Beziehung zu den betreffenden Spielern entschieden negativ beeinflussen. Wenn Sie Ihre Akteure ständig maßregeln oder stets die Schwächen vergegenwärtigen, werden sie sich auch nicht mehr offen an Sie wenden (z. B. bei Problemen privater, gesundheitlicher oder trainingsbezogener Art). Das Vertrauensverhältnis ist dann beeinträchtigt. Doch nicht nur das: Sie wirken durch permanentes Strafen mitunter als „negatives Vorbild“ und die Spieler verhalten sich dann vielleicht untereinander in ebensolcher – aggressiver bzw. sanktionsbezogener – Art und Weise. Die Gefahr eines Kreislaufes von negativer Stimmung, Misstrauen und aggressivem Verhalten ist somit nicht von der Hand zu weisen. Bei labileren Sportlern ist außerdem eine Gefährdung des Selbstkonzeptes bzw. Selbstwertgefühls und Selbstvertrauens möglich. Mit anderen Worten: Andauerndes Hervorheben und kritisieren von Fehlern kann bei manchen Spielern ein Gefühl von Wertlosigkeit oder sportlicher Inkompetenz hervorrufen und geringes Selbstvertrauen verursachen (siehe auch Kap. 4). Im schlimmsten Fall reagieren die Betroffenen vielleicht sogar mit psycho-somatischen Beschwerden (etwa Magen-Darm-Beschwerden; depressiven Symptomen). Es ist deshalb der äußerst verantwortungsvolle Umgang mit Strafen herauszustellen. Als mögliche *negative Auswirkungen von häufigen bzw. intensiven Strafmaßnahmen* beachten Sie deshalb bitte (vgl. Schermer, 2002, S. 73-74):

- Häufiges Bestrafen führt zu einer ***negativen Beziehung zwischen Spieler und Trainer***.
- Der bestrafende Fußballtrainer nimmt eine ***„Vorbildfunktion“ für aggressives Verhalten ein***.
- Wenn der Trainer auf bestimmtes Verhalten der Spieler nur mit Strafe reagiert, ***bleibt den Spielern das von ihm gewünschte (positive) Verhalten unklar***.
- Ständiges bzw. intensives Strafen ***ruft bei den Spielern mehr oder weniger starke Angstgefühle und Schmerzzustände (v. a. seelische) hervor***.

- Strafmaßnahmen können bei den Spielern ***Ärger und Aggression hervorrufen*** und somit das ***Trainingsklima ungünstig beeinflussen***.
- Häufiges Bestrafen kann zu ***psychosomatischen Beschwerden der Spieler*** führen (z. B. Magengeschwür; Gewichtsverlust etc.).
- Dauerhafte Strafen können dazu führen, dass sich die ***Spieler in Bezug auf ihre eigene Person negativ einschätzen*** (z. B.: „Ich kann nichts!"; „Mein Körper ist nicht athletisch genug!"; „Ich bin ein Verlierer!").
- Das Bestrafen kann ***evtl. auch andere Verhaltensweisen hemmen oder einschränken, die eigentlich gar nicht reduziert werden sollten***.

Welche Schlüsse sind nun aus den vielen negativen Aspekten von Bestrafungen zu ziehen? Sollten Sanktionen etwa überhaupt nicht zum Trainerverhalten gehören? Die Frage werden Sie sicher mit einem nachdrücklichen *Nein* beantworten. Strafen müssen manchmal sein. Sie können bestimmt eine Vielzahl von Beispielen anführen, bei denen Strafmaßnahmen unvermeidlich waren. Wahrscheinlich werden Sie hier an Situationen denken, in denen die „Starspieler" immer wieder zu spät zum Training kamen oder den Heimaturlaub (z. B. die Spieler aus fernen Ländern) chronisch verlängerten. Oder Ihnen fallen Ereignisse ein, bei denen bestimmte Spieler ausländische Mitspieler diskriminierten oder beleidigten. Vielleicht haben sich auch manche Spieler einfach nicht an vereinbarte Abmachungen gehalten (z. B.: Schwänzen von Arzt- oder Physiotherapieterminen; unentschuldigtes Fernbleiben von PR-Veranstaltungen). Und vermutlich sind die vielen Ermahnungen, Belehrungen oder Einzelgespräche dann fehlgeschlagen, die Sie „im Guten" mit den jeweiligen Akteuren deshalb führten. Es ist also unrealistisch, alleine mit Lob und Belohnung das Training leiten zu können.
Wann und vor allem wie sollten demnach Strafen ausfallen? Beim *Wann* können Sie sich eine einfache Grundregel merken:

Wenn ein Verhalten der Spieler eindeutig nicht toleriert werden kann (z. B.: absichtliches Foulen der eigenen Mannschaftskameraden im Trainingsspiel; Beleidigungen von ausländischen Spielern, Andersdenkenden oder Menschen mit Behinderungen) und durch diverse andere Maßnahmen (z. B. Einzelgespräche; Ermahnungen; „letzte Bewährungschance") nicht abgebaut werden kann, sind Bestrafungen in Erwägung zu ziehen.

Allerdings müssen diese Maßnahmen die klare Ausnahme bleiben. Bei der Frage nach dem *Wie* bedarf es etwas ausführlicherer Erläuterungen. Wenn nämlich bestimmte Aspekte des Strafens nicht beachtet werden, ist auch die beabsichtigte Wirkung eingeschränkt oder es treten gar zusätzlich zu den oben genannten Nebenwirkungen weitere negative auf. Grundsätzlich sollten Sie stets darauf achten, alle Spieler gleich zu behandeln und nicht Einen für etwas bestrafen und das beim Anderen durchgehen lassen. Das kann neben Unstimmigkeiten auch Unsicherheiten bei den Spielern hervorrufen und als Willkür aufgefasst werden. Sie sollten außerdem stets ausschließlich inhalts-/verhaltensbezogen Strafen und nicht persönlich verletzend werden. Es muss dem Spieler klar ersichtlich sein, dass Sie ein bestimmtes (Fehl-)Verhalten in einer bestimmten Situation nicht tolerieren. Auf keinen Fall dürfen Sie persönlich verletzend werden bzw. die Spieler als Person „bestrafen" und beleidigen. Der für seine Menschenführung allseits geachtete Otto Rehhagel hat stets betont, ausschließlich die *Nummer* X und niemals den Spieler X zu kritisieren bzw. zu bestrafen. Die Achtung jeder individuellen Persönlichkeit muss – auch bei noch so großem Erfolgsdruck – immer oberste Priorität genießen. Es kann Ihre Autorität als Trainer fördern, wenn Sie manche Strafen zusammen mit Ihrer Mannschaft festlegen. Beispielsweise wäre ein gemeinsam mit dem Spielerrat vor Saisonbeginn erarbeiteter Strafenkatalog eine sinnvolle Maßnahme. Sie erspart lästige Diskussionen während der Saison und demonstriert gleichzeitig Ihre Objektivität beim Ergreifen entsprechender Maßnahmen. Außerdem signalisieren Sie dem Team damit Souveränität. Das Gegenteil ist für die vielzitierten „Straftrainings" der Fall. Wenn Trainer nach schlechten Spielen am nächsten Tag plötzlich einstündige Dauerläufe ansetzen, Treppenlaufprogramme durchführen, die Trainingseinheit auf drei Uhr nachts legen oder in der nächsten Woche alle freien Tage gestrichen werden, dann sind das eher Zeichen fehlenden souveränen Trainerverhaltens. Zusätzliche „Sonderschichten" können nämlich den ursprünglich geplanten Trainingsablauf stören, weitere physiologische Anpassungsprozesse erfordern und evtl. zu Überbeanspruchung führen. Andererseits begehen die Spieler im Allgemeinen nicht absichtlich Fehler in Spielen. Jeder versucht vielmehr sein Bestes, wobei jedoch auch Fehler passieren können. Die Spieler bewerten solche Maßnahmen wahrscheinlich als „nicht souverän", ungerecht oder unverständlich und stellen die Fachkompetenz des Trainers in Frage. In Bezug auf die *Effektivität* von Strafen sollten Sie einige grundsätzliche Forderungen beachten: Sie müssen darauf achten, dass die beabsichtigte Strafe (wenn sie denn unbedingt nötig erscheint) bei den Spielern auch tatsächlich als *Strafe* empfunden wird bzw. Strafcharakter aufweist. Wenn Sie einen Spieler nach wiederholtem Foulspiel beim Training vorzeitig zum Duschen schicken und er darüber erfreut ist (er kann dann z. B. zusätzliche Sponsorentermine wahrnehmen; er bekommt durch den „vorzeitigen Abgang" Aufmerksamkeit seiner Teamkameraden; er chattet mit Freunden), ist das nicht der Fall. Ebenso verfehlen Geldbußen von 5.000 Euro für hochbezahlte Bundesligaprofis in Deutschland die Wirkung als *Straf*maßnahme: sie schmerzen nicht. Der FC Bayern hat Zeitungsmeldungen zufolge dem Phänomen als einer der ersten Topvereine Rechnung getragen und in der ersten Amtszeit Ottmar Hitzfelds (bis zum Jahr 2004) „empfindlichere" Geld-*Strafen* in fünfstelliger Höhe eingeführt. Solche Maßnahmen sind lernpsychologisch sinnvoll. Sie müssen sich am aktuellen Gehaltsgefüge im Team orientieren, wirklich wehtun und demnach als unangenehm und schmerzhaft empfunden werden (dürfen also nicht bloß symbolischen Charakter haben). Wichtig bei allen Maßnahmen ist Ihr Auftreten beim Realisieren. Reagieren Sie konsequent und unmittelbar auf das unerwünschte Verhalten der Spieler. Versuchen Sie dabei, Sanktionen ruhig und sachlich zu übermitteln und kein großes Aufsehen zu veranstalten. Den Spielern wird so keine unbeabsichtigte Plattform der Aufmerksamkeit (z. B. durch Zuschauer des Trainings; Mitspieler; Medienschaffende) geboten. Sie vermeiden außerdem, Einzelne vor den Mannschaftskameraden zu blamieren oder bloßzustellen. Öffentliche „Demontagen" (etwa: einen Spieler in der Halbzeitpause Hockstrecksprünge im Stadion durchführen lassen – als Bestrafung für die schlechte erste Halbzeit; einen miserabel schlecht spielenden Akteur absichtlich nicht auswechseln – und ihn stattdessen 90 Minuten „vorführen") sind sehr verletzend und schaden einer guten Trainer-Spieler-Beziehung mit hoher Wahrscheinlichkeit. Überdies ist die ethische Vertretbarkeit solcher Praktiken äußerst fragwürdig. Falls sich im Trainingsalltag Strafmaßnahmen nicht vermeiden lassen, so beachten Sie bitte resümierend (vgl. Martens et al., 1981; zit. nach Weinberg & Gould, 2003, S. 131):

- ***Bestrafen Sie*** ähnliche Regelverstöße ***bei allen Spielern gleich***. Sie werden unglaubwürdig, wenn Sie bestimmtes Fehlverhalten bei einigen durchgehen lassen, die anderen jedoch dafür sanktionieren. Die Spieler sind dann verunsichert und wissen nicht mehr, was Sie eigentlich wollen. Außerdem trägt das zu schlechter Stimmung im Team bei.
- ***Ergreifen Sie Strafmaßnahmen ausschließlich aus inhaltlichen/ verhaltensbezogenen Erwägungen und niemals auf Grund persönlicher Antipathien***. Die Achtung der Persönlichkeit der Sportler steht immer im Vordergrund. Wenn Sie Strafen, dann geschieht das ausschließlich auf Grund bestimmter, unerwünschter Verhaltensweisen – und nicht aus Unsympathie dem Spieler gegenüber. Der in seiner Menschenführung allseits hochgeschätzte Erfolgstrainer Otto Rehagel hat dieses Prinzip stets öffentlich hervorgehoben und im Umgang mit den Spielern realisiert.
- ***Beteiligen Sie die Spieler am Festlegen bestimmter Strafmaßnahmen*** für Regelverstöße. Wenn Sie etwa zusammen mit dem Mannschaftsrat Maßnahmen für bestimmtes, nicht tolerierbares Verhalten festlegen, sind die Regeln auch von der Mannschaft mitgetragen. Somit erleichtern Sie das Verständnis der jeweiligen Sanktionen und vermeiden zugleich (evtl. unabsichtlich erfolgende) Ungleichbehandlungen der Spieler (siehe erster Punkt).
- Führen Sie ***keine „harten Straftrainings"*** (z. B.: Waldlauf, Treppenlauf, Training in brütender Hitze, Training um 3 Uhr nachts) durch. Ihnen stehen in der Trainingspraxis für Strafen – wenn notwendig – viele andere Maßnahmen zur Verfügung. Wenn Sie die oftmals in den Zeitungen zitierten zusätzlichen Waldläufe etc. oder verschärften Trainings durchführen, müssen Sie mit Störungen des beabsichtigten Leistungsfortschritts rechnen. Denn es ist logisch, dass zusätzliche und zu harte Einheiten auch zusätzliche körperliche und mentale Anpassungsprozesse zur Folge haben, die Ihre eigentlich geplanten Trainingswirkungen durcheinanderbringen. Bedenken Sie bitte außerdem, dass die Spieler im Normalfall keine absichtlichen Fehler im Spiel machen. Sie geben stattdessen ihr Bestes, das eben nicht immer gut gelingen kann.

- Vergewissern Sie sich, dass die ***von Ihnen eigentlich als Strafe beabsichtigten Maßnahmen nicht in Wirklichkeit von den Spielern als Belohnung empfunden werden*** bzw. ihnen zusätzliche Aufmerksamkeit zukommt. Wenn Sie Bestrafungen einsetzen müssen und damit Fehlverhalten reduzieren möchten, dann müssen die Maßnahmen ***von den Spielern auch tatsächlich als negativ-unangenehm empfunden*** werden. Ansonsten bleibt die Intervention wirkungslos oder wendet sich ins Gegenteil: der Spieler betrachtet Ihr Verhalten als „Belohnung" und zeigt das unerwünschte Verhalten plötzlich häufiger.
- ***Verhängen Sie Strafmaßnahmen ohne Aufsehen und Geschrei***. Brüllen Sie den Spieler nicht an oder beleidigen Sie nicht persönlich. Teilen Sie ihm die Maßnahme stattdessen sachlich mit. Ihre Sanktionen gewinnen nicht an Wirksamkeit, nur weil Sie brüllen oder beleidigend werden. Eher im Gegenteil: Das erweckt eher den Eindruck, als seien Sie ein „nicht souveräner Trainer".
- Ergreifen Sie ***während eines Spiels keine harten (öffentlichen) Strafmaßnahmen*** gegen einzelne Spieler. Wenn Sie etwa vor 30.000 Zuschauern im Stadion den Spieler X demonstrativ „zusammenfalten", so kann das äußerst entwürdigend sein. Keiner ist begeistert, wenn er öffentlich sanktioniert wird. Hier laufen Sie Gefahr, die Beziehung zum Spieler X erheblich zu verschlechtern.
- ***Stellen Sie Einzelne nicht vor den Mitspielern bzw. in der Öffentlichkeit bloß.*** Sanktionen können durchaus nötig sein, jedoch muss der Respekt vor jedem einzelnen Spieler gewahrt bleiben. Dies ist z. B. nicht der Fall, wenn Sie extrem peinliche Angelegenheiten vor versammelter Mannschaft anprangern. Auch die von manchen Trainern oftmals geäußerte Maßnahme, katastrophal spielende Akteure bewusst weiterspielen zu lassen und nicht auszuwechseln („Der Spieler X wurde vom Trainer Y vorgeführt."), wäre hier zu nennen.
- ***Setzen Sie Strafmaßnahmen sparsam ein. Sollten sie jedoch nötig sein, gehen Sie mit Nachdruck und Konsequenz vor.*** Bestimmte Situationen erfordern Strafen. Damit diese auch tatsächlich die beabsichtigten Wirkungen zeigen, müssen sie konsequent und unmittelbar nach einem unerwünschten Verhalten erfolgen. Sie dürfen nicht nur „halbherzig" realisiert werden. Geschieht das nicht, sind die Wirkungen unzureichend. Dennoch bleiben Belohnungen und Lob die grundsätzlich anzustrebenden Maßnahmen des Trainers. Sie haben vielerlei positive Auswirkungen (siehe nächster Punkt).

5.3 Belohnung: erwünschtes Verhalten, Selbstvertrauen, Motivation und gute Stimmung

Wir haben uns bisher vor allem ausführlich mit den negativen (Neben-)Wirkungen von Strafmaßnahmen im Trainingsalltag beschäftigt. Sie wissen nun, dass Strafen sorgsam anzuwenden sind und keinesfalls das Führungsverhalten dominieren dürfen. Ihr Umgang mit den Spielern sollte von positiv-angenehmen Maßnahmen

(Belohnungen) geprägt sein. Bestimmt haben Sie bereits festgestellt, dass sich die Spieler nach lobenden Worten noch engagierter und motivierter und mit viel Freude und Elan der „belohnten" Aktivität widmeten. Das sind die herausragenden Merkmale des dahinterstehenden lernpsychologischen Prinzips.

Wenn Sie gezeigte Aktionen der Spieler mehrmals unmittelbar *nachfolgend loben*, anerkennen, positiv hervorheben oder mit Applaus quittieren (also im weitesten Sinne ***nach*** deren Handeln Belohnungen vergeben; zu den verschiedenen Belohnungsarten siehe weiter unten), werden die Spieler solche *Aktionen in der Folge wahrscheinlich häufiger probieren.* Gleichzeitig fördern die Belohnungen die *Motivation, Stimmung und das Selbstvertrauen* bei den Akteuren (vgl. Abb. 3).

Durch Loben, Anerkennen etc. stehen im Trainingsalltag vergleichsweise einfache Möglichkeiten zur Verfügung, erwünschtes Verhalten der Spieler zu entwickeln und dabei gleichzeitig deren Motivation, Selbstvertrauen und Stimmung zu steigern. Wir können bereits jetzt der teils verbreiteten Meinung widersprechen, wonach Loben nicht wirklich weiterhelfe und Kritik/Strafe konstruktivere Effekte habe. Denken Sie noch einmal an die geschilderten (Neben-)Wirkungen von Bestrafungen: Könnten Sie nach dem bisher Gelesenen spontan Einwände gegen obige Behauptung anführen? Damit das scheinbar triviale Prinzip des Belohnens (siehe oben) jedoch in der Sportpraxis auch tatsächlich wirkt, sind verschiedene Leitlinien zu beachten. Wie Sie aus dem (Erziehungs-)Alltag wissen, führt das Loben für gute Noten in der Schule nicht immer zu noch besseren Zensuren oder gar eifrigerer Erledigung der Hausaufgaben. Ebenso bewirkt die Honorierung überragender Laufleistungen und -statistiken bestimmter Spieler nicht automatisch, dass diese im nächsten Spiel noch engagierter auftreten und mehr Kilometer abspulen. Sind die dargestellten Lernprinzipien also doch nutzlos? Nein. Sie konnten in vielen Untersuchungen bestätigt werden.

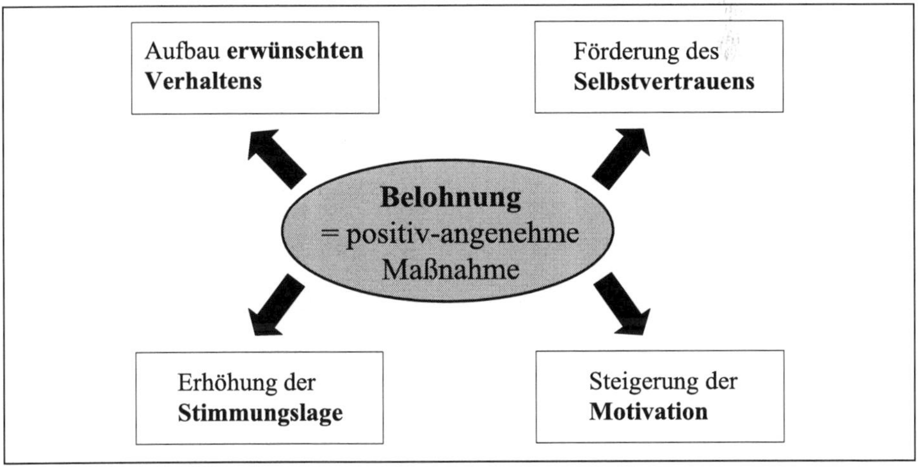

Abb. 3. Auswirkungen positiv-angenehmer Trainermaßnahmen bei den Spielern.

Allerdings ist es dem Menschen eigen, dass er – im Vergleich zum Tier – vielfältige Denkprozesse in Gang setzen und sich somit auch Belohnungen des Trainers „widersetzen“ kann bzw. dessen „Strategie durchschaut“. Sie sollten deshalb auch beim vermeintlich bedenkenlosen Loben/Belohnen einige Prinzipien beachten.
Eine Grundvoraussetzung der Effektivität aller Maßnahmen besteht in der Auswahl geeigneter Belohnungen. Solche positiv-angenehmen Maßnahmen müssen *aus der Sicht der jeweiligen Spieler (!) attraktiv und wünschenswert* sein – und nicht von Ihrer Warte aus. Häufig gehen Trainer von ihren eigenen Vorlieben aus und sind dann überrascht, dass sie nicht mit denen der Spieler übereinstimmen. Klassische Musik kann für Sie angenehm, für einen anderen jedoch als grauenhaft, also eine Strafe statt Belohnung, empfunden werden. Durch gezieltes Beobachten oder Befragen müssen Sie somit als ersten wichtigen Schritt die positiv-angenehmen Maßnahmen/Aktivitäten der Spieler herausfinden (siehe z. B. Kap. 3). Schauen Sie sich als Hilfestellung die Beispiele in Tabelle 2 an. Hier sehen Sie, welche Vielfalt unterschiedlicher Belohnungsmöglichkeiten prinzipiell zur Verfügung stehen. Wenn Sie individuell geeignete Belohnungen herausgefunden haben, stehen praktische Fragen der konkreten Realisierung *(Wann? Wie oft?)* im Blickpunkt. Als Grundregel können Sie sich hier merken:

Am Anfang des Aufbaus erwünschten Verhaltens sollten die Aktionen der Spieler möglichst gleich *nach dem Auftreten häufig von Ihnen belohnt* werden.

Tab. 2. *Überblick verschiedener, angenehm-positiver Trainermaßnahmen (Belohnungen)*

Belohnungsarten:	Beispiele im Traineralltag:
Materielle Belohnungen: Dies betrifft im weitesten Sinne alle „fassbaren Dinge“, die Ihre Spieler als positiv-angenehm einstufen.	• Punkt-, Sieg-, Meisterschaftsprämien; • gutes Essen nach gelungenem Training; • handsignierter Lederball einer Topmannschaft, nachdem bestimmte Spieler im Training der letzten Wochen „toll mitgezogen haben“; • Lieblings-Videospiel nach konsequenter Verbesserung des Passspiels;
Soziale Belohnungen: Hier ist Ihr zwischenmenschliches, emotionales Einwirken auf die Spieler gemeint, das als positiv-angenehm empfunden wird.	<u>sprachlich:</u> • Loben der Spieler für erfolgreiche Trainingsleistungen; • Spieler nach gewonnenen Partien im TV-Interview anerkennend hervorheben; <u>berührungsbezogen:</u> • Spieler bei seiner Auswechselung abklatschen, wenn er eine tolle Partie spielte; • Spieler in den Arm nehmen nach gewonnenem Spiel; • Spieler bei gelungenen Aktionen im Training lobend „auf die Schulter klopfen“; <u>wahrnehmungsbezogen:</u> • freudestrahlendes Lächeln bei spektakulären Direktabnahmen im Training; • anerkennendes Kopfnicken bei gelungenen 1:1 Situationen im Spiel; • Applaudieren bei gelungenen Aktionen im Training oder Wettkampf;

Aktivitätsbelohnungen: Das sind *Aktivitäten*, die von Ihren Spielern als positiv-angenehm wahrgenommen werden; ihre Wirkung erfolgt gemäß dem Motto *„zuerst die Arbeit, dann das Vergnügen/Spaß“*.	• die Spieler dürfen *erst dann* „zum geliebten Schwimmen“ (= Belohnung) gehen, *wenn* die „nervende“ Taktikarbeit eintrainiert wurde; • die Spieler gehen *erst dann* gemeinsam beim Lieblingsitaliener „Pastapasta“ essen, *wenn* das Ausdauertraining korrekt (d. h. ohne Schummeln) durchgeführt wurde;
Belohnungen durch Rückmeldungen: Hier geht es um *direkte* und *indirekte* Rückmeldungen/ Informationen über den aktuellen (Zwischen-)Stand eines bestimmten Zielverhaltens der Spieler.	*Direkte Rückmeldung*: • den Spielern konkret mitteilen, wie gut sie eine bestimmte Schusstechnik ausführen; *Indirekte Rückmeldung*: • den Spielern die letzten 5 Tabellen veranschaulichen (und jeweils die eigene Mannschaft farblich hervorheben).

Also: Wenn Sie wollen, dass sich Spieler Z öfters ins Angriffsspiel einschaltet und Fernschüsse „abfeuert“, müssten Sie anfangs möglichst alle erfolgreichen Distanzschüsse applaudierend kommentieren. *Nach einer gewissen Zeit* solchen Vorgehens empfiehlt sich dann das *„sparsamere“ Loben.* Sie klatschen nun nicht mehr bei nahezu allen Fernschüssen im Spiel, sondern nur noch ab und zu. Der Sinn des Vorgehens besteht vor allem in der Förderung von *intrinsischer Motivation.* Mit anderen Worten: Zunächst führen die Spieler Handlungen oftmals deshalb aus, weil Sie – sozusagen von außen eingreifend – loben bzw. belohnen und die Akteure diesen positiven Zustand erhalten möchten (extrinsische Motivation). Sie wollen mittelfristig jedoch nicht ständig auf jede Aktion lobend reagieren müssen. Sie wollen verständlicherweise nicht, dass die Sportler nur wegen der Aussicht auf ‚Belohnungen‘ diverses Verhalten zeigen. Die Spieler sollten im günstigsten Fall aus eigenem Antrieb heraus bestimmte Aktionen ausführen – also *intrinsisch motiviert.* Somit ist nach einiger Zeit nicht mehr jedes gewünschte Verhalten mit positiver Reaktion zu beantworten. Ein weiterer Aspekt sollte im Trainingsalltag besonders beachtet werden: Positiv-angenehme Maßnahmen mittels Anerkennung oder Aufmunterung sind vor allem beim *Erlernen neuer bzw. zeitintensiver Fertigkeiten* (etwa: bestimmtes Abwehrverhalten; spezielle Schusstechnik) wichtig. Sofern Sie hier erfolgreiche „Zwischenetappen“ nicht lobend hervorheben, besteht die Gefahr des Motivationsverlustes oder Resignierens der Spieler. Sie können hier nämlich das „Ende des Tunnels“ häufig lange nicht erkennen und betrachten den ganzen Trainingsaufwand womöglich als nutzlos. Eine gute diesbezügliche Möglichkeit steht durch *gezielte Leistungsrückmeldungen* (Feedback) zur Verfügung. Indem Sie den Spielern beispielsweise deren (Trainings-)Fortschritte verdeutlichen, wird das als positiv-angenehm und motivierend empfinden. Sie könnten etwa darauf hinweisen, dass sich der VI 4-Wert beim Laktat-Ausdauertest um 0.3 m/s verbessert hat und dem Spieler das entsprechende Auswertungsprofil zeigen. Im Profifußball wären Statistikdaten über gewonnene Zweikämpfe, Torschüsse oder Ballkontakte hilfreich. Unabhängig von der Leistungsliga des Teams und den technischen, finanziellen und personellen Möglichkeiten sollten Sie beachten:

Den Spielern muss der Leistungsfortschritt möglichst anschaulich sichtbar gemacht werden. Sie haben durch solche Maßnahmen den großen Vorteil, quasi ‚nebenbei' bzw. indirekt zu loben (Es reicht z. B. der Blick auf die Tabellen der letzten drei Spieltage) und bei den Spielern hohe Motivation für weitere Anstrengungen zu erzeugen. Außerdem steigt dadurch deren Selbstvertrauen (zum gezielten Aufbau von Selbstvertrauen vgl. auch Kap. 4). Ihre Aufgabe besteht hier somit auch im „Bei-der-Stange-halten" Ihrer Akteure, ehe schließlich deutlich wahrnehmbare Fortschritte gemacht werden. Auch messen viele Trainer den Erfolg eines Trainings ausschließlich am Ergebnis im Pflichtspiel: Wenn die im Training einstudierte Kontervariante zum Torerfolg geführt hat, habe sich das Üben gelohnt und werden die Spieler hierfür gelobt. Falls das erlernte Konterspiel jedoch – aus welchen Gründen auch immer – im Wettkampf nicht umgesetzt werden kann, habe sich der ganze Aufwand nicht gelohnt und Lob unterbleibt. Erfolg im Fußball lässt sich jedoch nur bedingt berechnen und hängt oft von unbeeinflussbaren Faktoren ab (etwa: Schiedsrichterentscheidungen; Platzverhältnisse; Verletzungen). Insofern empfiehlt sich, die Konzentration auch auf die *Qualität/Ausführung der jeweiligen Übungen* und nicht nur dem Ergebnis zu richten. Die Spieler geben im Training meist ihr Bestes, selbst wenn das im Spiel nicht immer umsetzbar ist. Und man sollte das anerkennen. Hiermit einher gehen Honorierungen der Anstrengungsbereitschaft. In Training oder Spiel leisten Spieler oft „Übermenschliches". Sie „decken einen Weltklassestürmer über 90 Minuten zu" oder „laufen fast einen Marathon". Manchmal wird der Aufwand durch Siege und Punkte belohnt, manchmal bleibt trotzdem das Erfolgserlebnis aus. In jedem Fall ist das lobende Anerkennen solcher Anstrengungen anzuraten. Das zeigt den Spielern vor allem, dass ihr Aufwand nicht nutzlos ist. Selbst dann nicht, wenn er sich nicht in Punkte und Siege niederschlägt. Warum nämlich sollte ein aufopfernd im Spiel arbeitender Mittelfeldakteur sich auch zukünftig dermaßen anstrengen, wenn nicht einmal der Trainer davon Notiz nimmt? Zum Schluss muss noch auf einen entscheidenden Aspekt eingegangen werden: *die natürliche und nicht künstlich-konstruierte Anwendung des Belohnungsprinzips*. Die bisherigen Ausführungen haben vielleicht den Eindruck erweckt, als gäbe es ein Verhalten (z. B. gute Aktion des Spielers), auf das nur schematisch mit Lob/Anerkennung etc. von Ihnen reagiert werden müsse (z. B. „Super, du hast ein tolles Dribbling gemacht!") und das dann sofort ein gewünschtes Zielverhalten erbringt. Dem ist natürlich nicht so. Wir haben bereits weiter oben die spezifisch menschliche Fähigkeit des Denkens und Reflektierens angesprochen. Das beinhaltet selbstverständlich, dass die Spieler zu offensichtliche, schablonenhafte Anwendungen von Belohnungen schnell durchschauen. Sie wissen dann etwa, dass sie sich nur in bestimmter Art und Weise verhalten müssen, um dann vom Trainer den freien Trainingstag zugestanden zu bekommen. Vielleicht empfinden sie ihr Verhalten gar als völlig unnatürlich oder künstlich – „irgendwie seltsam und wie ein Roboter". Das darf nicht passieren. Ergreifen Sie deshalb *unterschiedliche* Maßnahmen und gehen Sie *nicht starr* vor (siehe Tab. 2). Bedenken Sie: Jeder Spieler freut sich über Lob und Anerkennung. Und Belohnungen erfolgreicher Aktionen wirken motivierend und führen mitunter zu guter Stimmung. Das sind die bedeutenden Unterschiede zu Strafmaßnahmen – wenn Sie sich noch einmal deren (Neben-)Wirkungen im Merkkasten vergegenwärtigen. In Anlehnung an Weinberg und Gould (2003, S. 125-130) sollte beim effektiven Belohnen abschließend beachtet werden:

- Wählen Sie die individuellen Vorlieben der Spieler zu deren Belohnung und nicht Ihre eigenen Bevorzugungen.
- Belohnen Sie Ihre Spieler gezielt – in Bezug auf den optimalen Zeitpunkt und die optimale Häufigkeit. Reagieren Sie deshalb möglichst umgehend auf ein gewünschtes Verhalten der Spieler, sodass diese das Lob/Aufmunterung/Anerkennung als speziell für ein bestimmtes gezeigtes Verhalten deuten können. Reagieren Sie vor allem zu Beginn des Aufbaus erwünschter Verhaltensweisen (z. B. „Problemspieler" X klärt schwierige Situationen nicht mehr mit einer Notbremse, sondern durch faire Zweikampfhärte) mit häufigeren, positiv-angenehmen Maßnahmen. Gehen Sie dann allmählich zu selteneren, ausgewählten Maßnahmen über.
- Belohnen Sie kleine Fortschritte auf dem Weg zu einem Ziel.
- Nutzen Sie Leistungsrückmeldungen (Feedback) als Art von Belohnung; melden Sie den Spielern möglichst anschaulich (z. B. graphische Darstellungen; Statistiken; Kopien der Tabellen der letzten Spieltage) deren aktuellen Leistungsstand bzw. die bisherige Verbesserung zurück; achten Sie darauf, dass deutlich die Annäherung in Richtung des erwünschten (End-)Ziels erkennbar ist; Ihr Vorteil bei solchen Maßnahmen: Sie steigern quasi ‚natürlich' und ohne großes Aufsehen die Motivation und das Selbstvertrauen der Spieler.
- Belohnen Sie nicht nur das Ergebnis, sondern auch die individuelle Ausführung.
- Belohnen Sie die Anstrengungen Ihrer Sportler.
- Nutzen Sie die Prinzipien des Lobens und Belohnens nicht schablonenhaft; bemühen Sie sich um ein vielfältiges Repertoire an positiv-angenehmen Maßnahmen, die Sie entsprechend der Zielvorstellungen schwerpunktmäßig anwenden; bleiben Sie dabei stets und natürlich und authentisch.

5.4 Selbstkontrolle: Habe ich die wichtigsten Inhalte behalten und verstanden?

Abschließend können Sie Ihr erworbenes Wissen zu Belohnung bzw. Bestrafung kontrollieren. Bitte kreuzen Sie die Aussagen an, die Sie als „richtig" einschätzen. Pro Block finden Sie jeweils 3 richtige Antworten. Wenn Sie sich bei einzelnen Aussagen noch unsicher sind, dann lesen Sie bitte die kommentierten Antworten im Anhang und wiederholen Sie die jeweiligen Abschnitte von Kapitel 5 nochmals. Sobald Sie mit Ihrem Kenntnisstand zufrieden sind, zögern Sie nicht, vor allem *positiv-angenehme Maßnahmen* im weitesten Sinne in Ihre Trainingsroutine aufzunehmen.

Grundlegende Annahmen zu Belohnung/Lob und Bestrafung (**3 richtige Aussagen; siehe Punkt 3.1**):

(1) Die Operante Konditionierung betont die Maßnahme des Fußballtrainers, die dem Verhalten der Spieler vorausgeht.
(2) Bei der Operanten Konditionierung werden die Maßnahmen des Fußballtrainers betont, die auf das Verhalten der Spieler folgen.
(3) Die Lernprinzipien der Operanten Konditionierung sind für Fußballtrainer völlig irrelevant, da es hierfür keinerlei Beispiele im Fußball gibt.
(4) Die grundlegenden Gesetze der Operanten Konditionierung lauten: (a) Wenn ich das Verhalten meiner Spieler mit einer positiv-angenehmen Maßnahme beantworte, werden sie dieses Verhalten zukünftig wahrscheinlich öfters zeigen; (b) wenn ich das Verhalten meiner Spieler mit einer negativ-unangenehmen Maßnahme beantworte, werden sie dieses Verhalten zukünftig wahrscheinlich seltener zeigen.
(5) Die Grundprinzipien des Operanten Konditionierens sind in der (Sport-)Psychologie vielfach wissenschaftlich untersucht und bestätigt.

Beachtenswertes des Anwendens negativ-unangenehmer Maßnahmen (Bestrafung) (**3 richtige Aussagen; siehe Punkt 3.2**):

(6) Bestrafungen sollten das Trainerverhalten insgesamt dominieren, da sie den Spielern eindeutig zeigen, welches andere Verhalten der Trainer stattdessen von ihnen erwartet.
(7) Häufige Strafmaßnahmen beeinträchtigen die Trainer-Spieler-Beziehung negativ und führen zu schlechter Stimmung.
(8) Strafen sind völlig abzulehnen, da sie niemals wirksam eingesetzt werden können.
(9) Bestrafungen sollten möglichst mit Belohnungen von erwünschtem Verhalten der Spieler gekoppelt werden. So kann er nachvollziehen, wie er sich besser verhalten sollte.
(10) Gute Strafen sind vor allem „Straftrainings“ wie harte Dauerläufe oder brutale Treppenlauf-Programme.
(11) Spieler sollten nicht vor versammelter Mannschaft bloßgestellt werden (z. B.: peinliche „Stockfehler“ des Spielers X in mehrmaligen Wiederholungen per Video vorzeigen, das Bild dabei verlangsamt ablaufen lassen und ihn dabei schallendem Gelächter aussetzen; oder: Spieler vor versammelter Mannschaft als „Trottel“, „Vollpfosten“ oder „Antifußballer“ beschimpfen).

Beachtenswertes des Anwendens positiv-angenehmer Maßnahmen (Belohnung) **(3 richtige Aussagen; siehe Punkt 3.3)**:

(12) Positiv-angenehme Maßnahmen sollten vom Trainer insgesamt selten eingesetzt werden, da sie die Spieler nur überheblich, faul und realitätsfremd machen.
(13) Belohnende Maßnahmen müssen vom Fußballtrainer sorgfältig überlegt ausgewählt werden, um auch tatsächlich belohnenden Charakter für die Spieler zu haben.
(14) Belohnungen/Lob müssen nach einer bestimmten Systematik erfolgen, um wirksam zu werden.
(15) Belohnungen/Lob lassen sich auch oft durch – indirekte – Rückmeldeprozesse erreichen.

6 Mit angezogener Handbremse spielen: Wie verhindere ich „soziales Faulenzen“ im Team?

Als Fußballtrainer hat man mit Mannschaften bzw. Gruppen zu tun. Aus zahlreichen sozialpsychologischen Studien ist bekannt, dass Gruppen sowohl positive als auch negative Einflüsse auf die optimale Leistungserbringung jedes einzelnen Spielers haben können. Ungünstige Effekte sind zum Beispiel, wenn Spieler im Training und vor allem beim Pflichtspiel nicht die eigentlich möglichen, maximalen Leistungen abrufen, sich sozusagen im Kollektiv verstecken („Der X war 90 Minuten lang überhaupt nicht zu sehen!“; „Das Mittelfeld hat keine Akzente gesetzt!“). Dem Trainer obliegt es dann, das Verstecken des Einzelnen zu erkennen und ihn dazu zu bringen, auch im Gruppenverbund die bestmögliche Leistung zu zeigen. In der Psychologie spricht man hier von sozialem Faulenzen (social loafing), das abzustellen ist. Die folgenden Abhandlungen beschäftigen sich mit dieser Thematik. Wir beschreiben im ersten Schritt genauer das Phänomen des sozialen Faulenzens (Kap. 6.1). Anschließend gehen wir auf verursachende Faktoren der Problematik ein (Kap. 6.2). Hiervon geleitet, stellen wir im dritten Schritt mögliche Gegenmaßnahmen vor (Kap. 6.3), bevor Sie das Gelernte noch einmal überprüfen können (Kap. 6.4).

6.1 Soziales Faulenzen (social loafing): der Ringelmann-Effekt

Trainer XU arbeitet bei einem Verein der ersten Amateurliga (d. h. dritthöchsten Liga) in der Schweiz. Die Heimspiele seiner Mannschaft werden nur von durchschnittlich 130 Zuschauern besucht und auch das Medieninteresse fällt im Vergleich zu anderen Vereinen gering aus. Die Zielsetzung von Trainer und Präsidium ist der Aufstieg in die Dieci Challenge League (d. h. zweithöchste Liga), da der Kader über für diese Spielklasse überragende Einzelspieler verfügt: jeweils ein U 21-Nationalspieler in Abwehr, Mittelfeld und Angriff. Auch die anderen Spieler verfügen über solide fußballerische Fertigkeiten. Dennoch ist der Trainer mit den gezeigten Trainings- und Spielleistungen zur Winterpause nicht zufrieden. In den bisherigen Spielen *hat irgendwie kein Mannschaftsteil am oberen Level der Möglichkeiten gespielt*: die Abwehr geht nicht voll konzentriert und hundertprozentig aggressiv in die Zweikämpfe und produziert somit viele „individuelle Fehler“. Im Mittelfeld plätschert das Spiel vor sich hin, es fehlen die „zündenden Ideen“ bzw. Überraschungsmomente. Und das Angriffsspiel ist auch nicht kreativ und torgefährlich. Die Einzelspieler bringen einfach nicht annähernd ihre eigentlich vorhandenen und im Training gezeigten Fertigkeiten. Und das, obwohl sie scheinbar stets stark motiviert in die Spiele gehen. Der Trainer ist ziemlich ratlos, vermutet aber, dass sich die Spieler hinter den drei ‚Stars‘ „verstecken“.

In der Sportpsychologie würde man bei den obigen Schilderungen vermutlich an Mechanismen des sozialen Faulenzens (social loafing) denken. Das besagt, dass mit zunehmender Gruppengröße die Einzelperson aufgrund bewusster oder unbewusster Beweggründe nicht mehr 100% leistungsbereit ans Werk geht und demnach die Mannschaftsleistung nicht optimal ausfällt. Als ‚Entdecker‘ dieses Phänomens gilt der französische Sozialpsychologe Max Ringelmann, der vor ca. 100 Jahren ein Tauzieh-

Experiment durchgeführt hat. Hierbei ließ er die Versuchspersonen alleine, in Zweier-, Dreier- und Achtergruppen das Seilziehen durchführen und beobachtete jeweils die Zug-Leistung. Er stellte fest, dass die jeweiligen Einzel-Leistungen mit zunehmender Gruppengröße abnahmen. Genauer: In der 2er-Gruppen wurde noch 93% der individuell möglichen Zug-Leistung erbracht, die 3er-Gruppe kam auf eine Leistung von 85% und bei der 8er-Gruppe sank die Leistung schließlich auf nur noch 49% des möglichen maximalen Potenzials ab. Man bezeichnet den Sachverhalt in Anlehnung an den ,Entdecker' als Ringelmann-Effekt. Er ist inzwischen in weiteren Untersuchungen bestätigt worden, sowohl in Sportgruppen als auch in anderen Bereichen (vgl. z. B. Hardy & Latane, 1988; Ingham et al., 1974; Karau & Williams, 1993). Man kann also festhalten: Neben möglichen Leistungseinbußen in Folge mangelnder Koordination der einzelnen Gruppenmitglieder untereinander (Beispiel Tauziehen: es muss stets gleich-rhythmisch bzw. gut koordiniert gezogen werden) spielen vor allem Motivationsverluste eine herausragende Rolle für unzureichende Leistungserbringung. Der Ringelmann-Effekt beruht zu einem erheblichen Teil auf solcher, reduzierter Motivation.

Zwischenfazit: Unter bestimmten Bedingungen (siehe nächster Punkt) ist es möglich, dass mit zunehmender Gruppengröße vom Einzelnen allmählich weniger individuelle Leistung abgerufen und mobilisiert wird. Aus bewussten oder unbewussten Beweggründen faulenzt der einzelne Spieler quasi in der anonymer werdenden Gruppen-Situation. Da Fußballteams aus 11 (plus Auswechselspieler; im Spiel) bzw. ca. 22 (Gesamtmannschaft) Mitgliedern bestehen, ist hier eine solche verminderte Leistungsaktivierung grundsätzlich denkbar.

Im obigen Beispiel wären das etwa Abwehrspieler, die über alle körperlichen, technischen und taktischen Mittel verfügen, um aggressiv und konsequent ein ,Abwehrbollwerk' aufzubauen. Dies jedoch offensichtlich nicht – hundertprozentig – realisieren. Oder die konditionsstarken Mittelfeldakteure: ausdauernd, technisch versiert und antrittsschnell, in der Hinrunde jedoch ohne erkennbare Akzente. Doch wie lässt sich die „gedrosselte" Leistung einer Mannschaft erklären?

6.2 Bedingungen des Spielens „mit halber Kraft"

Wenn Sie die das Problem des sozialen Faulenzens mitbestimmenden Faktoren kennen, haben Sie bereits erste Ansatzpunkte der Planung gezielter Gegenmaßnahmen. Die folgenden Ausführungen können somit als entsprechendes Grobraster dienen. Sie bilden gleichzeitig unsere theoretische Grundlage der im nächsten Punkt 6.3 zu konkretisierenden Trainingsmaßnahmen.

Wie bereits angedeutet, müssen die ,Faulenz-Prozesse' nicht absichtlich erfolgen. Die Spieler streben im Allgemeinen nicht an, Anweisungen des Trainers nur halbherzig umzusetzen. Vielmehr kann solches Verhalten vielfältige Ursachen und Einflussfaktoren haben, die den Spieler oftmals unbewusst steuern. In Abbildung 4 finden Sie die wichtigsten, in wissenschaftlichen Studien gefundenen, Faktoren für das Auftreten sozialen Faulenzens (vgl. Karau & Williams, 1993. zit. nach Weinberg & Gould, 2003, S. 170).

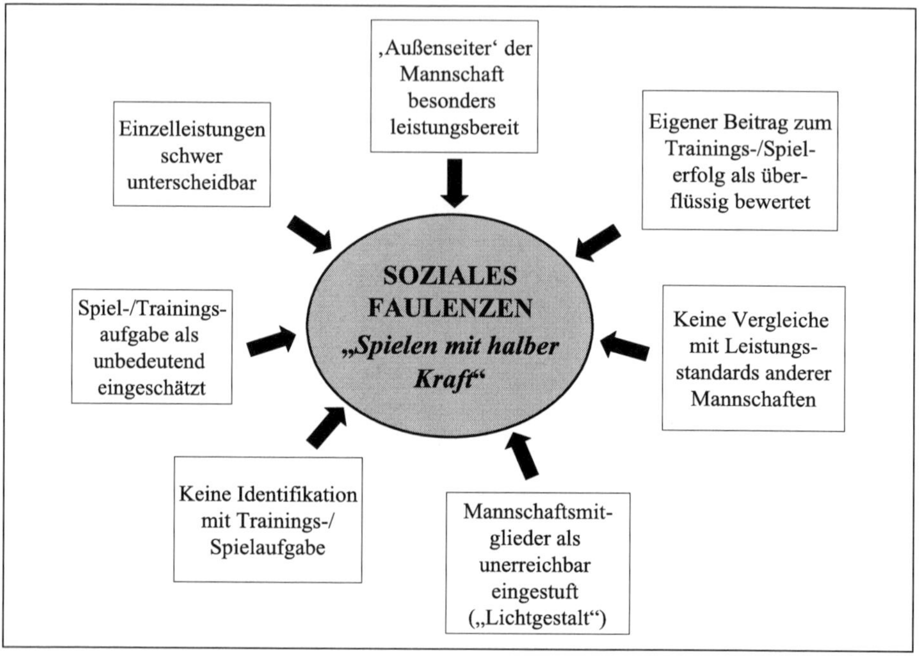

Abb. 4. Begünstigende Faktoren für „soziales Faulenzen" („Spielen mit halber Kraft").

Einzelbeiträge der Spieler zum Trainings- bzw. Spielerfolg sind schwer unterscheidbar: Bei koaktiven Mannschaften (etwa: Tischtennisteam; 4 x 400-Meter-Leichtathletikstaffel; 4 x 200-Meter-Schwimmstaffel) ergibt sich die Gesamt-Leistung einer Mannschaft aus den erbrachten/aufaddierten (alleine realisierten) Einzel-Leistungen der Teammitglieder. Sie lassen sich problemlos unterscheiden: Der Trainer sieht z. B. genau, welche Einzel-Zeiten die Schwimmer einer Staffel geschwommen sind oder wie viele Punkte die jeweiligen Tischtennisspieler in ihren Partien errangen. Folglich fällt es den Mannschaftsmitgliedern hier schwer, unbemerkt nur 90% Leistung zu bringen. Solche offensichtlichen Leistungsdifferenzierungen fallen im Fußballsport schwer. Interaktive Sportarten (z. B. auch Basketball; Eishockey; Handball) zeichnen sich durch das gleichzeitige Zusammenwirken aller Teammitglieder aus: Ballerobern der Abwehr und gleichzeitiges Freilaufen der Mittelfeldakteure bei gleichzeitiger Positionierung der Angreifer etc. Sie sehen: Hier fällt es – bedingt durch die Gruppengröße und das simultane Zusammenwirken vieler Akteure – schwer, jeweils eindeutig die Leistung jedes Einzelnen resp. diverser Mannschaftsteile zu bestimmen. Und das ermöglicht den Spielern natürlich auch, in der relativen Anonymität „einen Gang rauszunehmen“, ohne Konsequenzen zu erwarten. Folge: Ihnen sollte es gelingen, die Einzelleistungen beobachtbar zu machen und nach spezifischen Kriterien zu bewerten. Sie müssen Strategien entwickeln, um die Aktionen der Spieler registrieren und einstufen zu können. Spätestens dann ist die Anonymität des Einzelnen im Gruppenverbund aufgehoben (siehe Punkt 6.3).

Spiel- bzw. Trainingsaufgabe wird als unbedeutend eingestuft: Wenn Sie im Training aerobes Ausdauertraining zur Entwicklung der Grundlagenausdauerleistung (sog. GA1-Training) durchführen und Ihre Spieler den Nutzen davon nicht einsehen (z. B.: „Spiele gewinnt man durch Tore schießen und nicht durch monotone Waldläufe!“; „Die Balltechnik ist entscheidend, die Ausdauer uninteressant!“), werden sie vermutlich auch nicht mit höchstem Engagement extensive Dauerläufe bestreiten. Dies kann sich dann durch absichtliches ‚Verbummeln‘ bereits langsamer Läufe oder kontinuierliches Streckenabkürzen äußern – obwohl man eigentlich Besseres leisten könnte. Folge: Sie müssten Wege finden, den Spielern die Bedeutung und den Nutzen entsprechender Trainingsinhalte zu vermitteln. Wäre man von dem Nutzen solcher Trainingsinhalte vollends überzeugt, würde wahrscheinlich penibler auf die Einhaltung der individuellen Trainingsvorgaben geachtet.

Spieler identifizieren sich nicht mit der Trainings- bzw. Spielaufgabe: Es gibt immer wieder Zeitungsberichte, in denen sich prominente Spieler über die ihnen vom Trainer zugewiesene Rolle beklagen bzw. sich mit ihr nicht anfreunden können. Als prominentes Beispiel sei auf den begnadeten Mittelfeldspieler Bernd Schuster in der Ära Erich Ribbeck (Bayer Leverkusen/1990er Jahre) verwiesen: Der Trainer meinte, Schuster sei auf der Liberoposition besser aufgehoben, könne dort seine Erfahrung gut ausspielen und sei im Übrigen im Mittelfeld wegen des relativ hohen Fußball-Alters nicht mehr konditionsstark genug. Doch Schuster konnte sich mit seiner neuen Situation offenbar nie identifizieren und brachte nicht mehr die von ihm erwartete Leistung. Vielleicht auch in Folge der Mechanismen des social loafing. Wahrscheinlich fallen Ihnen rückblickend spontan mehrere ähnliche Beispiele ein. Folge: Die Spieler müssen sich mit ihren Spielpositionen identifizieren. Vor allem sollten sie sich mit ihr gedanklich auseinandersetzen: Anstrengungsgrad, Bedeutung für den Teamerfolg bzw. die eigene Karriereentwicklung etc.

Spieler haben keine Vergleichsmöglichkeiten mit anderen Gruppenstandards: Wenn eine Mannschaft ausschließlich unter denselben Bedingungen (Trainer; Mitspieler; Vereinszielsetzung; Vereinsumfeld) trainiert, fehlt der Vergleichsmaßstab zu anderen Teams. Folglich wird es erschwert, eventuell einen höheren Maßstab an die eigene Leistung anzulegen und entsprechend mehr Anstrengung zu mobilisieren. Das mehrmalige Teilnehmen an diversen Verbands-Trainingslagern kann dazu führen, dass (junge) Spieler von etablierten Akteuren angestachelt werden und sich dadurch erst ihrer tatsächlichen Leistungsstärke bewusst sind. Zurück im Verein, versuchen sie dann ebenfalls am oberen Limit zu agieren. Das ist bei Nominierungen für die Bezirksauswahl nicht anders als für Julian Nagelsmanns DFB-A-Nationalelf oder Werner Gregoritschs ÖFB-U21-Auswahl. Spielen und trainieren die Fußballer lediglich im eigenen vertrauten Umfeld, fehlt diese höhere Messlatte. Folge: Versuchen Sie, den Spielern vielfältige Möglichkeiten des Vergleiches mit anderen Mannschaften bzw. Gruppen zu bieten (etwa: Akteure des Amateurteams auch einmal im Profikader mittrainieren lassen; Trainingslager an Orten durchführen, an denen zur selben Zeit höherklassige Teams trainieren).

‚Außenseiter' der Mannschaft sind besonders leistungsbereit: Der aus diversen Studien abgeleitete Sachverhalt ist auf den ersten Blick nicht unmittelbar nachvollziehbar und bietet auch keine logischen Praxisableitungen. Offenbar scheint es jedoch so, dass sich die Gruppenmehrheit unter bestimmten Umständen nicht maximal anstrengt, wenn eine Minderheit („der/die Südamerikaner"; „der/die Einzelgänger"; „der/die Intellektuelle[n]") besonders ausgeprägt zum Mannschaftserfolg beiträgt. Möglicherweise möchte sich die Mehrheit nicht mit der Minderheit identifizieren oder glaubt sie, leistungsmäßig nicht mithalten zu können. Folge: Idealerweise gibt es möglichst wenige Cliquen innerhalb eines Teams. Hier sollten sozialbezogene Maßnahmen ergriffen werden (siehe auch Kap. 7 zum Mannschaftszusammenhalt). Eventuell könnte es Sinn machen, die Vorzüge diverser Teilgruppen herauszustellen: Zum Beispiel, etwas pauschal formuliert: Südamerikaner sind technisch versiert und bringen Spielkultur ins Team, Mitteleuropäer sorgen für Effizienz und gradlinige Spielweise usw.

Mannschaftskollegen werden als „begnadete Fußballer" angesehen: Eine weitere mögliche Ursache für nicht maximalen Leistungseinsatz betrifft die vermeintliche ‚Übermacht' bestimmter Starspieler. Es wird sicher schon verwundert haben, dass Spieler des sog. zweiten Gliedes (also Reservisten) nach Verletzungen von überragenden Führungsspielern plötzlich unerwartete Leistungen zeigten und die Etablierten sogar dauerhaft verdrängten. Offensichtlich sind sie häufig von ihrem eigenen, geringeren Können überzeugt und gleichzeitig den Fähigkeiten der Stars beeindruckt. Konsequenz: Sie gehen nicht an die eigene Leistungsgrenze und überlassen stattdessen den Arrivierten die Regie – und bleiben somit unter den eigenen Möglichkeiten. Folge: Sie sollten vor allem jungen Spielern vermitteln, dass die etablierten ‚Starspieler' auch nur mit Wasser kochen und sich die eigene Leistung nur durch Fordern entwickeln kann.

Spieler glauben, ihre Einzelbeiträge zum Trainings- bzw. Spielerfolg sind überflüssig: Hier unterschätzen die Spieler ihre individuellen Beiträge zum Mannschaftsresultat. So glauben beispielsweise manche ‚Manndecker' klassischer Prägung, nur „Beton anrühren" zu müssen und die Abwehr zu stabilisieren, in der Offensive jedoch nichts bewegen zu können. Demnach setzen sie auch zu keinen energischen Offensivangriffen an. Oder – beim umgekehrten Fall – vermuten sich die Stürmer bspw. als inkompetent, nach hinten zu arbeiten und realisieren solche Defensivarbeit demnach nur halbherzig. Folge: Den Spielern ist zu verdeutlichen, dass nur das

Ineinandergreifen aller Rädchen den optimalen Erfolg garantiert. Beispiel: Ein Porsche 911 fährt nur, wenn sich alle Räder drehen, der Motor funktioniert und der Tank noch ausreichend gefüllt ist. Funktioniert der Motor und ist der Tank leer, nutzt der PS-strotzende Motor nichts und das Auto bewegt sich nicht.

Soziales Faulenzen (social loafing) kann rekapitulierend durch das Zusammenwirken verschiedener Faktoren entstehen:

- Der Einzelbeitrag zur Gesamtleistung des Teams kann nicht eindeutig unterschieden werden.
- Die Aufgabenstellung wird als unbedeutend eingeschätzt.
- Die Spieler identifizieren sich nicht mit ihrer Aufgabe.
- Der Vergleich mit anderen Gruppen und deren Leistungsansprüchen fehlt.
- Die Außenseiter im Team strengen sich besonders an und prägen den Erfolg der Mannschaft.
- Bestimmte Starspieler im Team werden als überragend bzw. unerreichbar gut eingestuft.
- Der eigene Beitrag wird als überflüssig für die Mannschaftsleistung bewertet.

6.3 Gegenmaßnahmen: die einzelne Spieler-Leistung objektiv registrieren

Die oben angesprochenen Punkte beinhalteten bereits kurze Hinweise, wie reduzierter Leistungsbereitschaft grundsätzlich begegnet werden kann. Mit Hilfe dieser Ansatzstellen können Sie eine Vielzahl möglicher Strategien für den Trainingsalltag entwickeln. Wir wollen im Folgenden jedoch konkret einige Situationen beschreiben, in denen soziales Faulenzen auftreten kann sowie spezifische Gegenstrategien vorstellen.

(a) Dauerlauftraining wird mangelhaft ausgeführt

Sie werden die Situation sicher kennen: Sie streben den Aufbau der Grundlagenausdauer (GA) an und planen deshalb in der Saisonvorbereitung regelmäßige Dauerläufe nach der extensiven (z. B. 50 Minuten kontinuierliches Laufen im relativ niedrigen Intensitätsbereich) und wechselhaften Dauermethode (z. B. „Fahrtspiel“ mit wechselnden Tempoabschnitten bzw. Intensitäten). Nach ca. sechs Wochen lassen Sie Leistungsüberprüfungen (z. B. mittels Laktat-Stufentest; Trainings-Testlauf; Beobachtungen von Training und Spiel) durchführen und stellen erstaunt fest, dass einige Spieler schlechtere Ausdauerwerte hatten als vor dem wiederholten und systematisch realisierten Training. Sie finden heraus, dass oft unbemerkt Abkürzungen gelaufen wurden, das Tempo zu stark verbummelt und die schnelleren Abschnitte beim „Fahrtspiel“ ignoriert wurden. Was können Sie tun, damit die Spieler tatsächlich im individuell optimalen Belastungsbereich trainieren und sich nicht in der Gruppe ‚verstecken‘?

(1) Zunächst sollten Sie den ***Ausdauerzustand der Spieler vor Trainingsbeginn möglichst objektiv diagnostizieren***. Dies geschieht am besten durch Laufstufentests mit Bestimmung von Laktat und Herzfrequenz. Dadurch erhalten Sie von seriösen Instituten bzw. Leistungsdiagnostikern individuelle Trainingsempfehlungen für die Spieler inklusive Geschwindigkeits-/Intensitäts- und Herzfrequenzbereiche für die entsprechenden Dauerläufe. Falls Ihr Verein kein Geld für eine solche Testdiagnostik hat, bemühen Sie sich um die selbstständige Durchführung anderer Ausdauertests (z. B. Trainings-Testläufe und entsprechender Belastungsempfehlungen).

(2) Auf der Basis der Testergebnisse ***teilen Sie nun Ihre Mannschaft in mehrere, in etwa gleich-ausdauerstarke Teil-Gruppen*** (z. B.: „langsame“, „mittlere“ und „schnelle“ Gruppe). Weisen Sie unbedingt darauf hin, dass die Zuteilung zur „langsamen“ Gruppe keine Auswirkungen auf die Nominierung bei Pflichtspielen hat, sondern nur das optimale Trainieren der Ausdauerfähigkeit auf der Grundlage der momentan vorfindbaren biologischen Leistungsvoraussetzungen widerspiegelt. Stellen Sie die Trainierbarkeit der Ausdauer heraus – allerdings im individuell optimalen Tempobereich. Verdeutlichen Sie: zu schnelles und zu langsames Laufen behinderte die effektive Ausdauerentwicklung.

(3) ***Lassen Sie jeden Spieler ein „Persönliches Ausdauerprotokoll“ führen***, in dem enthalten sind: (a) individueller ***Ausdauer-Ausgangswert*** gemäß Leistungsdiagnostik (siehe oben), (b) ***Trainingsdatum und Trainingsinhalt*** (z. B.: 10.07.2023: 10 km extensiver Dauerlauf), (c) Laufzeit ***und evtl. Durchschnittspuls*** und (d) ***Befinden/Anstrengungsgrad***. Das Protokollblatt soll von allen Spielern nach jedem Ausdauertraining geführt werden.

(4) Weisen ***Sie den Teil-Gruppen diverse ‚Führer‘ bzw. ‚Tempomacher‘ zu***, die die Geschwindigkeit und eventuelle Programmbesonderheiten (z. B. Temposchärfungen) vorgeben. Diese ‚Gruppenführer’ sollten zuverlässig und vertrauenswürdig sein und Respekt im Team genießen. Lassen Sie nun das Training absolvieren und begleiten Sie mit ihrem Co-Trainer(n) bzw. Betreuer(n) zusammen – zumindest die erste Zeit – die Grüppchen (z. B.: auf dem Fahrrad; als teilnehmender Läufer).

(5) Die Spieler sollen das ***absolvierte Lauf-Training im „Persönlichen Laufprotokoll“ eintragen***: (a) Ausdauer-Ausgangswert, (b) Trainingsdatum/-inhalt, (c) Laufzeit/evtl. Durchschnittspuls und (d) Befinden/Anstrengungsgrad.

(6) ***Wiederholen Sie Training und Protokollierung über mehrere Wochen*** und machen Sie schließlich wieder eine ***Leistungsdiagnostik*** (etwa: Laufstufentest mit Laktatdiagnostik etc.).

(7) **WICHTIG**: ***Analysieren sie gemeinsam mit der Mannschaft in gewissen Abständen*** (z. B. nach einem Zeitabschnitt von 3 Wochen [= Mesozyklus] ***das absolvierte Ausdauer-Training***: z. B. zeichnen Sie pro Teil-Gruppe die jeweiligen erhaltenen Daten auf dem Flipchart grafisch auf (bspw.: Laufzeiten;

Diagnostikwerte; Pulsfrequenzen; subjektives Befinden). ***Heben Sie dabei Fortschritte bzw. diszipliniert und exakt absolviertes Dauerlauftraining lobend hervor*** (z. B. trainingsfrei für den „diszipliniertesten Ausdauerkönig") und ***weisen Sie auf „Altherrentraining" deutlich hin!***

Anmerkung: In Zeiten der technischen Weiterentwicklung können die genannten Schritte (4) und (5) heutzutage unkompliziert und relativ zuverlässig mit Hilfe von portablen Analysesystemen bzw. Sportuhren (Wearables) unterstützt werden. Solche Wearables sind beispielsweise in der Lage, gelaufene Streckendistanzen, Lauftempo, realisierte Pulswerte oder Streckenprofil zu erfassen und in Apps zu dokumentieren. Somit sollten sie als wichtige Hilfsmittel oben genannten Vorgehens genutzt werden. Im hochklassigen Profifußball können entsprechend komplexere und hochpreisige Analysesysteme in Kooperation mit den jeweiligen Leistungsdiagnostikern bzw. Sportwissenschaftlern genutzt werden.

(b) Der „letzte Biss" fehlt im Training

Sie haben im Training den Eindruck, dass manche Spieler nicht engagiert genug zu Werke gehen und sie die Trainingseinheit – ohne große Höhepunkte – so dahinplätschern lassen. Was können Sie tun, um bei besagten Spielern mehr Engagement im Training zu erreichen?

(1) ***Teilen Sie die Mannschaft in mehrere Teil-Gruppen auf***. Sie können bspw. auf verkleinerten Spielflächen ‚6 gegen 4' spielen lassen. Machen Sie dabei die Vorgabe, dass die **4er Gruppe (d. h. die „faulen" Spieler)** nicht verlieren darf oder zumindest nur knapp. Geben Sie evtl. Anreize für das Erreichen der Vorgabe (Bsp.: dann werden nächstes Mal die Gruppen gewechselt).

(2) ***Beobachten Sie und/oder Ihr Co-Trainer das Geschehen genau***. Machen Sie sich zum Beispiel Strichlisten der 4er-Gruppe bzw. jedes Spielers der Gruppe bezüglich: ***Vorstöße*** über die Mittellinie, ***Nachsetzen*** bei Ballverlust, ***Sprints*** über den halben Platz, ***Torschüsse*** etc.

(3) ***Wiederholen Sie solche Spielvarianten mehrmals in bestimmtem Zeitraum und protokollieren Sie jeweils*** nach – von Ihnen bzw. Ihren Trainerkollegen – vorbestimmten Kriterien (etwa: Vorstöße über die Mittellinie etc.; siehe bei Punkt [2]).

(4) ***Analysieren Sie mehrere Trainings und stellen Sie die Ergebnisse grafisch*** (z. B. Flipchart; Tablet) ***dar***. Vergleichen Sie einzelne Spieler hinsichtlich des Engagements und ***loben*** Sie gegebenenfalls Fortschritte bzw. ***kritisieren*** Sie offensichtlich „lasches Trainingsverhalten". Verändern Sie ggf. die Gruppenzuordnungen.

(c) Die „zündenden Ideen" im Spiel bleiben aus

Stellen Sie sich vor: Ihr Team spielt gute, *aber keine* überragenden Partien. Die Stürmer agieren gefährlich, *aber nicht* „brandgefährlich". Oder das Mittelfeldspiel läuft ordentlich, *aber es fehlt* das Überraschungsmoment. Sie wissen aus Erfahrung, dass all diese Eigenschaften eigentlich schon einmal beherrscht wurden und somit grundsätzlich abrufbar sein müssten. Wie können Sie also diese letzten, oftmals entscheidenden, 5 Prozent Leistungsbereitschaft aktivieren, die (wichtige) Spiele häufig entscheiden?

(1) ***Zeichnen Sie ein Spiel auf Video auf*** (z. B. bei Profiklubs: Live-Übertragung im TV; im Amateurbereich: Aufnahme von Teambetreuer etc. mit eigener Videokamera).

(2) ***Erstellen Sie bestimmte Kriterien, nach denen Sie einzelne Spieler bzw. Mannschaftsteile bewerten möchten*** (z. B.: erfolgreiche 1:1-Situationen; Direktabnahmen nach Eckbällen; Steilpässe in die Spitze über 50 Meter). Achten Sie auf möglichst exakte Beschreibungen der relevanten Kategorien bzw. deren Erfüllung (Leitfrage: Was genau soll Spieler X im Spiel realisiert haben [z. B. Steilpass in die Spitze über 50 Meter spielen], um der Kategorie zugeordnet zu werden?).

(3) ***Werten Sie bei der Spiel-Analyse die Videoaufzeichnungen gemäß des vorgefertigten Klassifikationsschemas aus***. Führen Sie beispielsweise Strichlisten oder Punktelisten und ordnen Sie genau zu, bevor Sie Zahlenwerte berechnen. Sie können auch Durchschnittswerte über mehrere Mannschaftsteile berechnen. **Profibereich:** Hier besteht mittlerweile die Möglichkeit, sich Auswertungsmaterial diverser Fernsehsender bzw. kommerzieller Anbieter zu kaufen, welches die Spiele mehr oder weniger sinnvoll statistisch analysiert (z. B.: gewonnene Zweikämpfe von Spieler X; Torschüsse etc.). Es bleibt Ihnen dann – teilweise - der aufwändigere selbstständige Auswertungsprozess erspart. Jedoch werden Sie vermutlich oftmals nicht umhinkommen, noch zusätzliche Kategorien aufzunehmen und eigenständig auszuwerten.

(4) ***Besprechen Sie die Auswertungsergebnisse im Trainerkollegium. Präsentieren Sie der Mannschaft die für Sie wichtigen Resultate*** (auch grafisch möglich; siehe weiter oben). Stellen Sie dabei eindeutig die Fakten dar: z. B. Dribblings von Spieler X; Dribblings von Spieler X im Vergleich mit dem Durchschnittswert der Stürmer usw. Verdeutlichen Sie den entsprechenden (unter den eigenen Möglichkeiten bleibenden) Spielern klar, was Sie von ihnen erwarten und wo sie momentan (= im analysierten Spiel) stehen.
WICHTIG: Konzentrieren Sie sich bei den Spiel-Analysen nicht vorrangig auf Kritikpunkte („Warum spielst du immer einen Sicherheitspass?"; „Bist du zu dumm zum Dribbeln?!"), sondern heben Sie das bereits ansprechend Gezeigte heraus. Dieses sei jedoch noch viel besser/effektiver/schneller/präziser möglich („Du hast tolle Ansätze gezeigt. Aber du kannst das noch viel

besser!"; „Wie du das heute gespielt hast, reicht das vielleicht für normaltalentierte Fußballer. Du hast allerdings viel mehr drauf!"). Das Kapitel 5 (Lob/Belohnung etc.) kann hierzu wertvolle Hilfestellungen geben.

(5) ***Führen Sie das vorstehend beschriebene Prozedere bei Bedarf in weiteren Spielen durch und stellen Sie so eventuell vergleichende Analysen an*** („Siehst du, wie du dich in den letzten 3 Spielen gesteigert hast? Du hast deutlich mehr riskiert und somit wesentlich zu unserem Erfolg beigetragen. Klasse!!!").

WICHTIG: Sie sollten stets versuchen, die Bedeutung jeder einzelnen Spieler-Leistung für den Gesamterfolg des Teams herauszustellen. ***Jeder*** (!) Spieler muss das Gefühl vermittelt bekommen, durch seinen persönlichen Einzel-Beitrag den Mannschaftserfolg entscheidend mit zu beeinflussen. Also: bewusst positive Spielaktionen bzw. statistische Daten präsentieren.

Überdenken Sie nun die vorangegangenen Erörterungen bei 6.2 und 6.3 nochmals. Jetzt werden Ihnen die Grundprinzipien des Förderns „hundertprozentiger Leistungsbereitschaft" sicher klarer sein:

Das Spielen „mit angezogener Handbremse" (*soziales Faulenzen/social loafing*), ob bewusst oder unbewusst erfolgend, tritt vor allem in *anonymen* und *relativ unüberschaubaren Gruppensituationen* auf. Also in Situationen, in denen die einzelnen Spieler nicht – genau – beobachtet werden können und die entsprechenden Einzel-Leistungen oftmals nur schwer erfassbar sind. Alle von Ihnen durchgeführten Maßnahmen sollten somit darauf abzielen, die *unübersichtliche (Groß-)Gruppensituation aufzuheben*. Hierzu sind bestimmte Spieler im Rahmen von Kleingruppentrainings *genau zu beobachten* und ist deren *Verhalten zu registrieren bzw. zu objektivieren*. Wertvolle Hilfsmittel bieten dabei technische Neuerungen wie Sportuhren bzw. Wearables oder komplexe professionelle Analysesysteme der Trainingswissenschaft bzw. Leistungsdiagnostik. Die Folge: Den Spielern ist es nicht mehr möglich, sich ohne Konsequenzen im Kollektiv auszuruhen.

6.4 Selbstkontrolle: Habe ich die wichtigsten Inhalte behalten und verstanden?

Sie haben nun Einiges zum Problem des sozialen Faulenzens in Gruppen erfahren. Überprüfen Sie jetzt Ihr Wissen und Verständnis hierzu. Bitte gehen Sie die folgenden Aussagen durch und kreuzen Sie die „richtigen" an. Falls Sie bei manchen Statements noch unsicher sind, lesen Sie die kommentierten Antworten im Anhang nach und wiederholen Sie nochmals die entsprechenden Abschnitte im Text. Sobald Sie mit dem Kenntnisstand zufrieden sind, zögern Sie nicht, einzelne Maßnahmen bei Bedarf im Training bzw. Spiel einzusetzen.

Grundannahmen zum „sozialen Faulenzen“ (**2 richtige Aussagen: siehe Punkt 6.1 & 6.2**):

(1) Soziales Faulenzen (social loafing) meint, dass der Fußballtrainer im Mannschaftstraining nur noch halbherzig bei der Sache ist, da er von den Spielern beobachtet wird.
(2) Soziales Faulenzen (social loafing) meint, dass der einzelne Fußballer in der Mannschaftssituation nicht maximal mögliche, hundertprozentige Leistungsbereitschaft zeigt.
(3) Soziales Faulenzen (social loafing) wird dann begünstigt, wenn die Trainingsgruppe (zu) groß ist und die jeweiligen Einzel-Leistungen der Spieler nur noch schwer erkennbar sind.
(4) Prozesse des sozialen Faulenzens erfolgen als absichtliche Aktionen von „charakterschwachen“ Spielern.

Trainingsmaßnahmen zum Beheben von „sozialem Faulenzen“ (**Eine richtige Aussage: siehe Punkt 6.3**):

(5) Soziales Faulenzen (social loafing) kann nicht durch Trainingsmaßnahmen behoben werden, da es absichtlich von „charakterschwachen“ Spielern erfolgt.
(6) Soziales Faulenzen (social loafing) kann dann reduziert werden, wenn die eher anonyme (Groß-)Gruppensituation aufgehoben und in Kleingruppen trainiert wird. Dann sind die Trainer in der Lage, möglichst alle Spieler zu beobachten.
(7) Der Fußballtrainer darf dem einzelnen Spieler X keinesfalls dessen individuelle Stärke rückmelden bzw. dessen wichtigen Beitrag zum Gesamt-Mannschaftsergebnis. Tut er das, wird die Gefahr groß, dass der Spieler bequem wird und sich noch weniger anstrengt.

7 Als Einheit auftreten: Wie kann ich den Mannschaftszusammenhalt fördern?

Mannschaftszusammenhalt oder Teamgeist spielt im Fußball offenbar eine wichtige Rolle. Nach erfolgreichen Spielen bzw. Saisonverläufen sprechen Fußballtrainer häufig davon, es hätten alle „gut mitgezogen" und man sei „als Einheit aufgetreten". Demgegenüber werden Niederlagen oder Entlassungen oft damit erklärt, dass „nicht alle an einem Strang gezogen" hätten, das Team in Cliquen gespalten sei oder „sich nicht alle Akteure voll mit dem Klub identifizieren" würden. Wir gehen im Kapitel 7 deshalb genauer auf Aspekte zum Mannschaftszusammenhalt (Fachausdruck: Mannschafts-Kohäsion) ein. Zunächst erklären wir das Konstrukt Mannschaftskohäsion und beschreiben seinen Einfluss auf die Spielleistung (Kap. 7.1). Dann gehen wir kurz auf Entwicklungsprozesse ein, die sich im Laufe der Zeit bei Fußballteams ereignen und den Zusammenhalt verändern (Kap. 7.2). Anschließend stellen wir konkrete Maßnahmen vor, wie Kohäsion aufgebaut werden kann (Kap. 7.3). Im letzten Abschnitt können Sie sich Ihrer erworbenen Lernfortschritte durch die Beantwortung von Ankreuzfragen vergewissern (Kap. 7.4).

7.1 Zusammenhalt: sozialbezogene und aufgabenbezogene Kohäsion

Kommt in Fußballkreisen das Stichwort Zusammenhalt zur Sprache, denkt man meist sofort an harmonische Mannschaften, bei denen sich die Spieler sympathisch sind, gut verstehen und Freundschaften bestehen. Pointiert lässt sich hier vom „11-Freunde-Verständnis" sprechen. Die (Sport-)Psychologie bezeichnet diesen Teil-Aspekt als *sozialbezogene Kohäsion*; also das Ausmaß, in dem die Mannschaftsmitglieder untereinander positive sozial-emotionale Beziehungen empfinden. Eine Mannschaft kann – das ist unbestritten – dauerhaft nur erfolgreich sein bzw. an die obere Leistungsgrenze gehen, wenn ein Mindestmaß an positiven emotionalen Beziehungen zwischen den Teammitgliedern besteht. Doch die Alltagsmeinung setzt Zusammenhalt (Kohäsion) meist mit solchen positiven Beziehungen der Teammitglieder untereinander gleich und vernachlässigt somit einen zweiten wichtigen Bereich: die *aufgabenbezogene Kohäsion*. Sie bezieht sich auf das Ausmaß, in dem alle Spieler fest eine bestimmte Aufgabe bzw. ein Ziel im Auge behalten und das dann konsequent verfolgen. Im psychologischen Sinn setzt sich Zusammenhalt demnach aus den zwei genannten Aspekten zusammen (siehe Abb. 5).

Hierzu Beispiele:

Sozialbezogene Kohäsion: Im Team von Trainer X verstehen sich die Spieler untereinander gut und es gibt viele Freundschaften. Er wundert sich manchmal über die „kreativen" Aktivitäten seiner Spieler außerhalb des Sporttrainings: gemeinsame Pizzaabende, kollektive Kinobesuche oder von ihm nicht ‚verordnete' Saunabesuche kommen häufig vor. Der Trainer berichtet einem Kollegen, eine „verschworene Gemeinschaft" zu betreuen, die „füreinander durchs Feuer geht".

Aufgabenbezogene Kohäsion: Trainer Z merkt, wie seine Spieler alle nur auf das eine Ziel hinarbeiten: in die nächsthöhere Liga aufzusteigen. Jedes Teammitglied scheint von dieser Vorstellung gefesselt und der Zielerreichung überzeugt. Entsprechend konzentriert läuft auch das Training ab. Alle Spieler arbeiten gleichsam intensiv an ihren (Trainings-)Aufgaben. Der Trainer spricht in der Öffentlichkeit davon, dass sich „alle dem gemeinsamen Ziel ‚Aufstieg' unterordnen" und alle „an einem Strang ziehen". Die Saison verläuft entsprechend erfolgreich. Der Trainer ist ob des großen Trainingseifers bzw. des Erfolgs überrascht, da innerhalb der Mannschaft eher wenige enge Freundschaften bestehen.

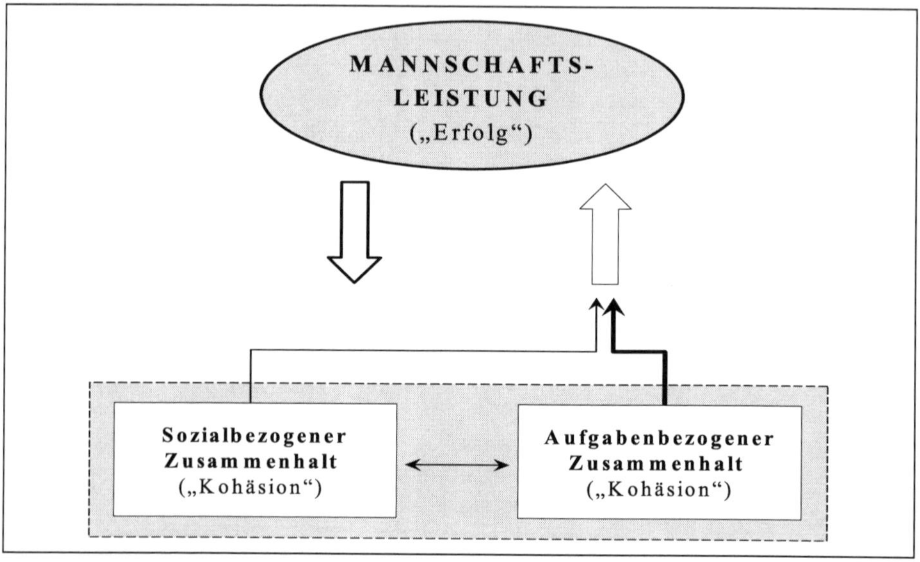

Abb. 5. Zusammenhalt (Kohäsion) und Mannschaftsleistung („Erfolg").

Aus den Beispielen sollten noch einmal die beiden Dimensionen des Zusammenhalts deutlich geworden sein (sozialbezogen; aufgabenbezogen).

Außerdem greifen sie eine weitere, für Sie bedeutsame Fragestellung auf: ***Welcher Teilbereich ist für den Spielerfolg*** wichtiger ***und sollte demnach stärker beachtet werden?*** Wie bereits dargelegt, ist ein Mindestmaß an sozialem Zusammenhalt unerlässliche Leistungs- bzw. Erfolgsvoraussetzung: Ist das Mannschaftsklima vor allem von Neid, Missgunst und Unsympathie geprägt, wird man sich in wichtigen Spielen auch nicht füreinander „zerreißen". Die Erfahrung werden Sie sicherlich schon beobachtet haben. Die Forschungsbefunde weisen jedoch insgesamt nach (vgl. als Überblicke Alfermann & Stoll, 2005, Kap. 11; Lau, 2005; Lau & Plessner, 2016, Kap. 10), dass für sportliche Erfolge *aufgabenbezogener* Zusammenhalt die wichtigere Rolle spielt. Das mag Sie erstaunen, wird aber beim Blick auf den Spitzenfußball deutlicher. Denken Sie etwa an den deutschen WM-Titel von 1990 zurück. Damals spielten Lothar Matthäus und Jürgen Klinsmann in der Mannschaft, dem Vernehmen nach keine wirklichen Freunde. Und das Team bestach auch nicht durch enge, freundschaftliche Beziehungen unter allen 22 Akteuren. Allerdings: Die Spieler bildeten auf dem Platz eine Einheit und verfolgten offensichtlich alle das gemeinsame Ziel – Weltmeister werden. Und das wurde schließlich erreicht. Oder schauen Sie sich Spitzenteams wie den *FC Bayern, Red Bull Salzburg* oder *Young Boys Bern* an. Sie gewinnen nationale Titel und setzen sich auch international beachtlich in Szene, obgleich immer wieder Spieler den Verein verlassen und neue hinzukommen – vor allem im schweizerischen und österreichischen Profifußball (hier werden regelmäßig die besten Spieler von ausländischen Großklubs weggekauft). Da ist es schwer, in kürzester Zeit eine „11-Freunde-Truppe" zu formen. Dennoch sind die genannten Topklubs in den letzten Jahren konstant erfolgreich. Offenbar gelang es den jeweiligen Trainern immer wieder, ihre Teams auf ein gemeinsames Ziel/Aufgabe einzuschwören. In Abbildung 5 ist der Sachverhalt nochmals grafisch verdeutlicht: Die aufgabenbezogene Kohäsion hat einen stärkeren Einfluss (dickerer Pfeil) auf sportliche Leistungen als die sozialbezogene (dünnerer Pfeil), wenngleich letztgenannte auch notwendig ist. Für die Trainingspraxis ließe sich demnach bereits an dieser Stelle folgern: (a) Gemeinsame und von allen Akteuren mitgetragene Ziele haben entscheidenden Einfluss auf den Mannschaftserfolg; der Trainer sollte deshalb spezielle Maßnahmen zur Erarbeitung gemeinsamer Ziele einsetzen (siehe in Kap. 7.3). (b) Die Spieler müssen respektvoll und freundlich miteinander umgehen und gewisse Sympathien füreinander aufbringen. Allerdings sind 11 bzw. 20 Freunde in der Mannschaft nicht notwendig. Seien Sie besonders für Grüppchenbildungen sensibel und steuern Sie ggf. gegen (vgl. Punkt 7.3).

Eine weitere Frage stellt sich bezüglich des Zusammenhangs von Kohäsion und sportlicher Leistung: ***Führt Zusammenhalt (Kohäsion) zu besseren Teamleistungen/Erfolg, oder bewirkt der Erfolg/Leistung einen stärkeren Zusammenhalt?*** Mit dem Sachverhalt beschäftigen sich (Sport-)Wissenschaftler schon lange, ohne bisher jedoch zu einer eindeutigen Antwort gekommen zu sein. Man geht momentan allerdings von *gegenseitigen Beeinflussungen* aus. Demnach bewirkt sportlicher Erfolg/Leistung einen höheren Zusammenhalt im Team, und gleichzeitig ist die Kohäsion auch förderlich für die Mannschaftsleistung (siehe Abb. 5). Das werden Sie aus eigener Erfahrung sicher bestätigen können. Wie war etwa der Zusammenhalt im Team bei langanhaltenden Erfolgsserien? Im Allgemeinen bestimmt gut. Und wie sah es langfristig mit sportlichem Erfolg aus, wenn sich innerhalb der Mannschaft nicht alle einem gemeinsamen Ziel unterordneten und „an einem Strang gezogen" haben? Vermutlich mussten Sie da wichtige Punkte lassen. Eine entsprechende Konsequenz für das Trainerverhalten bestünde demnach darin, insbesondere bei Niederlagenserien dennoch auch positive Ansatzpunkte zu finden und der Mannschaft zurückzumelden (z. B. geglückte Aktionen im Spiel/Training herausstellen). Gleichzeitig böte sich an, in Misserfolgsphasen verstärkt kohäsionsfördernde Maßnahmen zu ergreifen (siehe Punkt 7.3).

Fassen wir das Bisherige des Kapitels nochmals zusammen:

- Mannschaftszusammenhalt (Kohäsion) ist eine wichtige Leistungs- bzw. Erfolgsvoraussetzung im Fußball.
- Kohäsion setzt sich aus zwei Bereichen zusammen: sozialbezogener und aufgabenbezogener Zusammenhalt.
- Die *sozialbezogene Kohäsion* betrifft das Ausmaß, in dem die Spieler einer Mannschaft eine positive sozial-emotionale Beziehung zueinander haben. Das deckt sich mit dem Alltagsverständnis im Sinne des „11-Freunde-Phänomens". Hohe diesbezügliche Ausprägungen veranlassen Trainer bspw., von einer „verschworenen Gemeinschaft" zu sprechen oder davon, dass im Team „einer für den anderen durchs Feuer geht".
- Die *aufgabenbezogene Kohäsion* betrifft das Ausmaß, in dem sich die Spieler einem gemeinsamen Ziel/Aufgabe verpflichtet fühlen und entsprechend konsequent handeln. Bei hoher Ausprägung sprechen Trainer hier zum Beispiel davon, alle Spieler „ordnen sich einer Aufgabe unter" oder „ziehen an einem Strang".
- Ein Mindestmaß an sozialbezogener Kohäsion bzw. gegenseitiger Achtung und Freundlichkeit innerhalb der Mannschaft ist Grundvoraussetzung für effektives sportliches Arbeiten. Für den Erfolg im Spiel ist allerdings noch entscheidender, dass der aufgabenbezogene Zusammenhalt relativ hoch ausgeprägt ist.
- Sportlicher Erfolg/Leistung und Mannschaftszusammenhalt stehen in einem wechselseitigen Verhältnis und beeinflussen sich gegenseitig. Besonders in Misserfolgsphasen sollte deshalb verstärkt Augenmerk auf die Förderung von Mannschaftszusammenhalt gelegt werden.

7.2 Entwicklungsprozesse in Gruppen: Veränderung von Kohäsion im Saisonverlauf

Wir haben bisher Grundlegendes zum Kohäsionskonzept vorgetragen sowie die Bedeutung des Mannschaftszusammenhalts für sportlichen Erfolg verdeutlicht. Im letzten Teil gingen wir bereits auf Phasen ein, in denen sich der Zusammenhalt als besonders gefährdet bzw. bedeutsam erweist. Den Gedanken möchten wir nun noch etwas erweitern und uns der Entwicklung von Gruppen im Zeitverlauf widmen. Mit anderen Worten: Wie verlaufen Gruppenprozesse während einer Saison und welche Auswirkungen hat das auf den Teamzusammenhalt? Es gibt verschiedene sozialpsychologische Modellvorstellungen, die solche Fragen zu beantworten versuchen. Die bekannteste stammt von Bruce Tuckman (1965) und ist durch verschiedene Studien gut bestätigt. Ihm zufolge vollzieht sich die Entwicklung von Gruppen typischerweise in vier bzw. fünf aufeinanderfolgenden Phasen: (1) Formierung („forming"), (2) Konflikt („storming"), (3) Normierung („norming"), (4) Aufgabenerfüllung („performing") und ggf. (5) Auflösung („adjourning").

(1) Formierung („forming“): Diese erste Phase ist insbesondere bei stark veränderten Mannschaftskadern relevant. Die Spieler wissen noch nicht, was auf sie im neuen Team zukommt. Ihnen ist die eigene Rolle in der Mannschaft unklar und auch die Erwartungen des neuen Trainers sind möglicherweise noch ungewiss. Insgesamt ist die Phase durch Unsicherheit gekennzeichnet. Man könnte sie auch als ‚Kennenlern-Phase‘ oder ‚Abtastphase‘ bezeichnen.

(2) Konflikt („storming“): Jetzt befindet sich das Team in einer ‚stürmischen‘ Phase. Sie kann geprägt sein von Konflikten und Spannungen innerhalb der Mannschaft sowie mit dem Trainerstab. Die Spieler erkämpfen sich sozusagen ihren Platz im Team. Es geht etwa darum, Ansehen oder Einfluss zu erreichen oder sich einen bestimmten Status zu sichern. Es entwickeln sich hier erste hierarchische Strukturen. Der Profifußball liefert immer wieder Beispiele für Prozesse letztgenannter zwei Stadien ([1] Formierung; [2] Konflikt). Schauen Sie sich den FC Bayern München zum Saisonstart 2004/2005 an, als sie den schlechtesten Saisonauftakt nach Jahren erwischten. Der damals neue Trainer Felix Magath sprach davon, man befinde sich noch in der ‚Kennenlernphase‘ und müsse Geduld haben. Oder der VfB Stuttgart, der für die Saison 2005/2006 den italienischen Startrainer Trapattoni verpflichtete und gleichzeitig zahlreiche etablierte Spieler ersetzen musste: Offenbar lief es zu Anfang nicht rund. Es gab Anpassungsschwierigkeiten und mancher Spieler äußerte seinen Unmut mit der unbefriedigenden Situation öffentlich. Sie können sich vorstellen, dass man in den ersten beiden Phasen nicht von einer „eingeschworenen Truppe“ (hohe sozialbezogene Kohäsion) sprechen kann. Auch ist hier oft noch nicht erkennbar, dass sich alle Spieler „einem gemeinsamen Ziel unterordnen“ bzw. sich „in den Dienst der Sache stellen“ (hohe aufgabenbezogene Kohäsion).

(3) Normierung („norming“): Das Stadium ist nun gekennzeichnet von wachsendem Teamzusammenhalt. Die Kämpfe um Anerkennung, Status und Positionen sind weitgehend beendet und Normen und Regeln stabilisieren sich. Es erfolgt die Konzentration auf ein anzustrebendes Ziel und deren gemeinsamen Lösung, wobei Eigeninteressen jetzt zugunsten des Teamerfolgs zurückgestellt werden.

(4) Aufgabenerfüllung („performing“): Im Idealfall tritt die Mannschaft nach einiger Zeit in die letzte Entwicklungsphase ein. Sie ist gekennzeichnet durch relativ konfliktfreies Arbeiten, bei der alle Energie in die optimale Aufgabenrealisierung gelegt wird. Hier sollte die aufgabenbezogene Kohäsion am höchsten ausgeprägt sein.

(5) Auflösung („adjourning“): Diese Phase spielt lediglich bei Mannschaften eine Rolle, die ausdrücklich nur für einen bestimmten Zeitraum bzw. ein bestimmtes Projekt zusammenarbeiten, in unserem Fall beispielsweise die Nationalmannschaften anlässlich der Olympischen Spiele. Diese Teams sind alleine aus Anlass der Teilnahme an den Olympischen Spielen ins Leben gerufen und lösen sich definitiv nach Turnierende formal wieder auf. In der Phase der Auflösung („adjourning“) geht es vor allem um die Bewertung der Mannschaftsleistungen bzw. -prozesse, quasi um eine ‚Abschlussbilanz‘. Im Idealfall ziehen die beteiligten Spieler (und hoffentlich auch

Trainer) dadurch für ihre weitere sportliche Zukunft noch wichtige Impulse und Schlüsse. In der Phase ist es u. a. wichtig, Erfolge angemessen zu würdigen bzw. Misserfolge sachlich zu analysieren. Die gezeigten Leistungen der Spieler müssen vom Chef-Trainer hinreichend gewürdigt und bewertet werden. Sofern nach Beendigung des Turniers Motivationsprobleme für die anstehenden ‚normalen' Vereins-Aufgaben bei einzelnen Akteuren auftreten, sollten auch diese beachtet und gegebenenfalls gegengesteuert werden. Für die Arbeit als Vereinstrainer spielt die letztgenannte Phase eine untergeordnete Rolle (da in der Regel – bis auf wenige Vereine/Trainer – nicht nahezu die gesamte Mannschaft zu Saisonende durch Neuzugänge ausgetauscht wird).

Aus eigener Erfahrung werden Sie zu Recht einwenden, dass Sie nicht immer alle (vier bzw. fünf) Phasen des Entwicklungsverlaufes beobachten konnten. Vielleicht vermissen Sie außerdem genauere Angaben darüber, wie lange im Allgemeinen bestimmte Phasen bei Fußballteams dauern. Solche Fragen bzw. Kritikpunkte sind gerechtfertigt und von der (Sport-)Wissenschaft nicht klar zu beantworten. Betrachten Sie das vorgestellte Modell deshalb insbesondere als ***Orientierung***, um gegebenenfalls teambildende Maßnahmen einzusetzen. Besonders am Beginn einer neuen Saison oder bei vielen Neuzugängen im Saisonverlauf erscheinen sie angezeigt, da der Zusammenhalt zu der Zeit erst entstehen muss.

Wir fassen zusammen:

- Der Zusammenhalt ist von verschiedenen Einflussfaktoren abhängig und unterliegt im Saisonverlauf Schwankungen.
- Die Sozialpsychologie präsentiert mehrere Modellvorstellungen, die den Entwicklungsverlauf von Gruppen inklusive Teamzusammenhalt beschreiben und erklären.
- Das Modell von Bruce Tuckman (1965) unterscheidet die fünf aufeinanderfolgenden Phasen (1) Formierung („forming"), (2) Konflikt („storming"), (3) Normierung („norming"), (4) Aufgabenerfüllung („performing") und (5) Auflösung („adjourning").
- Im Idealfall entwickelt sich eine Mannschaft im Laufe der Zeit zu einer Einheit, die aufgabenbezogen das gemeinsame Ziel verfolgt und zur Realisierung alle nötige Energie mobilisiert.
- Um die optimale Mannschaftsleistung bzw. die Stadien (3) und (4) möglichst rasch zu erreichen, sollten die verantwortlichen Trainer *frühzeitig in der Saisonvorbereitung* Teambuilding-Maßnahmen einsetzen und im Saisonverlauf kontinuierlich wiederholen (‚*auffrischen*') (siehe nächster Punkt: 7.3).

7.3 Mannschaftszusammenhalt gezielt aufbauen: sozialbezogene und aufgabenbezogene Maßnahmen

In den bisherigen Erörterungen wurde das Konzept der Mannschaftskohäsion eher grundlagenorientiert behandelt, wenngleich bereits Ableitungen für den Traineralltag erfolgten. Jetzt möchten wir noch einen Schritt weiter gehen. Wir machen Vorschläge, wie Sie gezielt Mannschaftszusammenhalt aufbauen können. Aber seien Sie sich stets bewusst, dass es sich hier nicht um kochbuchartige Rezepte handelt, die nur exakt übernommen werden müssen und dann automatisch Wirkung zeigen. Es kommt immer auch auf die jeweilige Situation im Fußballalltag an (z. B.: Auf- vs. Abstiegskampf; Spielertypen; Trainertyp; Führungsstil des Trainers etc.). Vielleicht fallen Ihnen mitunter sogar bessere Übungsmöglichkeiten ein, die dann selbstverständlich genutzt werden sollten. Wir teilen die darzustellenden Maßnahmen gemäß den obigen Ausführungen in (a) sozialbezogene und (b) aufgabenbezogene.

(a) Sozialbezogene Maßnahmen: „verschworene Truppe“

Eine „verschworene Mannschaft“ aufzubauen, ist vor allem im Profifußball nicht einfach. Wie oben bereits erwähnt, kommt es immer wieder zu Neueinkäufen und Verkäufen von Spielern. Der Trainer kann somit nicht warten, bis sich eine Gruppe typischerweise durch längerfristige Prozesse „selbst findet“ und sozial-emotionale Beziehungen entstehen (siehe Kap. 7.2). Er muss sie durch gezielte Maßnahmen immer wieder forcieren. Durch den in allen deutschsprachigen Topligen inzwischen beträchtlichen Anteil ausländischer Spieler wird die Forderung noch verstärkt, gleichzeitig aber auch erschwert: Akteure etwa aus Asien oder Südamerika entstammen einem völlig anderen Kulturkreis und unterscheiden sich deshalb vor allem in Sprache, Lebenseinstellung und Religion von einheimischen Spielern. Ihnen als verantwortlichen Trainer obliegt es u. a., aus den vielen Individuen („bunter Haufen“) eine relativ geschlossene Mannschaft zu formen. Es reicht nicht aus, sich hierbei auf sporadisch stattfindende (extreme) „Events“ zu beschränken (vgl. auch Punkt 7.2), Spielern pauschal Sprachkurse zu verordnen oder Integrationshilfen auf Spielerberater abzuwälzen. *Sie* inklusive des sportlichen Betreuerteams sollten die sozial-emotionale Einheit der Mannschaft vor allem vorantreiben.
Unabhängig von der Herausforderung des Integrierens ausländischer Spieler orientieren sich die durchzuführenden Maßnahmen alle an der Erkenntnis: Bekanntes und uns Ähnliches erzeugt Sympathie und Vertrauen, wogegen Unbekanntes und uns Fremdes eher Distanz, Misstrauen oder gar Ablehnung bewirkt (vgl. Baumann, 2002; Linz, 2004). Insofern ist eine wichtige Regel zur Stärkung sozialbezogener Kohäsion bereits formuliert:

Schaffen Sie Situationen, in denen bisher Fremdes zu allmählich Vertrautem wird!

Man könnte annehmen, dass im Profifußball durch tägliches Training, den Fahrten (Flügen) zu Auswärtsspielen oder gemeinsamen Trainingslagern hinreichend Gelegenheit des gegenseitigen Kennenlernens besteht; Fremdes (z. B.: ausländische Spieler; deutschsprachige Neuzugänge) quasi automatisch zu Vertrautem wird. Hiervon ist offenbar jedoch nicht auszugehen. Ein schweizerischer Profiliga-Trainer mit langjähriger Erfahrung berichtete uns von seinem Erlebnis, dass die von ihm betreute Mannschaft (er übernahm das schon über relativ lange Zeit zusammenspielende Team) beinahe nichts Persönliches voneinander wusste. Das war für ihn schließlich Anlass, durch Gruppenarbeit ‚Fremdes zu Vertrautem' zu machen. Lesen Sie:

> „Die (Spieler; R. S.) waren zum Beispiel auch erstaunt. Als ich da anfing in X...Da waren schon Spieler, die schon ein Jahr zusammen waren, aber die wussten nichts voneinander. Ich habe einmal gesagt: Jetzt erzählt einmal, jeder stellt sich vor, wie man das so macht, auch bei Konferenzen. Aber zum Beispiel auch etwas Persönliches – hat der Geschwister oder so? Die waren erstaunt, die wussten wenig voneinander" (Schliermann, 2005).

Möchten Sie im Trainingsalltag konkret sozialbezogenen Zusammenhalt fördern, so denken Sie vor allem an Gelegenheiten außerhalb des regulären Trainingsbetriebs: damit sich die Spieler eben auch einmal von einer anderen als der bekannten sportlichen Seite kennen lernen. Achten Sie dabei darauf, diesen außersportlichen Kontakt vorwiegend *in Realität* zu gestalten statt virtuell via sog. Sozialer Medien; die Authentizität ist dadurch gewährleistet und (absichtliche/unabsichtliche) verzerrte Selbstinszenierungen werden verhindert. Halten Sie diesbezüglich stets engen Kontakt mit dem Spielerrat bzw. Mannschaftskapitän, mit deren Unterstützung Sie entsprechende Maßnahmen initiieren sollten. Seien Sie kreativ. Einige Denkanstöße:

- Gemeinsame Kino-, Kneipen- oder Restaurantbesuche;
- gemeinsames Kochen;
- alteingesessene Spieler übernehmen für (jüngere; ausländische) Neueinkäufe ‚Patenschaften' und sind somit für deren sozialen Eingewöhnung mit verantwortlich;
- Afrikanische/Asiatische etc. Spieler berichten über die eigenen Ess-, Trink- oder Autofahr-Gewohnheiten und kommen somit in Kontakt mit einheimischen Spielern;
- usw., usw., usw.

(b) Aufgabenbezogene Maßnahmen: „alle ordnen sich dem gemeinsamen Ziel unter"

Das „11-Freunde-Prinzip" alleine garantiert noch lange keinen Erfolg (siehe Erörterungen zu Abs. 7.1). Die Mannschaft muss vielmehr auch ein gemeinsames Ziel verinnerlichen, von dessen Erreichbarkeit voll und ganz überzeugt sein und es dann konsequent verfolgen. Alle Spieler sollen sich demnach „dem gemeinsamen Ziel unterordnen" oder „an einem Strang ziehen". Im Leistungsfußball treten aber oftmals Bedingungen auf, die einer solchen Forderung entgegenlaufen. Denken Sie beispielsweise an Vereine, bei denen das Präsidium völlig utopische Punktevorgaben bzw. Tabellenplatzierungen verlangt, die dem aktuellen Leistungsstand der Mannschaft überhaupt nicht entsprechen.

Dann werden Sie als Trainer Probleme bekommen: Manche Spieler werden die illusorischen Vorstellungen vielleicht tatsächlich für bare Münze nehmen und daran glauben – schließlich allerdings Misserfolgserlebnis nach Misserfolgserlebnis einstecken; andere bezweifeln möglicherweise die Vorgaben oder schwanken in ihren Einschätzungen hin und her. Was ist die Konsequenz für Sie als verantwortlichen Betreuer? Sie sollten bestrebt sein, intern im Verein – also innerhalb der Mannschaft und der Vereinsführung – eine *einheitliche und realistische Line/Vorgabe* zu erwirken. Wie das erreichbar ist, lesen Sie bitte im anschließenden Praxisteil. Allerdings reicht es nicht aus, z. B. nur einmal vor Saisonbeginn gemeinsame Zielvorgaben aufzustellen. Damit solche Vorstellungen dauerhaft den aufgabenbezogenen Zusammenhalt (Kohäsion) sowie die Motivation stärken, sind sie von Zeit zu Zeit zu überprüfen; am besten anhand aufgestellter Zwischen-Ziele. Sie wissen selbst, wie motivationsfördernd Erfolg sein kann. Sehen die Spieler etwa, dass ihre Zwischen-Bilanzen erfolgreich ausfallen (z. B.: Ziel nach 5. Spieltag: unter den ersten 6 sein – wurde erreicht; Ziel nach dem 10. Spieltag: unter den ersten 4 sein – wurde erreicht; Ziel nach der Halbserie: mindestens Platz 3 – wurde erreicht; Ziel 5 Spieltage vor Saisonende: mindestens Punktegleichheit mit Tabellenführer – wurde erreicht; Saison-Ziel: Meisterschaft – wurde erreicht!), setzt das oft enorme Energie bzw. Motivation frei (Lernen am Erfolg; Operante Konditionierung; vgl. Skinner, 1974; sowie Kap. 5). Insofern ist es wichtig, den Spielern in bestimmten Zeitabständen immer auch den aktuellen Erfolg bzw. Zwischenstand auf dem Weg zum ‚End-Ziel' sichtbar zu machen. Denn: Häufig fallen Misserfolge sofort ins Auge, wogegen das Erkennen von Erfolgen verschleiert bleibt. Bevor wir nachfolgend konkrete Vorgehensweisen des Förderns aufgabenbezogenen Zusammenhalts vorschlagen, lassen Sie uns zur wirkungsvollen Zielsetzung noch einmal zusammenfassen (vgl. auch Alfermann & Stoll, 2005, S. 142-143):

- Die Mannschaft muss eine einheitliche Zielvorgabe verinnerlichen.
- Das Mannschaftsziel sollte mit der Vorgabe der Vereinsführung übereinstimmen.
- Das festzulegende Ziel muss realistisch sein und hat sich an der tatsächlichen Leistungsstärke der Mannschaft zu orientieren.
- Das ‚End-Ziel' sollte in mehrere Teil-Ziele aufgesplittet werden (z. B.: nach bestimmten Saisonphasen).
- Ziele bzw. v. a. auch Teil-Ziele sollten so formuliert werden, dass deren Erreichung (bzw. Nicht-Erreichung) überprüfbar ist (z. B.: bestimmte Punktzahl; Tabellenplatz; geschossene Tore etc.).
- Erreichte Zwischen-Ziele bzw. Erfolge sollten den Spielern sichtbar gemacht werden (z. B.: Tabellenstände kennzeichnen; Saisonverlaufe grafisch hervorheben etc.).

(i) Gemeinsame Zielsetzung(en) erarbeiten:

(1) ***Aktuellen Leistungsstand überprüfen:*** Verschaffen Sie sich in den ersten Trainingswochen der neuen Saison zunächst einmal einen objektiven *Überblick* zum Leistungsvermögen Ihres Teams. Geben Sie keine vorschnellen Saisonziele aus. Beobachten Sie Testspiele und Trainingseinheiten. Prüfen Sie konditionelle Faktoren (z. B.: Schnelligkeit; Ausdauer; Kraft) mittels objektiver Tests. Folge: Legen Sie das für Sie persönlich realistische Saisonziel fest (aber äußern Sie sich hierzu noch nicht gegenüber der Mannschaft).

(2) ***Erarbeiten des Mannschaftsziels mit den Spielern:*** Setzen Sie gesonderte Teamsitzungen an (wie viele Sie exakt benötigen, erkennen Sie im Verlauf des Arbeitsprozesses). Alle Spieler sollen zunächst das ihrer Meinung nach anzustrebende Saisonziel festlegen / aufschreiben. Ebenfalls ist aufzuführen, weshalb jeder Spieler meint, ein bestimmtes Ziel erreichen zu können. Die Spieler sind überdies anzuhalten, den persönlichen Beitrag zur Zielerreichung niederzuschreiben (d. h. vor allem eigene Stärken, die dem Teamziel dienlich sind). Sie werden sehen, dass es manchem Spieler durchaus schwerfallen kann, Teamziel und v.a. den eigenen Beitrag hierzu konkret zu benennen. Lassen Sie evtl. in Kleingruppen arbeiten. Wichtig: Am Ende soll ein von allen (auch von Ihnen: siehe [1]) akzeptiertes Mannschaftsziel erarbeitet worden sein.

(3) ***Erstellen eines ‚Grundsatzvertrags':*** Stellen Sie bei Bezugnahme auf das erarbeitete Ziel nun einen „Grundsatzvertrag" (auch manchmal „Statut" oder „Manifest" genannt) auf, in dem enthalten ist: *Mannschaftsziel* (z. B. Play-Off-Platz am Saisonende), *Zwischen-Ziele* (z. B. 14 Punkte aus den ersten 8 Spielen; Tabellenplatz 4 nach der Hinrunde etc.), *Verhaltensregeln* (z. B. aggressiv Spielen; kämpfen bis zur 90. Minute; Schiedsrichter-Entscheidungen akzeptieren etc.). Alle Spieler und Sie unterschreiben den Vertrag und machen ihn für alle Teammitglieder öffentlich (z. B. an die Kabinentür hängen; in den Sozialen Medien der Mannschaft teilen).

(4) ***Zwischen-Bilanzen ziehen:*** Ziehen Sie in bestimmten Abständen (z. B. nach erstem, zweitem und drittem Viertel der Saison) Bilanz bzgl. der Zielerreichung. Wenn es erreicht wurde, machen Sie den Erfolg sichtbar (Tabellen ausschneiden; Zeitungsausschnitte aufhängen etc.) und sparen Sie nicht mit Lobesbekundungen. Falls das Zwischenziel verfehlt wurde, analysieren Sie die Gründe und gehen Sie weiter zu Schritt (5).

(5) ***Evtl. Neudefinierung von (End-/Teil-)Zielen:*** Sollte die vor Saisonbeginn fixierte Idealvorstellung realistischerweise nicht mehr erreichbar sein, erarbeiten Sie ein neues Ziel. Gehen Sie vor wie beim Punkt (2). Reservieren Sie hierfür aber nun höchstens zwei Zusatztreffen.

(ii) Positions-Tausch: in ungewohnte Spieler-Rollen schlüpfen

Für optimale Team-Leistung müssen alle Spieler die bestmögliche Einzel-Leistung erbringen. Jeder ist somit wichtig für die Mannschaft. Manchmal jedoch schätzen Einzelne die Spielpositionen bzw. Leistungen Anderer als geringwertig ein und verhalten sich entsprechend geringschätzig. Wenn etwa der technisch begnadete Mittelfeldregisseur dem ‚rustikalen' Abwehrspieler Fußballkompetenz abspricht, dessen Leistung nicht wertschätzt und ihm deshalb im Zusammenspiel ignoriert, so ist das sicherlich nicht förderlich für die Erreichung des gemeinsamen Mannschaftsziels. Die Leistung wird darunter leiden. In solchen Fällen kann ein Rollentausch heilsam sein: Lassen Sie den Supertechniker deshalb bspw. in Trainingsspielen in die Rolle des ‚Abwehrchefs' (einer absehbar klar unterlegenen Mannschaft) schlüpfen und konfrontieren sie ihn mit permanent schnell vorgetragenen Vorstößen der Angreifer. Vielleicht lernt er dadurch, auch andere als seine eigene Position anzuerkennen und entsprechende Kompetenzen wertzuschätzen.

(iii) „Jeder ist auf Jeden angewiesen!"

In Zeitungs- und Rundfunkberichten wird gerne von spektakulären „Teambuilding-Maßnahmen" in Form von „Abenteuer-Camps" in der Wildnis oder „Klettertouren" berichtet und das als neueste Erkenntnis im Mentaltraining dargestellt. Im Grunde zielen zitierte Maßnahmen vor allem auf die Förderung des aufgabenbezogenen Zusammenhalts ab. Es soll den Spielern ‚hautnah' vermittelt werden, dass alle aufeinander angewiesen sind und sich gegenseitig helfen müssen, um gemeinsam erfolgreich sein zu können. Sie sparen viel Geld, wenn Sie kreativ sind und sich geeignete Spiele oder Aktionen ausdenken, bei denen das Funktionieren aller eine notwendige Voraussetzung der erfolgreichen Zielerreichung darstellt. Die geschilderten spektakulären Maßnahmen verfehlen häufig ihre angepriesene Wirkung und sind in ihrer Übertragbarkeit auf das Fußballsetting oftmals sehr fraglich. Lothar Linz (2004) stellt in seinem Buch „Erfolgreiches Teamcoaching" u. a. kostengünstige und sport- bzw. fußballbezogen sinnvolle Lösungen vor, die als Ideensammlung hilfreich sein könnten.

(iiii) Klare Orientierungen geben: Verhaltenskataloge aufstellen (lassen)

Sportliche Herausforderungen sind gemeinsam nur dann verwirklichbar, wenn alle Spieler bestimmte Verhaltens-Regeln einhalten. Ansonsten ist Chaos vorprogrammiert und das Training bzw. Spiel wird ineffektiv ablaufen. Besonders in sportlichen Krisensituationen hört man immer wieder, die Spieler hätten nicht mehr diszipliniert mitgearbeitet, „untolerierbare Sitten" seien eingerissen oder man habe nicht gewusst, was eigentlich vom Trainer verlangt würde. Solche Situationen vermeiden Sie, wenn Sie frühzeitig – am besten in der Saisonvorbereitung – entsprechende *Verhaltens-Regeln* festlegen oder solche gemeinsam mit den Spielern erarbeiten (z. B. durch Spielerrat). Sie können etwa „Grundsätze des Verhaltens im Training und Wettkampf" aufstellen und darin konkret festlegen, wie das Training/der Wettkampf abzulaufen hat (z. B.: 15 Minuten vor Trainingsbeginn in der Kabine sein; Schiedsrichterentscheidungen nicht kritisieren; Trainer öffentlich nicht kritisieren etc.) und was passiert, sollten Einzelne die Vorgaben nicht einhalten (oft in der Praxis bereits als ‚Strafenkatalog' praktiziert). Solche Kataloge lassen sich für unterschiedlichste Bereiche erarbeiten. Wichtig: Sie müssen die Einhaltung konsequent überwachen und bei Nichtbefolgung ebenso konsequent Strafen aussprechen. Tun Sie das nicht, verfehlen Sie das ursprüngliche Ziel, durch die Regeln eine Orientierungshilfe zu schaffen.

7.4 Selbstkontrolle: Habe ich die wichtigsten Inhalte behalten und verstanden?

Sie können nun die erworbenen Kenntnisse in Bezug auf die Entwicklung von Mannschaftszusammenhalt überprüfen. Bitte kreuzen Sie die Aussagen an, die Sie als „richtig" einschätzen. Wenn Sie sich bei einzelnen Aussagen noch unsicher sind, dann lesen Sie bitte die kommentierten Antworten im Anhang und wiederholen Sie die jeweiligen Abschnitte des Kapitels nochmals. Sobald Sie mit dem Kenntnisstand zufrieden sind, zögern Sie nicht, einzelne Maßnahmen bei Bedarf im Trainingsprozess zu nutzen.

(a) Verschiedene Bereiche von Zusammenhalt (**eine richtige Antwort; siehe Punkt 7.1**):

(1) Zusammenhalt hat mit Kohäsion überhaupt nichts zu tun.
(2) Kohäsion bezieht sich alleine auf den Grad der Sympathie, den die Spieler einer Mannschaft untereinander aufweisen.
(3) Kohäsion setzt sich aus den Bereichen des sozialbezogenen und aufgabenbezogenen Zusammenhalts zusammen.
(4) Kohäsion meint die Ausprägung der Komponenten Ausdauer, Schnelligkeit und Kraft innerhalb des Teams.

(b) Veränderung von Kohäsion im Zeitverlauf (**2 richtige Antworten; siehe Punkt 7.2**):

(5) Kohäsion/Zusammenhalt wird vor dem Saisonstart durch ein Teambuilding-Camp aufgebaut und dann bleibt sie stabil.
(6) Hohe Kohäsion/Zusammenhalt benötigt bei neuformierten Mannschaften Zeit, um sich zu entwickeln.
(7) Der Aufbau von (hohem) Mannschaftszusammenhalt kann durchaus vom Trainer bzw. dem sportlichen Betreuerstab initiiert werden und bedarf nicht notwendigerweise externer Sportpsychologen.

(c) Maßnahmen des Aufbaus von Zusammenhalt (**2 richtige Antworten; siehe Punkt 7.3**):

(8) Zusammenhalt/Kohäsion entsteht am besten, wenn man als Trainer keine entsprechenden Maßnahmen ergreift.
(9) Aufgabenbezogener Zusammenhalt lässt sich entwickeln, wenn zusammen mit der Mannschaft ein Saisonziel vereinbart wird, an das alle glauben und letztlich auch verfolgen.
(10) Durch Verhaltensverträge oder „Statute"/„Manifeste" lassen sich konkrete Verhaltensregeln festlegen, die das Verfolgen des gemeinsam aufgestellten Saisonziels unterstützen.
(11) Sozialbezogener Zusammenhalt muss nicht durch spezielle Maßnahmen gefördert werden, da er bei den vielen gemeinsamen Aktivitäten des Teams (z. B.: Fahrten zu Auswärtsspielen; Trainingsvorbereitung etc.) ‚automatisch' entsteht.

8 Taktik lernen und stabilisieren: Wie optimiere ich mein Taktiktraining?

Das Beherrschen verschiedener Individual-, Gruppen- oder Mannschafts- bzw. Spieltaktiken ist im modernen Leistungsfußball unerlässlich. Nur so kann flexibel auf die gegnerische Mannschaft bzw. wechselnde Spielsituationen reagiert werden. Europäische Spitzenteams wie Bayern München, Real Madrid, Manchester City, FC Sevilla, Juventus Turin oder Arsenal London verfügen über vielfältige Spielvariationen. Im Spitzenfußball muss der Fußballtrainer Wege finden, Taktikvarianten so zu vermitteln, dass sie die Spieler möglichst schnell verinnerlichen und bei Bedarf auf dem Platz umsetzen. Das ist zuweilen ein schwieriges Unterfangen. Wir erinnern uns zum Beispiel an den Abwehr- und Taktikstrategen Giovanni Trapattoni, der bei seinem ersten Gastspiel als Cheftrainer des FC Bayern München laut TV-Spieleraussagen unermüdlich bestimmte Spielzüge auf dem Trainingsplatz einstudieren ließ. Dennoch konnte die Mannschaft dessen Vorgaben erst spät umsetzen. Auch in der Ära Pep Guardiolas beim FC Bayern dauerte es längere Zeit, ehe die ‚neue Handschrift' durch intensives Einstudieren auch auf dem Platz klar erkennbar war. Gerade intensives Einüben taktischer Spieloptionen scheint also zwingend notwendig. Aus sportpsychologischen Untersuchungen zum taktisch anspruchsvollen Sportspiel Basketball wissen wir, dass gedankliches Durchspielen diverser Spielsituationen positive Wirkungen auf Erwerb, Stabilisierung und Umsetzung von Taktikvorgaben haben kann (vgl. Neumann, 2001). Auch im Fußball sind solche positiven Wirkungen zu erwarten. Wir zeigen im Kapitel 8 deshalb, wie Sie im taktischen Bereich konkret mit Vorstellungsübungen arbeiten können. Um den Sinn und die Wirkungen solchen Trainings zu verdeutlichen, wird zuerst auf einige Grundlagen eingegangen: Fragen zum Speichern und Abrufen von Informationen im bzw. aus dem Gedächtnis (Kap. 8.1) sowie ein Grundkonzept des Vorstellungstrainings (Kap. 8.2). Daran schließt sich die Präsentation konkreter mentaler Übungsformen an, durch die Sie systematisch Taktikvarianten einstudieren können. Wir stellen dar, wie körperliches und mentales (vorstellungsbezogenes) Training sinnvollerweise miteinander kombiniert werden sollte (Kap. 8.3). Im vierten Teil erhalten Sie die Möglichkeit, das erworbene Wissen zu kontrollieren (Kap. 8.4).

8.1 Lernen und Gedächtnisleistungen: die Verarbeitung von Informationen

Sie werden zustimmen, dass taktisches Handeln auf dem Platz eng mit Gedächtnis- und Lernprozessen zusammenhängt: Eine von Ihnen einstudierte Angriffs- oder Abwehrvariante kann im Spiel nur umgesetzt werden, wenn die beteiligten Spieler auf abgespeicherte Wissensinhalte des Langzeitgedächtnisses zurückgreifen können. Ist dieses notwendige Wissen nicht verfügbar, sind vorausgeplante Aktionen nicht möglich. Die Spieler wissen dann nämlich nicht, was in den jeweiligen Situationen zu tun ist. Dem Fußballtrainer kommt somit die Aufgabe zu, bei seinen Akteuren eine entsprechende Wissensgrundlage zu legen und langfristige Behaltens- und Lernprozesse zu initiieren. Kurz: Es muss sich im Gedächtnis ‚etwas' abspielen. Was mit *etwas* gemeint ist und wie es erreicht werden kann, soll hier beantwortet werden.

(a) Mehrspeicher-Modelle: In der Gedächtnispsychologie untersucht man inzwischen bereits seit über 100 Jahren die Arbeitsweise des Gedächtnisses. Interessierende Fragen sind etwa, wie sich verschiedene Speicher- und Abrufprozesse von Informationen/Eindrücken vollziehen, wie lange die jeweiligen Inhalte behalten werden können oder welche Faktoren die Behaltensleistung diverser Informationen erhöhen. Zunächst ging man davon aus, dass das Gedächtnis aus mehreren (zwei oder drei) Teilsystemen bzw. Speichern besteht (sog. *Mehrspeichermodelle*), es wurden grundlegend die Speichersysteme (Gedächtnisarten) Sensorisches-, Kurzzeit- und Langzeit-Gedächtnis angenommen, durch die Informationen/Eindrücke nacheinander verarbeitet werden. Das Sensorische Gedächtnis (SSG) filtert hier als erste Instanz (entspricht etwa einer sog. *selektiven Aufmerksamkeit*) eine große Menge der Umwelteindrücke, speichert (für weniger als eine Sekunde) und leitet sie dann weiter in unser Kurzzeit-Gedächtnis (KZG, auch Arbeitsgedächtnis bzw. Arbeitsspeicher genannt). Hier sind uns die auf ca. 5 Elemente reduzierten Reize dann bewusst (z. B.: Spieler hören die Erläuterungen zur Mannschaftstaktik, sehen die Tafelanschrift dazu, riechen den Kabinenschweiß etc.). Durch sprachliche (Wiederholungs-)Prozesse bestimmter Inhalte gelangen sie schließlich im Idealfall in das Langzeit-Gedächtnis (LZG) und sind dort im besten Fall über relativ lange Zeiträume abgespeichert – oft sogar lebenslang (z. B.: unser deutscher Wortschatz; Fremdsprache etc.; Bild einer geliebten/gehassten Person; Eckballvariante). Außerdem enthält das LZG u. a. auch bedeutsame Inhalte der Handlungssteuerung, in unserem Fall der Umsetzung eines taktischen Planes. Im besten Fall können die im LZG abgespeicherten Inhalte dann bei Bedarf durch das KZG (Arbeitsgedächtnis; Arbeitsspeicher) abgerufen und zielbezogen genutzt werden (z. B. im Kontext der Umsetzung einer einstudierten Spieltaktik). Auf der Basis von Mehrspeicher-Modellen müssten Sportlehrer und Fußballtrainer im Taktiktraining demnach (in Theorie und Praxis) mehrere Forderungen beachten:

(a) Sollte sich auf eine *überschaubare Menge an Anweisungen und Informationen* beschränkt werden. Der Spieler ist nicht in der Lage, im KZG zu viele Inhalte gleichzeitig zu behalten und sprachlich-gedanklich zu wiederholen bzw. zu verarbeiten.

(b) Ist aber gerade das *(sprachliche) Wiederholen* notwendig, um die geforderten Inhalte langfristig im LZG abzuspeichern. Insofern müssten Sie wiederholte Instruktionen geben sowie die Übungen auf dem Trainingsplatz mehrmals durchspielen lassen. Den Spielern wird es im Idealfall somit möglich, die im LZG abgespeicherten Inhalte zur taktischen Umsetzung beim Spiel zu nutzen.

(b) Mehrebenen-Modelle: Alternativ zu den genannten Mehrspeicher-Modellen entwickelten sich in der jüngeren Gedächtnispsychologie so genannte *Mehrebenen-*

Modelle. Sie erklären Speicherprozesse schwerpunktmäßig nicht, wie die o. g. Vorstellungen, mit der Verarbeitung von Informationen durch drei Gedächtnis-Systeme. Ihrer Annahme zufolge gibt es demgegenüber mehrere Verarbeitungs*ebenen*(*-tiefen*), die je nach Reizbeschaffenheit aktiviert werden und zu Behaltens- bzw. Speicherleistungen unseres Gedächtnisses führen. So wird etwa zwischen flacher, mittlerer und tiefer Verarbeitung unterschieden. *Graphische (Form*; z. B.: Spieler sehen an der Tafel die beabsichtigte Taktik veranschaulicht) Reizanalysen sollen geringere Behaltensleistungen hervorrufen als *phonemische (Laut*; z. B.: Trainer beschreibt sprachlich die beabsichtigte Spieltaktik). Die besten Lern-/Gedächtnisleistungen werden für *semantische (Bedeutung*; z. B.: Die Spieler können den Sinn/Vorteil/Stärke der beabsichtigten Taktik nachvollziehen/begreifen) Verarbeitungsprozesse angenommen. Aus letztgenanntem Aspekt wäre dem Fußballtrainer anzuraten, den Spielern Zeit der gedanklich-reflektierten Auseinandersetzung mit beabsichtigten taktischen Abfolgen einzuräumen. Wenn sie den Sinn und Zweck bestimmter Vorgaben verstehen, soll das gemäß der Mehrebenen-Ansätze auch zu besseren Behaltens- und Lernleistungen beitragen. Das wiederum käme dem taktischen Handeln im Spiel zugute.

Die beschriebenen Modellvorstellungen (Mehrspeichermodelle; Mehrebenenmodelle) wurden von der Wissenschaft inzwischen zahlreichen Analysen unterzogen. Allerdings erwies sich bisher kein Ansatz dem anderen als deutlich überlegen oder praxistauglicher. Es wird stattdessen die Meinung vertreten, dass sich beide Vorstellungen *sinnvoll ergänzen* (vgl. z. B. Schermer, 2002, S. 139).

Für uns bedeutet das: Taktiktraining sollte einerseits auf hinreichende (sprachliche und übungsbezogene) ***Wiederholungen*** ausgerichtet sein. Andererseits ist dafür Sorge zu tragen, dass sich die Spieler darüber hinaus über den Sinn und Zweck der angestrebten Taktikvariante Gedanken machen, also sie ***zu begreifen versuchen***. Beide Forderungen kommen u. a. bei Formen des Vorstellungstrainings vor, wie im Punkt 8.2 ersichtlich wird.

8.2 Taktiken Schritt für Schritt eintrainieren: Mentales Vorstellungstraining

In der Angewandten Sportpsychologie existieren unterschiedliche Formen und Bezeichnungen des Vorstellungstrainings. Es wird z. B. von *Visualisierung* (Terry, 1989), *Mentalem Training* (Eberspächer, 2004b), *Bewegungsvorstellungsübungen* (Suinn, 1989) oder *Ideomotorischem Training* (Frester & Wörz, 1997) gesprochen. Die jeweiligen Verfahren unterscheiden sich u. a. hinsichtlich der Ausdifferenzierung relevanter Lernschritte (etwa: ‚spontanes', eher unsystematisches vs. geplantes, lernschrittbezogenes Vorstellen), des vorzustellenden Gegenstandes (etwa: andere vs. sich selbst vorstellen) und schwerpunktmäßigen Betonung einbezogener Sinneskanäle (etwa: Sehen; Hören; Tasten; Riechen). Wir orientieren uns im Folgenden am im Jahr 2014 verstorbenen ehemaligen Heidelberger Sportpsychologieprofessor

Dr. Hans Eberspächer (2004a, b). Sein Trainingskonzept des sog. **Mentalen Trainings**[4] betont das ***systematische, schrittweise*** *Bewegungs- und Handlungs****vorstellen*** – in unserem Fall der Taktikvarianten. Der Vorteil: Die Methode beugt der oberflächlichen, ungeplanten, gelegentlichen und somit nicht-wirksamen Anwendung bzw. Aneignung vor. Wie Sie vielleicht während Ihrer Spielerkarriere bemerkt haben, waren gut gemeinte Ratschläge von Trainern häufig wenig hilfreich und somit wirkungslos (z. B.: „Stell' Dir den Spielzug einfach gedanklich vor!"; „Stell' Dir einfach vor, wie Du den Volleyschuss im Tor versenkst!" etc.). Offenbar ist es nicht immer ganz einfach, sich gewisse Handlungsabläufe problemlos vorstellen zu können. Und wahrscheinlich wäre es in vielen Fällen hilfreich gewesen, genau anzugeben, wie denn konkret das „einfach Vorstellen" zu realisieren ist. Das leistet Eberspächers Trainingssystem. Am Anfang geben wir Antwort auf die Frage, welche Arten des Vorstellens sich unterscheiden und trainieren lassen (a). Anschließend erläutern wir das Lernsystem zur gezielten Vorgehensweise beim (Taktik-)Vorstellen, in das die verschiedenen Vorstellungs-Möglichkeiten integriert werden (b). Zuletzt nennen wir die Vorteile systematischen Vorstellungstrainings für die Trainings- und Spielleistung (c).

(a) Vier Formen des Mentalen Trainierens: verschiedene Varianten gedanklichen Vorstellens

In Eberspächers (2004b) Verständnis lassen sich *vier Wege des gedanklichen Vorstellungstrainings* unterscheiden. Die Trainingsoptionen beziehen sich jeweils schwerpunktmäßig auf verschiedene Formen des Vorstellens und variieren im Schweregrad des Einübens. Demnach kann mental trainiert werden, indem man (1) Personen oder Modelle *beobachtet*, (2) mit sich selbst *innerlich spricht*, (3) sich oder anderen *beim Ausführen einer Handlung gedanklich zuschaut* (*visualisieren*) oder (4) sich das *eigene Handeln intensiv mit allen inneren Sinnen und Sinneseindrücken vorstellt* (*ideomotorisch trainieren*; siehe Abb. 6). Von (1) nach (4) nimmt der Schwierigkeitsgrad im Vorstellungsprozess zu. Was bedeuten die einzelnen Wege mentalen Trainierens nun genau?

(1) Andere beobachten: Gezieltes Beobachten ist die einfachste Form Mentalen Trainings und deshalb besonders beim Neulernen zu empfehlen. Wollen Sie mit der Mannschaft bisher noch nicht praktizierte Taktikzüge eintrainieren, so bietet sich für die Spieler als erster Schritt gezieltes Beobachten an. Wie funktioniert die Gesamt-Taktik? Auf welche Aspekte muss besonders Wert gelegt werden? Welche Vorteile ergeben

3 Der Begriff ***Mentales Training*** ist erklärungsbedürftig. Es gibt die Bezeichnung Mentales Training – (a) ***im weiteren Sinne*** und Mentales Training – (b) ***im engeren Sinne***. Letztgenanntes (b) meint die zu beschreibende Trainingsform von Eberspächer (2004b): Sie bezieht sich (eng-beschränkt) auf das gedankliche Vorstellen von Bewegungen bzw. Handlungen ohne deren gleichzeitige körperlich-verhaltensbezogene Ausführung. Man könnte ebenso von Vorstellungstraining sprechen. Demgegenüber wird auch von Mentalem Training (a) im weiteren Sinn gesprochen: Hier meint man im Grunde alle möglichen psychologischen Trainingsformen bzw. Methoden und übersetzt demnach „mental" mit „psychologisch" – also in weitem Begriffsverständnis. Diese Bezeichnung findet sich etwa im Titel des vorliegenden Buches. Hier wäre auch der Ausdruck Psychologisches Training denkbar.

sich daraus für unser Spiel? Solche oder ähnliche Fragen beantworten sich u. a. durch unterschiedlichste Formen des Beobachtens. Den Spielern kann anhand eines übersichtlichen Tafelbildes das Spezielle der neuen Taktik erläutert werden.

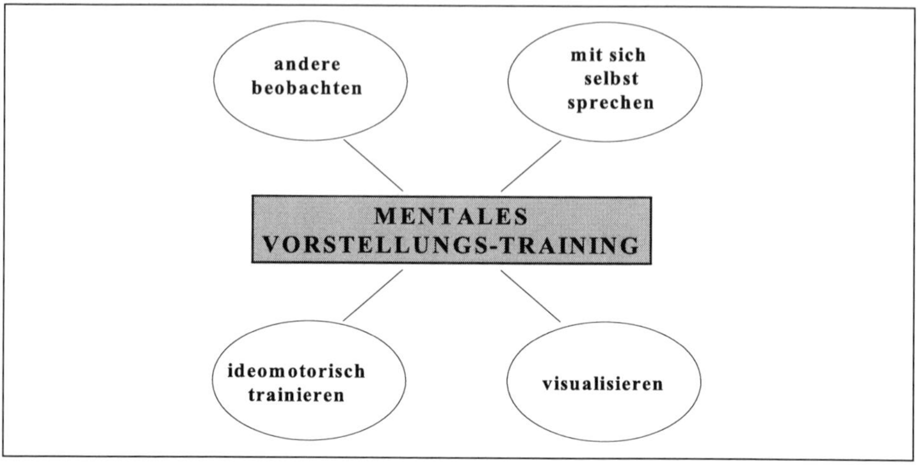

Abb. 6. Wege (Formen) des Mentalen Vorstellungstrainings.

Sie können mit dem Team aber beispielsweise auch Videostudium von Mannschaften betreiben, die die relevante Spieltaktik perfekt inszenieren. Vielleicht schauen Sie sich mit dem Team sogar entsprechende Begegnungen live im Stadion an. Alle Beobachtungsmöglichkeiten setzen Denkprozesse in Gang und sind somit bereits Teil mentalen Übens. Man wundert sich etwa, wie „automatisiert" die Spielabfolgen bei bestimmten Teams funktionieren; überlegt, dass dies auch von einem selbst umsetzbar erscheint oder geht den Spielzug nochmals innerlich durch. Häufig sind solche Prozesse mit inneren Selbstgesprächen begleitet, die in der zweiten Trainingsart den Schwerpunkt bilden.

(2) Mit sich selbst sprechen: Dem (inneren) Sprechen bzw. Kommentieren kommt im Mentalen Training große Bedeutung zu. Wertvolle Dienste leistet es beim Abspeichern bzw. Verinnerlichen von Beobachtungseindrücken (vgl. Eberspächer, 2004b, S. 94). Sie kennen das vom Einprägen bestimmter Gedichte oder Vokabeln, die Sie – immer wieder (innerlich) vorsprechend – wiederholten und sich schließlich einprägten. Auch zu erlernende taktische Varianten können durch solche sprachlichen Wiederholungen effektiver gefestigt werden. Insofern beinhalten Vorstellungstrainings u. a. meist Elemente zielgerichteter Selbstgespräche. Sicher haben Sie ein weiteres Phänomen bereits am eigenen Leib festgestellt: Wenn Sie vor sehr schwierigen Anforderungen – wie etwa der letztmöglichen Auswechselung im entscheidenden Spiel – stehen und routiniertes Handeln nicht mehr weiterhilft, spricht man automatisch mit sich selbst. Es wird dann beispielsweise nach Lösungen gesucht (z. B.: „Warum läuft das Spiel jetzt nicht wie gewohnt? Was passiert, wenn ich jetzt diese Einwechselung tätige? Oder sollte ich doch lieber die Abwehr verstärken?") oder es werden bestimmte Handlungen unterstützt und stabilisiert (z. B.: „Jetzt wechsle ich aus! Los jetzt, gebe dem Spieler X jetzt das Signal!").

(3) Visualisieren: Als weitere Form mentalen Trainierens ist die sog. Visualisierung zu nennen. Man stellt sich hierbei Handlungs- bzw. Bewegungsabläufe *in Gedanken* vor, schaut quasi einen inneren Videofilm an. Der ‚innere Film' kann *einen selbst* als Handelnden zeigen (z. B.: Spieler sieht sich, wie er sich freiläuft und dann nach innen flankt; Trainer sieht sich an der Außenlinie ruhig Anweisungen geben) oder auch andere Personen (etwa Vorbilder). Außer Menschen sind auch Zeichnungen, Filme, Pläne, Strichmännchen, Grafiken (z. B. Taktikaufzeichnung auf Tafel) o. ä. als Vorstellungsgrundlage denkbar (vgl. Eberspächer, 2004b, S. 95). Solcherart innerer Vorstellungen bedürfen in der Regel intensiveren Übens als beispielsweise das Beobachten Anderer, da die ‚inneren Filme' nicht immer sofort reibungslos ablaufen (denkbare Störungen: der Film stoppt plötzlich [„Filmriss"]; man vergisst plötzlich bestimmte Szenen; die Gedanken schweifen ab etc.).

(4) Ideomotorisch trainieren: Diese Form ist die anspruchsvollste der vier genannten Vorstellungsarten. Sie geht über das bei (3) beschriebene Visualisieren hinaus und bezieht sich nun auf die *eigene Innenperspektive*. Es werden etwa ‚hautnah' innere Sinneseindrücke resp. Sinnesempfindungen wie Fußstellungen beim Spannstoß, Kopfdruck beim Kopfball oder Anstrengungs- und Entspannungszustände während der Halbzeitpause nacherlebt. Nach intensivem Üben kann es sogar vorkommen, dass man sich wie im wirklichen Spiel fühlt (Zuschaueratmosphäre; Schweißgeruch in der Kabine; Nervosität beim Einlaufen auf das Spielfeld etc.). Insgesamt ist ideomotorisches Training als ganzheitliches, alle Sinne umfassendes, der Realsituation nahekommendes Vorstellen zu charakterisieren.

(b) 5 Lernschritte des Mentalen Vorstellungstrainings nach Eberspächer

Das Mentale Training (im engeren Sinn) nach Eberspächer (2004b) integriert die oben isoliert vorgestellten Vorstellungsarten in ein *umfassendes Lernsystem*. Es beinhaltet *fünf aufeinanderfolgende Lernschritte*: (1) Anweisen, (2) Beschreiben, (3) Auswendig lernen/Verinnerlichen, (4) Knotenpunkte/Schlüsselszenen beschreiben, (5) Knotenpunkte/Schlüsselszenen symbolisch markieren (siehe Abb. 7). Bei Durchlaufen der jeweiligen Teilschritte verbessert man allmählich die gedanklichen Fertigkeiten. Darüber hinaus nähern sich die Vorstellungen – zeitlich und qualitativ – immer stärker der realen Wettspielsituation an: Die Bilder/‚Filme' im Kopf der Spieler ähneln dann stark dem tatsächlichen Handeln im Spiel.

(1) Anweisen: In Bezug auf das Taktiktraining werden Sie dem Team bzw. einzelnen Mannschaftsteilen zunächst konkrete Anweisungen über die zu erlernende oder zu stabilisierende Spielfolge geben müssen: Was soll beabsichtigt werden? Wie ist das konkret zu verwirklichen? Wann genau soll das geschehen? Solche und ähnliche

Fragen sollten Ihre Spieler beantworten können, nachdem Sie entsprechende Wissensinhalte vermittelt haben. In der Phase ist Ihre *pädagogisch-didaktische Kompetenz* gefordert. Ähnlich wie eine gute Bedienungsanleitung oder Gebrauchsanweisung des Smartphones Schritt für Schritt zur Einrichtung der Mailbox führt, geben Sie den Spielern durch gezielte Anweisungen das konkret mental zu erlernende und anschließend auf dem Platz zu realisierende Taktikverhalten vor. Am besten nutzen Sie hierbei zusätzliche Lehrmedien wie Tablet, Flipchart oder Whiteboard.

Schritt (1): Anweisen

↓

Schritt (2): Beschreiben

↓

Schritt (3): Auswendig lernen / Verinnerlichen

↓

Schritt (4): Knotenpunkte / Schlüsselszenen beschreiben

↓

Schritt (5): Knotenpunkte / Schlüsselszenen symbolisch markieren

Abb. 7. Schritte des Mentalen Vorstellungstrainings.

(2) Beschreiben*:* Danach sollten Ihnen die Spieler beschreiben, wie sie sich die entsprechende Spieltaktik vorstellen, wie sie also die Anweisung verstanden haben: Was ist genau zu tun, welche Schritte folgen aufeinander, wohin ist zu laufen oder wann muss der Pass gespielt werden? Das ist auf verschiedene Weise realisierbar. Sie könnten z. B. Spieler auffordern, Ihnen bzw. dem gesamten Team am Whiteboard die geforderte Taktikvariante zu erklären. Es wäre auch möglich, dass Sie gezielt Fragen in die Runde werfen und sie dann beantworten lassen. Um bei schwierigen Aufgabenstellungen das Verstandene sicher rückgemeldet zu bekommen, bietet sich außerdem die schriftliche Darstellung der abverlangten Taktik an, was die Spieler als ‚Hausaufgabe' erledigen könnten. Auf den Verstehensaspekt ist besondere Sorgfalt zu verwenden, da sich sonst falsches Taktikverhalten vorgestellt wird. Besonders sensibel sollten Sie hier bei ausländischen Spielern mit schlechten deutschen Sprachkenntnissen sein. Durch die genannten Rückmeldungen werden gleichzeitig erste gedankliche Vorstellungen aktiviert: Die Akteure sind gezwungen, sich die Taktik nochmals in Erinnerung zu rufen, ehe die einzelnen Schritte/Spielaktionen berichtet werden können. Haben alle Spieler die Vorgaben verstanden, kann zum nächsten Lernschritt übergegangen werden. Andernfalls müssen Sie nochmals Klarheit schaffen. Wichtig: Erst wenn Sie – durch die Rückmeldungen und Erläuterungen der Spieler ausgedrückt – sicher sind, dass das Vorgestellte auch korrekt mit dem von Ihnen im Punkt (1) Vorgegebenen übereinstimmt, können Sie zum nächsten Punkt (3) fortschreiten. Andernfalls muss nochmals zu Punkt (1) zurückgegangen werden und mit veränderten pädagogisch-didaktischen Maßnahmen die vorzustellende Taktikvariante eingeführt werden. Erfolgt das nicht, stellen sich die Spieler inkorrekte Taktiken vor.

(3) Auswendig lernen/Verinnerlichen: Jetzt prägen sich die Spieler die von Ihnen beim Schritt (2) ‚abgesegnete' Taktik intensiv ein. In der Sportlersprache formuliert, muss sie „in den Kopf gebrannt", „eingetrichtert" oder „eingehämmert" werden. Man muss die Taktikvariante „im Schlaf beherrschen". Das lässt sich effektiv am besten im ***Zweierschritt*** realisieren: (a) Zunächst sollten die Spieler das Taktikverhalten ***auswendig lernen***. Hierbei bewährt sich die schriftliche, stichpunktartige Fixierung der ‚Gebrauchsanweisung' bzw. ‚Regieanweisung' von Schritt (2). Genauso wie in der Schule Gedichte oder Vokabeln gelernt werden, ist nun die Taktik durch mehrmaliges Wiederholen zu verinnerlichen: immer wieder durchlesen und einprägen. (b) Nach Beherrschen kann jetzt die Variante intensiv ***mental trainiert bzw. verinnerlicht*** werden. Die Spieler stellen sich hierzu den Handlungsablauf im Spiel immer wieder möglichst anschaulich vor, als wenn sie gerade auf dem Spielfeld stünden. Hilfreich ist oftmals, die Aktionen jeweils per *Selbstgespräch* zu kommentieren (z. B.: „Ich stoppe den Ball, jetzt sprinte ich 30 Meter an der Seitenlinie entlang nach vorne, nun der Diagonalpass auf die andere Seite!"). Nach einiger Übung wird sich so vielleicht eine Art innerer ‚Zeitlupenfilm' entwickeln: Die gedanklichen Vorstellungen dauern evtl. noch wesentlich länger als in der Realität auf dem Platz.

(4) Knotenpunkte/Schlüsselszenen beschreiben: Wichtig: Der Schritt ist erst **nach** Beherrschen der ersten drei anzugehen! Es geht nun darum, das Vorstellen auf die *entscheidenden, kritischen Punkte* im Handlungs- und Bewegungsablauf zu richten (sog. Schlüsselszenen; Knotenpunkte). Knotenpunkte sind diejenigen kritischen Aspekte, die beherrscht werden *müssen*, um eine Handlung korrekt ausführen zu können. Aus dem inneren ‚Gesamt-Zeitlupenfilm' einer vollständigen Taktik (bspw. bestimmter Konterzug) werden jetzt also die *wichtigsten* und für das Gelingen der Taktik *unerlässlichen* Punkte herausgegriffen und intensiv gedanklich vorgestellt. Beim Konterspiel wären das z. B. das Ballerobern, der schnelle Steilpass nach vorne oder das blitzschnelle Freilaufen der Sturmspitze. Nun konzentrieren sich die Spieler bei den Vorstellungen nur noch auf *solche ausgewählten Aspekte* und gehen sie intensiv und wiederholt durch. Das Vorgehen ist vergleichbar dem Abhören der Lieblingstitel einer Musik-Playlist: Man wählt aus den 20 Titeln die 5 schönsten aus und hört sie genießend (mehrmals) an. Auch beim Schritt 4 kann es sinnvoll sein, die einzelnen Knotenpunkte/Schlüsselszenen durch Selbstgespräche zu kommentieren (siehe bei [3]).

(5) Knotenpunkte/Schlüsselszenen symbolisch markieren: Zuletzt kann es noch hilfreich sein, die herausgegriffenen Schlüsselszenen/Knotenpunkte mit Worten, Zahlen, Buchstaben, Kurzbefehlen oder Symbolen zu koppeln. Die Aufforderung „Ball!" könnte beispielsweise für das Ballerobern stehen, „steil!" den zu spielenden Steilpass symbolisieren oder „frei!" das blitzschnelle Freilaufen bedeuten. Durch den letzten Lernschritt wird es u. a. möglich, den Zeitverlauf des gedanklichen Vorstellens an die tatsächlich benötigte Zeit auf dem Platz anzugleichen, sich also dem tatsächlichen Rhythmus der Realität anzupassen. Außerdem bieten die Symbole (Worte, Zahlen etc.) eine gute Kommunikationsbasis zwischen Trainer und Spielern. Der Trainer kann – bei vorher genau festgelegter Bedeutung – zum Beispiel gezielt während eines Spieles entsprechende Symbole einsetzen. Somit ist u.U. eine zusätzliche ‚Erinnerungshilfe' der beabsichtigten Spielabläufe oder flexibles Umstellen des taktischen Vorgehens möglich.

Das Durchlaufen aller fünf Stufen des Eberspächerschen (2004b) Lernsystems eignet sich insbesondere für das Eintrainieren neuer, schwieriger Taktiken. Im Trainingsalltag müssen oftmals nicht alle vorgetragenen Schritte (ausführlich) trainiert werden oder sind nicht alle für die jeweilige Anforderung sinnvoll und notwendig. Dann lässt sich der Lernprozess entsprechend verkürzen. Im Punkt 8.3 weisen wir hierauf nochmals hin und erläutern, wo ggf. Verkürzungen des genannten Vorgehens Sinn machen.

(c) Nutzen systematischen Vorstellungstrainings für Trainings- und Spielleistung

Sie werden sich jetzt vielleicht fragen, weshalb der geschilderte Aufwand des Mentalen Trainings notwendig ist. Vielleicht sind Sie auch skeptisch, ob das pure gedankliche Vorstellen überhaupt irgendeine Wirkung auf das (Spiel-)Verhalten haben kann. Letztgenannter Aspekt kann klar bejaht werden. Es liegen mittlerweile hinreichend Belege vor, dass Mentales Training zu positiven Effekten bei der sportlichen Leistung führen kann (zusammenfassend z. B. bei Mayer & Hermann, 2015). Es hat sich gezeigt, dass mit guten Wirkungen zu rechnen ist, wenn die sich vorzustellenden Bewegungsformen zu einem großen Teil kognitive Anforderungen beinhalten (wie bei Taktik-Varianten) und mit der praktischen Ausführung (d. h., dem ‚normalen' Fußballtraining) kombiniert werden (siehe Kap. 8.3). Sie können also davon ausgehen, dass sich gedankliches Training positiv auf die sportliche Leistung auswirkt. Die theoretischen Erklärungen für diese positiven Wirkungen sind vielfältig und werden derzeit noch genauer untersucht. Welche Vorteile können Sie nun konkret durch gedankliches Vorstellungstraining im Rahmen der Taktikarbeit erwarten? Es ergeben sich **mehrere Vorteile:** (1) Perfekte Taktikausführung im Pflichtspiel erfordert intensive – körperliche – Übungseinheiten auf dem Trainingsplatz. Das werden Sie schon gemerkt haben. Doch wenn die Spieler nicht nachvollziehen können, was sie eigentlich genau tun sollen („Wohin muss ich eigentlich laufen?"; „Wann muss ich mich freilaufen?"; „Wer soll zuerst den Pass erhalten?"; „Wann muss ich abspielen?"), werden sie sich im Training auch nicht auf die konsequente, konditionelle Umsetzung der Taktikvorgabe (z. B.: blitzschneller Antritt; sofortiges Freilaufen etc.) konzentrieren können. Die häufig zitierten Automatismen (d. h. jeder kennt die Laufwege des Anderen etc.) sind erst auf der Grundlage eines breiten Taktikverständnisses trainierbar. *Vorstellungstraining unterstützt demnach das körperliche (Taktik-)Training bzw. entwickelt die notwendige Wissensbasis und Handlungsstruktur.* (2) Im ‚normalen' Trainingsprozess bleibt oft zu wenig Zeit für ausgedehnte Taktikschulung. Die wöchentlichen Trainingseinheiten müssen z. B. auch für den Erwerb konditioneller Leistungsgrundlagen (etwa: Antrittsschnelligkeit; aerobe Grundlagenausdauer) reserviert werden. Wir wissen jedoch aus den Erörterungen im Punkt 8.1 (Gedächtnis...), dass nur mehrmaliges und für die Spieler nachvollzieh- und verstehbares Taktiktraining zu stabilen Lern- und Behaltenseffekten führt. Hier lässt sich Mentales Training dann - selbstständig zuhause – als notwendige *Ergänzung (Lernhilfe) zum ‚normalen' Training* durchführen. Es hat dann den Charakter einer *zusätzlichen Trainingseinheit.* (3) bietet Ihnen Mentales Training eine *unmittelbare Steuerungs- und Korrekturfunktion im Coaching während des Spiels.* Sie können in der Halbzeitpause beispielsweise die Anweisung geben, das Team möge sich bestimmte (vorher mental und körperlich eintrainierte) Spielvarianten nochmals intensiv gedanklich vorstellen – umso auf die angestrebte Spielveränderung in Halbzeit zwei einzustimmen.

Wenn wir nochmals zusammenfassen, dann lässt sich zu den Grundlagen von Vorstellungstraining/Mentalem Training festhalten:

- Das Erlernen bzw. Behalten und wirksame Anwenden bestimmter Taktikvarianten setzt die Abspeicherung und den Abruf relevanter Informationen ins resp. aus dem Gedächtnis voraus.
- Taktikschulung muss deshalb – körperlich und mental – über einen längeren Zeitraum immer wieder im Trainingsprogramm vorkommen, wobei auf das Verstehen und Nachvollziehen können durch die Spieler zu achten ist.
- In der sportpsychologischen Literatur findet man unterschiedliche Bezeichnungen und Akzentuierungen von Formen des Vorstellungstrainings. Eine auf systematisches Lernen ausgerichtete Variante ist das von Eberspächer entwickelte sog. *Mentale Training* (im engeren Sinne). Es wird hier näher vorgestellt, da es konkrete Lernschritte vorgibt und somit der Gefahr vorbeugt, nur sporadisch, unsystematisch und oberflächlich vorzugehen und unzureichende Lerneffekte zu erhalten.
- Vorstellungsübungen bieten für das Taktiktraining mindestens drei wichtige Vorteile: (1) Sie unterstützen das (körperliche) Training auf dem Platz, indem notwendiges Wissen bzw. eine stabile Handlungsstruktur aufgebaut wird; (2) sie dienen als zusätzliche Trainingseinheit und festigen Lernvorgänge, wenn sie von den Spielern selbstständig und regelmäßig zu Hause eingesetzt werden; (3) sie bieten Ihnen eine Steuer- und Kontrollmöglichkeit im Coaching während des Spiels (z. B. in der Halbzeitpause).

8.3 Taktiktraining konkret: Spielen und sich gedanklich damit auseinandersetzen

Aus sportpsychologischen Studien ist bekannt, dass die besten Wirkungen von Vorstellungstrainings beim Kombinieren von mentalem und praktisch-körperlichem Training auf dem Platz zu erwarten sind (vgl. Alfermann & Stoll, 2005; Eberspächer,

2004a, b; Mayer & Hermann, 2015). Das intensive Einüben diverser Taktikzüge im Training ist Ihnen sicherlich nicht neu und bereits hinlänglich realisiert. Die zweite Forderung wird vermutlich häufig vernachlässigt: Die Anleitung der Spieler, sich in systematischer Art und Weise gedanklich mit den (körperlichen) Trainingsübungen auseinander zu setzen. Dann sind Fortschritte bei der Umsetzung im Spiel wahrscheinlich. Doch beachten Sie: Vorstellen erfordert genauso wie körperliches Training regelmäßiges, systematisches und exaktes Einüben, um wirksam zu sein. Andernfalls bleiben Erfolge aus. Insofern sollten Sie auch diese Trainings-Schwerpunkte vorplanen und die Realisierung durch die Spieler überwachen – soweit das bei gedanklichem Üben möglich ist. Sicherlich können Sie aus der Beobachtung heraus nicht entscheiden, ob sich Spieler X in der Vorstellung auch tatsächlich z. B. mit dem vorher auf dem Trainingsplatz geübten Konterspiel auseinandersetzt. Aber: Die Rahmenbedingungen hierfür lassen sich optimieren. Indem Sie die Spieler nach der ‚normalen' Trainingseinheit etwa auffordern, zur Ruhe zu kommen und sich nochmals einige Minuten bestimmte Spielformen vorzustellen, schaffen Sie günstige Voraussetzungen zum gedanklichen Üben. Oder Sie lassen sich nochmals diverse, im vorangegangenen Training eingeübte, Spielvarianten am Whiteboard oder Tablet erläutern. Dann werden die Spieler nämlich quasi nebenbei gezwungen, sich z. B. kompliziertere Spielzüge nochmals intensiver ins Gedächtnis zu rufen.
Wir stellen nachfolgend ***exemplarisch*** ein mentales Übungsprogramm zum Trainieren von Standardsituationen (z. B. eigene Eckbälle und Freistöße) vor, das konkret in den Trainingsalltag eingebaut werden kann. Es dient vor allem dazu, das ***grundlegende Vorgehen*** zu veranschaulichen. Insbesondere betonen wir stets die Kombination mentalen (vorstellungsbezogenen) und körperlichen Trainings. Sie werden schließlich in der Lage sein, die entsprechenden Prinzipien auf Ihre eigenen Trainingsinhalte und Bedürfnisse zu übertragen. Denn: Jeder Trainer hat seine spezielle Trainings- und Spielphilosophie und die Übungsprogramme aus bekannten Fußball-Lehrbüchern (z. B. Bisanz & Gerisch, 2001) werden sicherlich nicht von jedem herangezogen. Insofern sollten Sie den hier präsentierten Vorschlag kreativ auf die eigenen Bedürfnisse anpassen. Lesen Sie anfangs bitte die zwei Beispiele durch.

Standardsituationen einstudieren

(a) Der Fußballtrainer P klagt, seine Mannschaft würde aus Standardsituationen zu wenig Tore erzielen und deshalb viele Punkte unnötig verschenken. Er verweist relativ ratlos darauf, den Spielern hundertmal solche Situationen per Video präsentiert zu haben. Auch habe er die Taktiktafel unzählige Male bemüht. Alles ohne zählbaren Erfolg. Im Pflichtspiel scheint alles wie weggeblasen und die Spieler agieren konfus und planlos. Nichts deutet darauf hin, die Varianten verinnerlicht zu haben und zu beherrschen.

(b) Der Fußballtrainer S berichtet in der Pressekonferenz nach den Spielen begeistert, dass die im Training einstudierten Standardsituationen perfekt umgesetzt wurden und freut sich über die Torausbeute. Er habe den Spielern die verschiedenen Varianten klar an der Tafel aufgezeichnet und sie im Training mehrmals durchspielen lassen. Außerdem habe er den Akteuren die ‚Hausaufgabe' gegeben, die einstudierten Taktikoptionen mental nochmals durchzugehen. Obwohl sein Team aus dem Spiel heraus nur mäßig agiert, liegt es ganz weit oben in der Tabelle.

Mit dem Vorwissen der Abschnitte 8.1 und 8.2 sollte es für Sie ein Leichtes sein, die Sachverhalte zu erklären und Verbesserungsvorschläge zu machen. Offenbar ist es Trainer P (Beispiel [a]) nicht gelungen, bei den Spielern eine klare Wissens- und Handlungsstruktur zu entwickeln. Wenn der Trainer „hundertmal" per Video die Konstellationen vorgeführt hat, hätten die Spieler nicht dermaßen planlos und konfus beim Spiel agieren dürfen. Vermutlich haben sie dessen Vorgaben nicht nachvollziehen können. Vielleicht war es auch nur ein Videoabend in der Woche mit unzählig vielen Szenen von Eckballvarianten, sodass diese unmöglich innerlich eingeprägt werden konnten. Hätte der besagte Trainer P die ersten beiden Lernschritte in Eberspächers System ([1] *Anweisen;* [2] *Beschreiben)* sorgfältig realisieren lassen, wäre der Sachverhalt bereits im Vorfeld klar gewesen: Die Spieler hätten ihm wahrscheinlich signalisiert, dass seine Videodemonstrationen unklare Vorgaben lieferten ([1] *Anweisen)* und sie diese deshalb nicht verstehen konnten ([2] *Beschreiben).* Außerdem spricht Trainer P mit keinem Wort davon, die verschiedenen Varianten auch auf dem Trainingsplatz eingeübt zu haben. Das allerdings ist wichtig, um sie auch tatsächlich zu verinnerlichen (siehe 8.1: sprachliche und körperliche Wiederholungen).

Trainer S (Beispiel [b]) hat demgegenüber – sportpsychologisch betrachtet – vorbildlich agiert und mentales und körperliches Training optimal miteinander kombiniert. Deshalb ist die Torausbeute nicht überraschend. Anscheinend konnte er mit der Taktiktafel und den dazugehörigen Erklärungen eine solide Wissens- und Handlungsgrundlage legen (entspricht Schritt [1] *Anweisen* bzw. [2] *Beschreiben)* und sie dann im praktischen Übungsprozess auf dem Platz noch automatisieren. Hätten die Spieler dessen Vorgaben nicht verstanden, wäre das spätestens beim praktischen Üben auf dem Sportplatz offensichtlich geworden. Trainer S ließ die Mannschaft außerdem „mental trainieren" und gab den Spielern die Hausaufgabe, sich die verschiedenen Varianten gedanklich zuhause vorzustellen (entspricht dem Schritt [3] *Auswendig lernen/verinnerlichen* bzw. [4] *Knotenpunkte/Schlüsselszenen beschreiben).*

Die Beispiele sollen Sie dafür sensibilisieren, das **Grobraster** der fünf genannten Lernschritte stets im Hinterkopf zu behalten, wenngleich nicht immer alle ausgedehnt mental zu trainieren sind. Sie dienen jedoch oft als wichtige Prüfgröße, ob resp. inwieweit bestimmte Spielabläufe verstanden und verinnerlicht wurden (siehe das Negativbeispiel [a]).

Beim Training von Standardsituationen (z. B.: eigene Eckbälle und Freistöße) können Sie sich an folgenden Ablaufschritten orientieren:

(1) ***Mannschaftsbesprechung ansetzen:*** Legen Sie eine <u>Teamsitzung</u> fest, in der die <u>Taktikschulung einen Hauptschwerpunkt</u> darstellt. Achten Sie darauf, dass die Besprechung in ruhiger, ungestörter Umgebung stattfindet. Sorgen Sie für Ruhe und Aufmerksamkeit bei den Spielern (keine Smartphones; keine Computerspiele etc.). Beginnen Sie dann mit Schritt (2).

(2) ***Klare Anweisungen geben:*** Geben Sie den für die Standardsituation vorgesehenen Spielern klare Vorgaben, was sie zu tun haben. Achten Sie auf die genaue <u>Reihenfolge</u> im Spielablauf (Leitfragen z. B.: „Wer passt den Ball wann zu

wem?"; „Wer muss wann und wohin laufen?"; „Wer muss wann und wie schießen?"). Nutzen Sie diverse didaktische Hilfsmittel (z. B.: *Whiteboard*: sauber und groß genug schreiben; auf die wesentlichen Aspekte beschränken; Symbole und Pfeile verwenden/*Flipchart*/*Videoausschnitte* gelungener Varianten).

(3) ***Taktik von den Spielern beschreiben/erklären lassen**:* Versichern Sie sich unbedingt, dass die betreffenden Spieler die bei (2) gemachten Vorgaben auch richtig verstanden haben. Die Frage „Habt ihr das verstanden?" ist **nicht** ausreichend, da mancher Spieler schon einmal „Ja" sagt, auch wenn er nicht alles begriffen hat. Die Spieler könnten sich bspw. gegenseitig die entsprechenden Standardsituationen erklären. Idealerweise benutzen die Akteure ebenfalls diverse Medien (z. B.: grafische Darstellung am Whiteboard etc.). Falls die Varianten relativ kompliziert sind oder die Spieler schriftlich besser lernen können, lassen Sie sich die jeweiligen Aktionen aufschreiben. Erst wenn die vorzustellende Taktikvariante verstanden bzw. Ihnen korrekt erklärt bzw. beschrieben worden ist (Sie müssen sie sozusagen ‚absegnen'), gehen Sie weiter zum nächsten Ablaufschritt (4)!

(4) ***Hausaufgabe ‚Auswendig lernen'/‚Vorsagen'**:* Geben Sie den jeweiligen Spielern den Auftrag, sich die relevante Standardsituation selbstständig zuhause einzuprägen. Veranschlagen Sie hierfür ein paar Tage. Die Spieler sollen sich mehrmals die vorgegebenen und von Ihnen ‚abgesegneten' Spielzüge halblaut oder innerlich vorsagen (wie beim Gedichtlernen) und dabei bildlich vorstellen. Günstigerweise sollte das ca. zweimal täglich für ungefähr 5-10 Minuten erfolgen. Wobei die letzte Einheit kurz vor dem Schlafengehen einzuplanen ist.

(5) ***Training auf dem Platz**:* Nach 2 bis 3 Tagen trainieren Sie die angestrebten Taktikzüge nun auf dem Platz. Zeigen Sie den Spielern evtl. zunächst nochmals den geforderten Spielverlauf, indem Sie die einzelnen Laufwege und Passfolgen beschreiben bzw. abschreiten (z. B.: Sie schreiten zusammen mit dem jeweiligen Spieler dessen Laufweg ab). Lassen Sie die Taktik anschließend in gewohnter Form mehrmals durchspielen.

(6) ***Gedankliche Nachbereitung in der Kabine**:* Fordern Sie die Spieler nach dem Training auf, die auf dem Platz einstudierte Spielvariante nochmals im Geiste zu rekapitulieren. Je genauer man sich dabei in die Situation hineinversetzen kann, umso besser ist es. Veranschlagen Sie hierbei wieder 5 bis 10 Minuten (ob vor oder nach dem Duschen, bleibt Ihnen überlassen; wichtig: Die Spieler müssen nochmals zur Ruhe kommen und sich auf die mentale Nachbereitung konzentrieren).

(7) ***‚Hausaufgabe'/gedankliches Durchspielen**:* Geben Sie Ihren Spielern nun den Auftrag, sich die Taktik erneut zweimal täglich ca. 5-10 Minuten selbstständig zuhause vorzustellen (möglichst lebhaft und viele Sinne einbeziehend; zweite Einheit kurz vor dem Schlafengehen).

(8) ***Training auf dem Platz/in Testspielen:*** Führen Sie das Taktiktraining nach einigen Tagen wieder auf dem Platz durch und bereiten Sie es anschließend in der Kabine nach. Das geschilderte Vorgehen können Sie so lange fortsetzen, bis sich die neue Spielform gefestigt hat. Wenn organisatorisch machbar, kombinieren Sie mentales Training allmählich mit Testspielen, um die Anwendung im Pflichtspiel vorzubereiten.

Das geschilderte, grundsätzliche Vorgehen lässt sich auch auf Standardsituationen der eigenen Abwehr oder kompliziertere Spielabläufe (z. B.: Konterzüge) anwenden. Bei komplexeren Taktiken wird es dann vermutlich nötig sein, mental und körperlich jeweils einzelne Teil-Aspekte einzutrainieren und so allmählich die Gesamt-Taktik zu erlernen. Im Prinzip ändert sich an den Ablaufschritten jedoch nichts.

Für wirkungsvolles mentales Vorstellungstraining sind bestimmte ***Prinzipien*** zu beachten, die wir Ihnen abschließend noch nennen möchten (vgl. Eberspächer, 2004b):

- ***Positive Einstellung:*** Das mentale Trainieren erfordert eine positive Grundeinstellung zum Verfahren, zumindest aber eine neutrale bzw. keine ablehnende. Sofern Spieler die Trainingsform hartnäckig ablehnen, macht das weitere diesbezügliche Üben keinen Sinn. Nur wenn man von etwas überzeugt ist, bringt es auch den erhofften Erfolg. Zwingen Sie keinesfalls (!) zum Mitmachen.
- ***Zielsetzung:*** Es sollte den Spielern klar sein, welches Ziel bzw. welchen Zweck Sie mit dem Einsatz mentaler Vorstellungsübungen verfolgen. Damit einher geht die Forderung, nach bestimmter Trainingszeit zu kontrollieren, ob das beabsichtigte Ziel (hier: durch Vorstellungstraining eine Taktikvariante erlernen und im Pflichtspiel effektiv einsetzen können) tatsächlich erreicht wurde.
- ***Entspannung:*** Ein entspannter Zustand gilt als wichtige Voraussetzung für effektives mentales Trainieren. Die Spieler müssen „den Kopf frei haben" für die Taktik-Inhalte, die vorzustellen sind. Insofern sorgen Sie beim Einsatz der Methode nach der Trainingseinheit auf dem Platz unbedingt für Ruhe und Entspannung. Lassen Sie die Spieler evtl. erst einmal duschen, durchschnaufen und fordern Sie sie dann zum gedanklichen Üben auf.
- ***Eigenerfahrung:*** Nur wenn die Spieler bereits ähnliche Taktiken praktizieren, werden sie auch die neue Spielform realitätsgetreu in Gedanken durchgehen können. Ansonsten wäre es wichtig, ihnen zunächst eine „hautnahe" Vorstellung dessen zu vermitteln, was geistig durchzuspielen ist (z. B.: neue Taktik schon einmal ansatzweise im Training durchspielen lassen).
- ***Lebhafte Vorstellung:*** Halten Sie die Spieler an, möglichst viele Sinne (Sehen; Riechen; Hören; Tasten; Schmecken) in die inneren Vorstellungen einzubeziehen. Somit zeichnen sie ein realeres Abbild der Wirklichkeit. Im Taktiktraining wäre das etwa der Einbezug von Stadionatmosphäre, grünem Rasen, Druck des Balles beim Passen oder das Atmen des Gegenspielers.

- ***Wechsel mit motorischem Training:*** Die Kombination mit dem praktischen Training auf dem Platz bewirkt u. a., das geistig Erarbeitete an der Realität zu testen und ggf. im weiteren Vorstellungsdurchgang zu verfeinern oder zu korrigieren. So wird es möglich, in Gedanken allmählich realitätsgetreu(er) zu üben und somit die „wirkliche Taktik im Spiel“ zu optimieren.
- ***„Übung macht den Meister“:*** Geistiges Durchgehen diverser Spielzüge bedarf regelmäßiges und intensives Üben. Sich nebenbei schnell einmal ‚mental' mit der neuen Taktik zu befassen, wird keine ausreichende Wirkung erzielen. Besonders am Anfang kann es schwerfallen, deutliche, lebhafte und realitätsähnliche Bilder im Kopf zu erzeugen. Vielleicht schweift man in Gedanken auch plötzlich ab oder verliert den Faden. Das sind Phänomene, die anfangs nicht ungewöhnlich sind. Aber: Je häufiger in Gedanken geübt wird, desto besser funktioniert das Verfahren. Zur Schulung der Vorstellungstechnik könnten Sie z. B. den Spielern vorschlagen, sich zusätzlich zum Taktiktraining auch einmal andere Situationen und Handlungen vorzustellen (bspw.: sich mit der Freundin treffen; mit dem Auto von der Wohnung zum Trainingsplatz fahren etc.).

8.4 Selbstkontrolle: Habe ich die wichtigsten Inhalte behalten und verstanden?

Sie haben im Kapitel 8 Grundlegendes zur Anwendung des Mentalen Vorstellungstrainings erfahren. Überprüfen Sie nun Ihre neuen Erkenntnisse. Kreuzen Sie bitte die Aussagen an, die Sie als „richtig“ einschätzen. Falls Sie sich bei einigen noch unsicher sind, lesen Sie im Anhang nach und wiederholen Sie die entsprechenden Abschnitte dieses Kapitels nochmals. Sobald Sie mit dem Kenntnisstand zufrieden sind, zögern Sie nicht, die Methode bei Bedarf ins normale Training einzubauen.

(a) Speicher- und Abrufprozesse des Gedächtnisses (**2 richtige Aussagen; siehe Punkt 8.1**):

(1)	Mehrspeichermodelle gehen von mehreren Gedächtnisspeichern aus.
(2)	Mehrebenenansätze beziehen sich auf unterschiedliche Verarbeitungstiefen von Informationen bzw. Reizen.
(3)	Mehrebenen- und Mehrspeichermodelle haben keinerlei Nutzen für das Taktiktraining.

(b) Mentales Vorstellungstraining nach Eberspächer (2004b) (**2 richtige Aussagen; siehe Punkt 8.2**):

(4)	Mentales Vorstellungstraining kann sich auf unterschiedliche Vorstellungs-Arten (Wege) beziehen.
(5)	Mentales Vorstellungstraining ist für den Trainingsalltag praktikabel, da es schnell erlernbar ist und sowieso schon von jedem im Alltag angewendet wird.

(6)	Mentales Vorstellungstraining nach Eberspächer (2004b) ist ein Lernsystem mit systematisch aufeinander aufbauenden Vorgehensschritten.

(c) Konkrete Optimierungsmöglichkeiten des Taktiktrainings durch Vorstellungsübungen (**2 richtige Aussagen; siehe Punkt 8.3**):

(7)	Man stellt sich die zu erlernende Taktikvariante einmal intensiv vor und braucht sie dann nur noch auf dem Platz einzustudieren.
(8)	Vorstellungstraining muss längerfristig durchgeführt und mit dem praktischen Training auf dem Sportplatz kombiniert werden, um die erhofften Wirkungen zu zeigen.
(9)	Das Erzeugen innerer Bilder fällt anfangs oftmals schwer und verbessert sich mit zunehmender Übung.

9 Herausforderung Pflichtspiel: Wie coache ich mein Team effektiv?

Zweifelsohne ist die systematische – körperliche und mentale – Trainingsarbeit im Vorfeld eines Spiels unverzichtbare Voraussetzung für eine gute Leistung im Pflichtspiel selbst. Wenn etwas nicht sorgfältig eintrainiert wurde, kann es auch im Spiel nicht funktionieren. Doch die beste Vorbereitung nutzt nichts, wenn die Betreuung der Mannschaft am Spieltag nicht optimal abläuft. Dann kann das Team nämlich das eigentlich vorhandene Leistungspotenzial nicht optimal abrufen. Es hat sich in der Praxis gezeigt, dass Fußballtrainer vor allem drei wichtige Situationen besonders beachten sollten: die Teamsitzung vor einem Pflichtspiel, die Halbzeitpause sowie die Spielnachbesprechung. Wir wollen in Kapitel 9 deshalb einige Denkanstöße liefern, wie Sie die genannten Situationen handhaben können. Dabei berichten wir anfangs von ausgewählten eigenen Forschungsergebnissen in Bezug auf die Mannschaftsbesprechung vor einem Pflichtspiel (Kap. 9.1), präsentieren anschließend grundlegende Erkenntnisse zur (Halbzeit-)Pause (Kap. 9.2), schlagen Ihnen darauf aufbauend konkrete Verhaltensmaßnahmen vor (Kap. 9.3) und bieten schließlich Kontrollfragen zur Überprüfung der dargebotenen Inhalte (Kap. 9.4).

9.1 Teamsitzung: bedeutsame Einstimmung auf das anstehende Pflichtspiel

Im Profifußball ist die ca. zwei bis drei Stunden vor einem Pflichtspiel stattfindende Mannschaftsbesprechung („Teamsitzung“) bei den meisten Vereinen an der Tagesordnung. Im Amateurbereich findet die Besprechung meist nach dem letzten Mannschaftstraining statt. Die Absicht des Fußballtrainers ist jedoch identisch: Er möchte den Spielern letzte, grundlegende Hinweise zum bevorstehenden Spiel bzw. Gegner geben. Es ist u. a. zu besprechen, welche taktische(n) Variante(n) vorgesehen sind bzw. welcher Matchplan umgesetzt wird, wer spielt, welche gegnerischen Akteure besonders zu beachten sind oder wie sich in bestimmten Phasen zu verhalten ist.
Die bei Profiliga-Fußballtrainern aus Deutschland, Österreich und der Schweiz durchgeführten Interviewgespräche (Saisons 2001/2002; vgl. Schliermann, 2005) ergaben, dass die meisten befragten Trainer der Teamsitzung vor einem Pflichtspiel große Bedeutung beimessen. Gleichzeitig berichteten sie von einer ersten, relativ hohen Anspannung vor bzw. während dieser Ansprache.

Hierzu einige Auszüge (X: befragter Trainer; R. S.: Rainer Schliermann/Interviewer):

(a) „X: Nach der Besprechung meistens ist es so, dass ich dann relativ ruhig bin und da eigentlich dann nicht mehr so angespannt bin. Aber bis zur Besprechung – weil die Besprechung halt noch einmal eine Sache ist, die sehr, sehr wichtig ist und wo ich noch einmal wirklich gefordert bin als Trainer. Von der Besprechung kann unter Umständen abhängig sein, ob wir gewinnen oder verlieren. Finde ich die richtigen Worte? Erreiche ich jeden Spieler? Erreiche ich die gesamte Mannschaft? Und da muss man sich ja auch ehrlich eingestehen, dass man nicht jeden Tag gleich gut drauf ist als Trainer. Und man macht nicht immer eine gute Besprechung. Und das merkt man dann auch selbst. Und wenn ich dann halt nach der Besprechung denke: Mensch, heute hast du es gut rübergebracht, du hast fließend gesprochen, du hast die richtigen Worte gefunden; man hat gemerkt, die Spieler sind danach heiß, sie sind aufmerksam, sie haben alles aufgenommen – dann ist es doch so, dass dann die erste Anspannung wieder abfällt" (Schliermann, 2005, S. 184).

(b) „**R. S.: Wenn Sie jetzt so einen Spieltag vor Augen haben...: Wie ist dann bei Ihnen der Anspannungslevel?**
X: Wenn ich mich selbst beobachte, stelle ich fest, dass zwei Tage vor dem Spieltag der Spannungsbogen natürlich ansteigt. Und ich nicht nur nach der entsprechenden Mannschaftsaufstellung suche, sondern auch nach der Wortwahl der Besprechung. Das ist für mich ganz, ganz wichtig. Die drei, vier Sätze, prägnante Sätze sollten es sein. Mehr sind es bei mir auch nicht. Ich mache kaum eine Besprechung, die länger als 10 Minuten dauert vor dem Spiel. Weil die Jungs erstens nicht aufnahmefähig sind und zweitens mit sich selbst beschäftigt sind. Und was im Laufe der Woche nicht besprochen worden ist, das kriegen sie in der Stunde vor dem Spiel auch nicht mehr rein. Sodass ich mich schon darauf konzentriere, mit wenigen Sätzen etwas zu sagen. Das ist sicher mit einer der Höhepunkte, diese Besprechung. Wo ich versuche, zumindest schon sehr konzentriert zu sein und wo ich merke, dass der Spannungspegel bei mir selbst auch sehr hoch ist. Ist die Besprechung dann gelaufen, geht es rapide abwärts. Dann bin ich davon überzeugt, dass ich meine Arbeit getan habe – sowohl im Lauf der Woche auf dem Trainingsplatz als auch durch die unmittelbare Ansprache vor dem Spiel. Und dann fällt erst einmal so ein Ballast, so ein Stresspotenzial ab."

(c) „X: Ich muss ehrlich sagen, er (Anspannungslevel; R. S.) ist hoch vor der Spielerbesprechung, die ist wichtig. Da muss man die ganze Energie reinwerfen, um das rüberzubringen, was man will in dem Spiel.
R. S.: Die Spielerbesprechung ist ein paar Stunden vor dem Spiel?
X. Die ist meistens zwei Stunden vor dem Spiel.
R. S.: Da müssen Sie die taktischen Sachen besprechen.
X: Richtig, die taktischen Hintergründe, wie wir spielen wollen" (Schliermann, 2005, S. 184).

(d) „X: Ich muss Dir ehrlich sagen: Erstens freue ich mich auf ein Spiel. Das fängt schon am Tag vorher an. Es fängt ja auch beim Training an, wie bereite ich mich vor? Welcher Gegner ist es? Ich habe eigentlich die schönste Anspannung, wenn ich die Besprechung vor dem Spiel mache" (Schliermann, 2005, S. 184).

(e) „X: Zehn Minuten vor dem Spiel, wenn das Aufwärmen quasi vorbei ist, merke ich, dass so ein gewisser Schub (Erregung; RS.) kommt in mir.
R. S.: Und vorher?
X: Ja vorher bin ich einfach in froher Erwartung und freue mich eigentlich mehr darauf, als dass ich da etwas anderes spüre."

Die Zitate verdeutlichen, dass die Teambesprechung vor dem Spiel als *letzte, grundlegende Einflussmöglichkeit auf das Spiel* betrachtet und demzufolge als sehr bedeutsam angesehen wird. Insgesamt sprechen die Trainer von einem relativ hohen Anspannungs- bzw. Stresslevel. Er kann entweder als eher unangenehm (*Befürchtungen* für das Spiel: „Hoffentlich verlieren wir nicht.“; „Der Gegner ist zu gut.“ „Den alten ‚Trainerfuchs‘ kann ich nicht durchschauen.“/ *Disstress*) oder stärker positiv (das Spiel als *Herausforderung*: „Ich stelle mein Team optimal ein. Ich freue mich, jedem Spieler dessen Aufgabe zu vermitteln!“; „Da wollen wir doch mal sehen, ob wir dieses Spiel nicht gewinnen!“; „Die können sich warm anziehen!“ / *Eustress*) empfunden werden. Besonders die Gesprächsausschnitte (d) und (e) belegen die letztgenannte positive Anspannung. Es muss betont werden, dass gewisse Unsicherheiten oder Befürchtungen bezüglich des bevorstehenden Spielverlaufs nicht ungewöhnlich sind. Sie gehören quasi zum Fußball dazu. Aus psychologischen Untersuchungen wissen wir, dass für optimale Leistung (hier bei Ihnen: gelungene/überzeugende Mannschaftsansprache; hoher Konzentrationslevel) ein *gewisses Aktivierungsniveau Voraussetzung* ist. Sind Sie demgegenüber zu entspannt oder auch deutlich übererregt, können *Sie* nicht optimale Leistung (= ‚gute‘ Mannschaftsbesprechung) erbringen. Es wird dann vielleicht emotionslos agiert oder man verliert plötzlich den Faden („Was wollte ich jetzt noch sagen? Gerade wusste ich es noch.“: sog. Blackout). Der Bereich optimaler Anspannung kann allerdings *trainerspezifisch* verschieden sein: Während Trainer X erst bei relativ hoher Aktivierung die Mannschaft perfekt auf den Gegner einstellt, gelingt das Trainer Y vielleicht ausschließlich in entspannterem Zustand (vgl. z. B. ***I**ndividual **Z**one of **O**ptimal **F**unctioning* [IZOF]-*Theorie*: individuelle Zone optimalen Funktionierens; Hanin & Syrja, 1995). Somit müssen Sie den für sich idealen Anspannungs-Bereich herausfinden und sollten sich dabei nicht an den Erfahrungen oder Berichten anderer Trainerkollegen orientieren.

Aus den Zitaten (a) und (b) geht außerdem hervor, angemessene *Kommunikationsprozesse* mit den Spielern zu beachten. Offenbar haben die befragten Profitrainer die Erfahrung gemacht und/oder in ihrer Trainerausbildung vermittelt bekommen, gute rhetorische Fertigkeiten („flüssige Sprache“; siehe [a]) bzw. gezielte Informationsdarbietung („prägnante Sätze“; siehe [b]) seien wichtige Aspekte der Ansprache. Dem ist aus wissenschaftlicher Sicht beizupflichten. Da die weiteren grundlegenden Ausführungen zur Halbzeitpause (9.2) sowie dann auch die konkreten Vorschläge des Trainerverhaltens (9.3) vor allem auf *Modellen der Informationsverarbeitung* beruhen, soll nachfolgend hierzu ein kurzer *Exkurs* erfolgen.

Seit den 1960er Jahren versucht man in der Gedächtnispsychologie, Behaltens- bzw. Lernprozesse mit so genannten Mehrspeicher-Modellen zu erklären und zu beschreiben (als hierzu exzellente wissenschaftliche Einführung siehe Schermer, 2014, Kap. 6, S. 142-168). Demnach durchlaufen Informationen (z. B.: bestimmte Anweisungen in der Teamsitzung) der Reihe nach die Gedächtnisarten Sensorisches Gedächtnis (SSG) und Kurzzeitgedächtnis (KZG) und verbleiben schließlich langfristig im Langzeitgedächtnis (LZG). Das können Sie sich wie bei einem Computer vorstellen, in den Sie z. B. Spieldaten eingeben und dann – wenn Sie die einzelnen Systeme richtig bedienen – langfristig abgespeicherte Aufzeichnungen vorliegen. Doch wie der Computer über Besonderheiten verfügt (z. B. begrenzter Arbeitsspeicher; limitierte Festplattengröße; beschränkte Geschwindigkeit der Verarbeitung), ist das auch bei menschlichen Behaltensleistungen angenommen. In das SSG strömen zunächst viele Sinneseindrücke (Geräusche; Bilder; Gerüche etc.) gleichzeitig, doch innerhalb von weniger als einer Sekunde können wir uns an das Meiste nicht mehr erinnern. Nur die Reize, denen wir besondere Aufmerksamkeit widmen, werden schließlich in das KZG überführt. Das KZG lässt sich mit dem Arbeitsspeicher des Computers vergleichen. Es hat u. a. die Aufgabe, die vom SSG ‚gekommenen' Informationen so weiterzuverarbeiten, dass diese langfristig im LZG abgespeichert werden. Hierzu bedarf es mehrerer Wiederholungsvorgänge der Elemente, idealerweise werden die jeweiligen Inhalte dabei als bedeutsam und nachvollziehbar eingestuft. Das KZG kann allerdings nur ca. 7 +/- 2 Elemente gleichzeitig für kurze Zeit behalten. Sie erfahren den Sachverhalt zum Beispiel, wenn Sie sich eine bisher noch unbekannte Telefonnummer merken müssen und keinen Stift zum Aufschreiben dabeihaben. Dann bleibt Ihnen nichts Anderes übrig, als die neue Nummer immer wieder laut vorzusprechen (zu wiederholen), ehe Sie den Anruf tätigen. Ansonsten bleibt sie nicht längerfristig parat. Falls Sie die Nummer aber in mehrere – für Sie – bedeutsame/sinnvolle Einheiten (sog. „chunks": Klumpen) aufteilen (z. B.: 11 22 33; statt: 1 1223 3), lässt sich die Elementen-Anzahl im KZG erweitern und das Einprägen erleichtern.

Sie sehen bereits hier: Es macht keinen Sinn, in kürzester Zeit eine Fülle Anweisungen an die Spieler zu geben. Das KZG kann sowieso nur eine sehr begrenzte Menge aufnehmen. Und um Ihre Vorgaben auch ins LZG zu speichern und im Spiel schließlich umzusetzen, sind überdies wiederholte Instruktionen nötig. Insofern hat Trainer X im Zitat (b) Recht. Wenige, dafür aber klar verständliche, Vorgaben sind anzustreben. Und auch das Vorgehen vom Trainer im Beispiel (a) macht Sinn. Das flüssige, an die jeweiligen Spieler konkret gerichtete Ansprechen hilft dabei, sich als Spieler auf wichtige Spielaspekte zu konzentrieren. Als Ergänzung der Traineraussagen sei noch darauf hingewiesen, auch Sorge zu tragen für ausländische Spieler. Für sie muss ebenso sichergestellt sein, dass die Trainerbotschaften – sprachlich und bedeutungsmäßig – verstanden werden (siehe Punkt 9.3).

9.2 Die Halbzeitpause: das *LEA-Prinzip*

Neben der oben beschriebenen Teamsitzung ist der Fußballtrainer vor allem auch während der Halbzeitpause gefordert. Er muss die bisherigen 45 Spielminuten analysieren und den Spielern während der Pause dann entsprechende Anweisungen für die nächste Halbzeit geben. Nur in der Halbzeitpause besteht für den Trainer die Möglichkeit, nochmals umfassend auf das Spielgeschehen einzuwirken. An der Seitenlinie im zweiten Spielabschnitt ist das – vor allem in großen, lauten Stadien – kaum möglich. Gleichzeitig sollen die Spieler jedoch auch optimal regenerieren, um während der zweiten Hälfte wieder „mit vollgetanktem Akku" ans Werk gehen zu können. Vielleicht sehen Sie bereits hier die Herausforderung: Sie müssen Anweisungen und Maßnahmen so einbringen, dass sie von den Akteuren verstanden bzw. verinnerlicht werden und zugleich deren Regeneration nicht behindert wird. Erfahrungsgemäß sind sich Fußballtrainer dieser zwei wichtigen Forderungen oft nicht bewusst oder lassen sich durch Emotionen (z. B.: Wut über Spielerleistung; Enttäuschung über

Schiedsrichterentscheidung nach VAR-Intervention im Profifußball; Euphorie wegen des ‚perfekten Spiels') zu uneffektivem Pausen-Verhalten verleiten.
Das optimierte Pausen-Verhalten für Fußballtrainer lässt sich vor allem aus Modellvorstellungen zum übergeordneten Konzept der *Erholung* (z. B. Allmer, 1996: *Phasenmodell von Erholung*) bzw. der speziellen Erholungsform *(Wettkampf-)Pause* (z. B. Eberspächer, 2004a: *Schleusenmodell*; Kellmann, 1997: *Pausen-Prozessmodell*) ableiten. Damit die nachfolgenden Vorschläge für effektives Trainerverhalten in der Halbzeitpause verständlich werden, erläutern wir zunächst den Prozess der Pause im Fußballsport (vgl. Abb. 8).

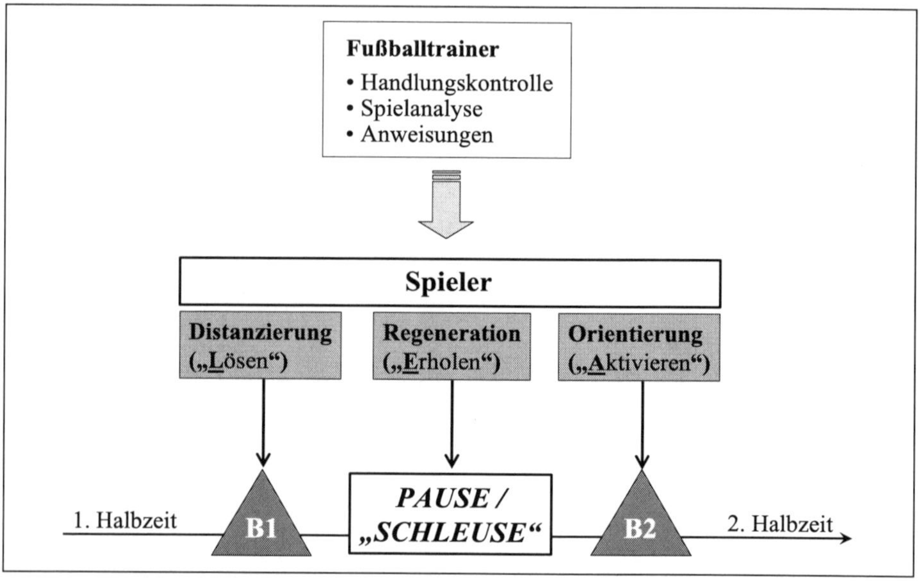

Abb. 8. Die Pause mit ihren verschiedenen Funktionen bzw. Phasen (Anmerkung: B1: Beanspruchung 1 (= Ende 1. Halbzeit/Anfang Pause); B2: Beanspruchung 2 (= Ende Pause/Anfang 2. Halbzeit).

Nach Eberspächer können Sie sich eine (Halbzeit-)Pause als Schleuse vorstellen. „Schleusen sind Räume zwischen zwei Systemen (hier Beanspruchung B1 und Beanspruchung B2), die man benutzt, um optimal von System 1 in System 2 überzugehen" (Eberspächer, 1995, S. 117). Sie kennen Schleusen aus dem Alltag hinlänglich (z. B. Schifffahrt; Eingang etc.). Immer geht es darum, mittels optimal gestaltetem Übergangsbereich von einem Zustand 1 (z. B. vor dem Stadion stehen) in einen anderen Zustand 2 (z. B. auf dem Platz im Stadion stehen) zu gelangen. Genauso ist die Halbzeitpause zu verstehen: Die Spieler (oder auch Sie als Trainer) haben die Beanspruchungen des ersten Spielabschnitts hinter sich gebracht (B1) und müssen nun optimal – über den Korridor ‚Pause' – an den Anfang der zweiten Hälfte geführt werden (B2). Betrachten wir genauer Abbildung 8. Nach Ablauf der ersten Spielhälfte gehen die Spieler in die Kabine. Dort ist es zunächst notwendig, sich von den ersten 45 Minuten gedanklich und körperlich zu lösen (**L**EA-Prinzip; Distanzierungsphase). Vielleicht muss erst einmal der Ärger oder die Freude ‚rausgelassen' und untereinander kommuniziert werden. Aber baldmöglichst sollte dann auf Ruhe, Entspannung umgeschaltet werden, die Aufgewühltheit nachlassen („den Kopf frei bekommen"; „abschalten"). Es können anschließend erste Massagen erfolgen, muss selbstverständlich ausreichend getrunken werden und es ist ggf. Entspannung gezielt einzuleiten (siehe Punkt 9.3). Somit initiiert man allmählich die Erholungsphase (L**E**A-Prinzip; Regenerationsphase), in der sich mentale und körperliche Reserven wieder ‚auftanken'. Als Trainer nehmen Sie hier die sensible Funktion ein, die Spiel-Erkenntnisse (Was war positiv? Was sollten wir besser machen? Wie ist die konkrete Marschroute für Hälfte 2?) erholungsunterstützend einzubringen. Die bereits oben thematisierten Annahmen zur Informationsverarbeitung haben auch hier Gültigkeit. In der letzten Pausenzeit steht dann die körperliche und gedankliche Aktivierung im Vordergrund (LE**A**-Prinzip; Orientierungsphase). Es muss sich wieder auf die Anforderungen des Wettkampfes eingestimmt werden. In der Praxis bedeutet das etwa motivierende letzte Anweisungen durch den Trainer („Auf geht' s, jetzt schalten wir zwei Gänge höher!"; „Los, aufwachen, jetzt zeigen wir unser Können!") oder körperliche Mobilisation (z. B. Kniehebeläufe auf der Stelle; leichte Schwunggymnastik). Der letzte Aktivierungsprozess wird auch von der sportpsychologischen Forschung hervorgehoben und im Zusammenhang mit dem sog. Warm-Up-Decrement (WUD; vgl. Anshel & Wrisberg, 1993) diskutiert. Mit WUD sind körperliche Leistungsverschlechterungen unmittelbar nach Pausen bzw. Ruheperioden zu verstehen (z. B. viele Gegentore). Zwar sind die Gründe hierfür noch nicht hinreichend geklärt, doch gehen viele Forschende von unzureichender – körperlicher und gedanklicher – Aktivierung nach der Pause aus (charakteristische Aussagen: „noch nicht wieder auf richtiger Betriebstemperatur"; „noch kalt"; „noch nicht in die Gänge gekommen"; „übermotiviert aus der Kabine gekommen"). Schauen wir uns das Pausenverhalten ausgewählter Profitrainer genauer an:

(f) „X: Bei uns ist es eine goldene Regel: Wir haben 12 Minuten effektiv Halbzeit zur Verfügung. Die ersten zwei Minuten dürfen die Spieler, darf der Trainer kein Wort sagen. Zwei Minuten hört sich wenig an, aber ist ein irrsinniger langer Zeitraum.
R. S.: Einfach, um zur Ruhe zu kommen.
X: Ja, um abzuschalten. Ich sage den Spielern immer wieder, abschalten ist ganz, ganz wichtig. Und dann haben wir fünf, sechs Minuten, wo ich ganz kurze Anweisungen gebe, nicht die Spieler mit Informationen erschlage. Vier, fünf Anweisungen. Fünf Minuten vor Beginn der zweiten Halbzeit verlasse ich die Kabine. Da überlasse ich die Spieler sich selbst, wobei ich sicher sein muss, dass keine Streitereien eintreten. Aber das merkt man ja als Trainer. Wenn ich sehe, es ist eine sehr hohe Stimmung und es ist ein hoher Grad an Nervosität, dann bleibe ich in der Kabine."

(g) „X: Für mich ist es eigentlich immer so, dass – wenn wir reinkommen in die Kabine – dann erst einmal Ruhe herrscht. Sowohl als auch. Meistens ist es so, dass es eigentlich sehr sachlich zugeht. Außer ich muss jemand aufwecken, dann muss ich auch mal andere Mittel anwenden. Aber ansonsten, wenn es um die Sachlichkeit geht, geht es wirklich nur ganz kurz, ganz prägnant die Punkte zu nennen. Sie können da die tollsten Vorträge halten eine viertel Stunde lang: Dann

gehen die Spieler raus und sagen, ‚was wollte der jetzt von mir'? Am besten ist wirklich, nur eins, zwei, maximal drei Dinger, wo sie sich daran festhalten können, das mitzugeben. Und das eben in einer Art und Weise rüberzubringen, dass man sie auch anspricht, dass man eben auch die Aufmerksamkeit bei ihnen erreicht. Das ist ja wichtig dabei. Wenn sie da husch-husch durch die Kabine rennen, dann erreichen sie keinen, da machen sie alle dicht. Sie müssen auch gucken, dass die Spieler auch aufnahmefähig sind für das, was sie dann sagen.
R. S.: Aber das hängt ja auch von Ihrem Erregungslevel ab.
X Das gilt genauso für mich. Ich versuche das genauso (ruhig zu sein; R. S.). Das funktioniert eigentlich zu 98 Prozent. Sie müssen ja versuchen einzuwirken. Das heißt, die Konzentration muss ja dahingehen, nicht dass sie sich irgendwie produzieren, sondern es geht darum, die Sache zu verbessern. Und dafür eben alles zu tun. Man hat ja eine Strategie, die man sich dort vornimmt: Entweder sage ich, ‚Mensch, ich muss die jetzt anmachen, weil die mir alle zu lahm sind' und ich muss einen erschrecken; oder ich muss einem auch das Selbstvertrauen geben...Dass man dort das Richtige rausholt, darauf kommt es an.
R. S.: Aber um das gezielt einzusetzen..., wie bekommen Sie das hin?
X: Da läuft ein Mechanismus ab. Dass ich versuche, einen Katalog abzurufen, der für diese Situation geeignet ist. Also ich selbst bringe mich in eine Situation, dass ich sagen kann: ‚Du bist jetzt sauer, das interessiert jetzt aber nicht. Das ist nicht wichtig. Sondern konzentriere dich auf das Spiel. Das Spiel ist so und so, das und das ist passiert. Also die Konzentration ganz hochhalten auf die Sache. Anschließend, wenn die Mannschaft raus ist und ich wieder auf den Platz gehe, habe ich die Zeit, um vielleicht selbst durchzupusten oder eben einmal andere Gedanken laufen zu lassen."

9.3 Trainingsverfahren

Wir stellen nun Verhaltensmaßnahmen bzw. Verfahren vor, wie Sie Ihre Mannschaftssitzungen vor Spielbeginn, das Verhalten in Halbzeitpausen sowie die nachbereitende Spielanalyse leistungsfördernd gestalten können.

(a) Teamsitzung gedanklich durchspielen: „Drehbuch" erarbeiten

Für viele Trainer ist die Spielbesprechung vor dem Pflichtspiel eine bedeutsame Maßnahme, die bevorstehende Partie letztmals entscheidend zu beeinflussen (siehe Ausführungen bei Punkt 9.1). Wenn Sie hierbei gedanklich gut vorbereitet in die Teamsitzung gehen, haben Sie die Grundlage für diesbezüglich überzeugende Besprechungen bereits gelegt. Durch das Erstellen eines sog. „Drehbuchs" lässt sich das erreichen. Das Drehbuch beinhaltet – wie beim Schauspieler auch – die exakte Reihenfolge und Darstellung durchzuführender Handlungsabläufe, in unserem Fall der Teambesprechung vor Spielbeginn. Sind Sie diese Situation/Abfolge gedanklich (mental) bereits mehrmals durchgegangen, können Sie selbstsicher in die Spielersitzung gehen: Dann verfügen Sie über die nötige Handlungssicherheit. Es kann Sie nur noch wenig überraschen. Sie sind in der Lage, sich auf das Wesentliche zu konzentrieren und das Wichtige wirksam zu vermitteln. Ihr Erregungsniveau wird sich dadurch in einem akzeptablen Bereich (d. h. nicht zu hoch) bewegen und sog. „Blackouts" während der Besprechung sind ziemlich unwahrscheinlich. Die ‚Ernstsituation' wurde von Ihnen schon mehrmals gedanklich gemeistert.

Gehen Sie am besten in folgenden Schritten vor:

(1) ***„Hauptbotschaften" aufschreiben:*** Nehmen Sie sich nach dem Abschlusstraining Zeit und überdenken Sie die bevorstehende Teamsitzung bzw. das kommende Spiel. Notieren Sie sich stichpunktartig (z. B. Smartphone; Tablet; Notizzettel) die *wichtigsten Anweisungen* („Hauptbotschaften") in Bezug auf das kommende Spiel. Achten Sie darauf, dass Sie sich auf wichtige Vorgaben beschränken.

(2) ***Konkrete Reihenfolge festlegen:*** Notieren Sie sich nun (z. B. Smartphone; Tablet; Zettel) die *exakte Reihenfolge*, in der Sie die bei (1) gesammelten „Hauptbotschaften" während der Mannschaftssitzung ansprechen möchten. Lesen Sie sich den Ablaufplan mehrmals durch, bis er „fast ohne groß darüber nachzudenken" abgerufen werden kann.

(3) ***„Spielfilm" gedanklich ablaufen lassen:*** Nehmen Sie sich am Abend vor dem Spiel sowie am Spieltag selbst (bei Bedarf auch noch öfters) jeweils ca. 10 (evtl. 15) Minuten Zeit. Spielen Sie die bei (2) notierten „Hauptbotschaften" jetzt gedanklich <u>mehrmals</u> intensiv durch. Agieren Sie dabei wie bei Ihrem CD-/MP3-Player, wenn Sie von einem CD-/MP3-Titel zum anderen per Knopfdruck springen: Springen Sie im Geiste von der einen Kernaussage/Hauptbotschaft/ Schlüsselszene zur nächsten. Behalten Sie dabei unbedingt das im Punkt (2) festgelegte Ablaufschema bei! Stellen Sie sich jeweils genau den Ablauf der Besprechung vor (z. B.: Wie stehen Sie vor der Mannschaft bzw. vor bestimmten Spielern? Was sagen Sie? Wie gestikulieren Sie? Wie reagieren die Spieler?). Versuchen Sie, die Wirklichkeits-Situation so intensiv wie möglich in Gedanken durchzuspielen.

(b) Teamsitzung durchführen: verständlich kommunizieren

Bei der Mannschaftssitzung kommt es auf verständliche und klar formulierte Anweisungen an. Nur wenn die beabsichtigten Hinweise und Instruktionen auch tatsächlich von <u>allen</u> Spielern verstanden werden, lassen sie sich zu Ihrer Zufriedenheit auf dem Platz umsetzen. Im heutigen Profi- wie auch Schulfußball ist der Anteil von Spielern fremder Länder und Kulturkreise teils sehr hoch. Der wöchentliche Blick auf Mannschaftaufstellungen weist häufig multikulturell zusammengesetzte Teams auf, in der nicht immer gut ausgeprägte Deutschkenntnisse anzutreffen sind. Insofern wird die Forderung umso wichtiger und zugleich schwieriger, durch wirkungsvolle Kommunikation (Problematik: verschiedene Muttersprachen) alle Akteure ‚zu erreichen'. Darüber hinaus ist die Gefahr groß, Spieler durch überlange und unstrukturierte Sitzungen zu verwirren oder zu langweilen („Was wollte der uns jetzt sagen?"; „Der zerstreute Fußballprofessor!"). Bei Beachtung bestimmter *Kommunikationsregeln* und *geschicktes didaktisches Vorgehen* können Sie letztgenannten Schwierigkeiten begegnen, den Behaltensprozess bei den Spielern erleichtern und demnach erfolgreiches Spiel anbahnen.

Vorschläge/Denkanstöße wirkungsvoller Kommunikation in Mannschaftssitzungen:

- Gehen Sie bei der Besprechung in ***systematischer und logischer Reihenfolge*** vor. Orientieren Sie sich an Ihren Notizen (siehe Punkt [a]: „Drehbuch"). Vermeiden Sie, von diversen Aspekten hin und her zu springen.
- Verwenden Sie möglichst ***allgemein gebräuchliche Worte***; in der Fußballszene bietet sich etwa der übliche Slang und Fachjargon an (z. B.: „Manndeckung"; „Pressing"; „tödlicher Pass"; „Knipser"; „Box"; „Matchplan" etc.).
- Benutzen Sie möglichst ***leicht verständliche Satzkonstruktionen***. Lange Relativsätze mit vielen Verschachtelungen (abschreckendes Beispiel: „Der Offensivfußball, welcher den tödlichen Pass zur Folge hat, gleichzeitig – das muss betont werden – auch mit stabiler Abwehr operiert, ist der erfolgreichste!") können in der (Stress-)Situation der Teamsitzung unmöglich verstanden und behalten werden! **WICHTIG**: „Leicht verständlich" bedeutet nicht niveaulos oder abgehakt. Ihr Sprachstil sollte durchaus flüssig sein.
- ***Beschränken*** Sie sich bei der Ansprache ***auf die wichtigsten Hinweise***. Bei längeren Monologen werden die Spieler vermutlich abschalten und „nur die Hälfte verstehen". Als Motto könnte hilfreich sein: ***So viel wie nötig, aber so wenig wie möglich***.
- ***Benutzen Sie zur Erklärung diverser Spielzüge (bzw. Standardsituationen usw.) auch didaktische Hilfsmittel wie etwa Flipchart, Tablet/Laptop, Tafel/Whiteboard, Beamer etc.*** Achten Sie darauf, dass die Darstellungen übersichtlich, kontrastreich und leserlich gestaltet sind. Unbedingt darauf achten, nicht zu Vieles auf einen Zettel/Folie/Tafelseite etc. zu platzieren.
- ***Bei ausländischen Spielern und/oder komplizierten Sachverhalten***: Lassen Sie sich wichtige Anweisungen unbedingt nochmals rückmelden. So erfahren Sie sofort, ob vielleicht durch Sprach- bzw. Verstehensprobleme bestimmte ‚Botschaften' nicht verinnerlicht wurden. Das ist z. B. erreichbar, indem Sie den Spieler bitten, die von Ihnen vorgetragene Anweisung nochmals auf einem Blatt Papier oder Flipchart etc. schematisch darzustellen. Der **ABER ACHTUNG**: Der ausländische Spieler darf nicht als ‚Trottel' vor versammelter Mannschaft vorgeführt werden! Die Situation ist keine Prüfungs-Situation wie im oft zweifelhaften Schulunterricht, in der Schüler vor die Klasse zitiert werden – und bereits vor Angst zittern.
- ***Fassen Sie evtl. die hauptsächlich zu beachtenden Aspekte zum Schluss nochmals kurz zusammen***.

(c) Halbzeitpause: Lösen – Erholen – Aktivieren (LEA-Prinzip)

Beim Punkt 9.2 haben wir bereits auf das sog. *LEA-Prinzip* hingewiesen: die Tatsache, dass der Pausen- bzw. Erholungsverlauf aus mehreren Phasen mit jeweils verschiedenen Funktionen besteht. (a) Zunächst sollten die Spieler gedanklich (mental)

und körperlich von den Beanspruchungen des ersten Spielabschnitts Abstand nehmen („Auszeit“: nach evtl. ersten Unmutsäußerungen, Diskussionen oder Abreaktionen: Lösen [L]). (b) Dann müssen sie sich körperlich und mental regenerieren: elektrolythaltige Getränke trinken, evtl. Massagen bekommen, sich tapen lassen, ruhig atmen etc. (Erholen [E]). Parallel dazu beginnen Sie mit Ihrer Kurzanalyse des Spiels, wobei wichtige Anweisungen für die zweite Halbzeit zu geben sind. Das Besondere hierbei: Trotz der Anweisungen dürfen die Erholungsprozesse der Spieler nicht gestört werden. Sofern das „Aufwecken“, „Lauterwerden“ oder „Wachrütteln“ nach zu lethargischer erster Spielhälfte nötig erscheint, empfiehlt sich das erst nach vorangegangener, ruhigerer (Erholungs-)Phase. (c) Zum Schluss ist dann die Neu-Aktivierung der Spieler bzw. das Einstimmen auf die anstehenden Anforderungen zu bewirken (Aktivieren [A]). Bleibt das aus, besteht die Gefahr, dass die Akteure nicht die optimale ‚Betriebstemperatur' erreichen. Folge: Die körperliche und auch gedankliche Leistungsfähigkeit ist noch unzureichend – und man kassiert möglicherweise frühe Gegentore, hat sozusagen die ersten Minuten „völlig verschlafen“ oder war „mit den Gedanken noch in der Kabine“. In der Sportpsychologie sprechen wir dann vom sog. *Warm-Up-Decrement* (WUD; siehe Punkt 9.2).
Gehen Sie nun nochmals zu den Erörterungen des Punktes 9.2 zurück und überlegen Sie, ob die dortigen Zitate der Profitrainer mit den eben gemachten Ausführungen übereinstimmen. Ihnen wird wahrscheinlich sofort die Betonung der Komponenten *Lösen* und *Erholen* auffallen. Den Trainern wurde offenbar während der Trainerausbildung oder -fortbildung die Bedeutsamkeit solcher Aspekte vermittelt und/oder sie konnten aus der eigenen Trainererfahrung entsprechende Notwendigkeiten ableiten. Allerdings wurde kein Wort verloren bezüglich des bedeutsamen Aktivierungsprozesses zum Ende der Pause. Besonders das Zitat (f) ist hier hervorzuheben: Der Trainer betont völlig zu Recht den Ruhe-, Regenerations- und Erholungsprozess („Abschalten“). Jedoch geht er einige Minuten vor dem Ende der Halbzeitpause vorzeitig aus der Kabine. Er riskiert damit die optimale Wieder-Aktivierung einzelner Spieler, da er gegebenenfalls nicht nochmals eindringlich eingreifen kann (z. B. „pushen“; beruhigen). Insofern sei nochmals auf die letzte Komponente des erwähnten LEA-Prinzips – die angemessene **A**ktivierung – verwiesen.

Ihr Halbzeit-Verhalten können Sie an folgenden Ablaufschritten ausrichten:

(1) ***Spielanalyse durchführen****:* Am besten *notieren* Sie bereits während der ersten Halbzeit Auffälligkeiten, Besonderheiten etc. *stichpunktartig* auf einem Zettel. Beim Weg in die Kabine markieren Sie dann die *4 bis 5 (nicht mehr!) wichtigsten (kritischen/entscheidenden) Spielaspekte*, die Sie den Spielern präsentieren möchten.

(2) ***Entspannen Sie sich durch gezieltes Atmen*** *(siehe* ***Exkurs****; weiter unten):* Falls Sie eine noch zu starke Erregung bei sich feststellen (z. B. nach Schiedsrichter-Fehlentscheidungen; bei Fehlern des Teams; bei überragendem Spiel Ihrer Mannschaft etc.): Atmen Sie bereits beim Gang in die Kabine bewusst kontrolliert ein und langsam wieder aus. Achten Sie hierbei auf die

entspannende Wirkung des Ausatmens. **WICHTIG**: Sie müssen „einen kühlen Kopf" behalten/kriegen und in der Kabine klare Gedanken fassen sowie verständlich mit den Spielern kommunizieren können. Das ist nur möglich, wenn der Erregungsgrad einen akzeptablen Level nicht übersteigt. Ansonsten kann es zu spontanen „Blackouts" kommen.

(3) ***Kommunikation/Abreaktion der Spieler ermöglichen****:* Geben Sie den Spielern zunächst kurz (ca. 2 Minuten) Gelegenheit, bei Bedarf miteinander zu sprechen. Evtl. müssen sich die Akteure auch erst einmal ‚Luft machen' wegen eigener Fehler, überharter Aktionen des Gegners etc. Sofern keine persönlichen Beleidigungen erfolgen, müssen Sie hier nicht eingreifen.

(4) ***Völlige Ruhe/Entspannung erwirken****:* Jetzt sollten Sie für Ruhe und Entspannung sorgen (ca. 2 Minuten). Das ist etwa möglich durch *klare Anweisungen* („Jetzt sind wir alle mal ruhig!"; „Jetzt haben wir genug gesprochen. Stop!"; „Abschalten! Entspannen!"). Falls Sie Atmungsentspannung mit den Spielern bereits eingeübt haben (siehe *Exkurs*; unten), kann sie nun durchgeführt werden.

(5) ***Körperliche und mentale Regeneration initiieren****:* Die Spieler sollten hier v. a. elektrolyt- und kohlehydratreiche Getränke trinken; evtl. sind Massagen oder ärztliche Behandlungen nötig. Keinesfalls dürfen nun wieder erhitzte Diskussionen zwischen den Spielern (und auch den Trainern!) entflammen. Weisen Sie ggf. darauf hin, dass das bereits erledigt ist und nun *Sie alleine* das Wort haben.

(6) ***Kurzanalyse realisieren inklusive Anweisungen für zweite Halbzeit geben****:* Tragen Sie den Spielern hier Ihre Anmerkungen der ersten Halbzeit vor. **WICHTIG:** Kritik muss ggf. sein, sollte aber keinesfalls dominieren! Versuchen Sie stattdessen, das positiv Verlaufene in den Vordergrund zu rücken, die Aussicht auf Erfolg (falls es nicht schon 0:5 steht zur Halbzeit) zu betonen (wirkt motivationsfördernd). Falls Sie lautstark „wachrütteln" müssen: Achten Sie darauf, dass *vorher* auch beruhigt und entspannt werden konnte (siehe Schritte [4] und [5]); **UND EBENSO BEACHTEN:** maximal 4-5 wichtige Anweisungen bezüglich der zweiten Halbzeit geben (für mehr sind die Spieler nicht aufnahmefähig!).

(7) ***Wieder-Aktivieren/Neu-Ausrichten aller Energien (mental und körperlich)****:* Im letzten Pausen-Abschnitt müssen die Spieler nun wieder auf die anstehenden Aufgaben der zweiten Hälfte eingestimmt werden. Mental ist das z. B. möglich durch: (a) lautstarke, positiv formulierte Ermutigungen („Los Jungs, jetzt machen wir gleich nach Wiederanpfiff unser Tor!"; „Wieder aufwachen, ich will jetzt ein ‚Feuerwerk' sehen!") – evtl. in Kombination mit In-die-Hände-Klatschen; (b) schlagwortartiges Wiederholen der wichtigsten Anweisungen (z. B.: „Ruhig spielen!"; „Freilaufen!"; „Schnellangriffe!"). Körperlich können Schwunggymnastik, Kniehebelauf auf der Stelle oder Hopserlauf etc. zu notwendiger Aktivierung führen.

Exkurs: Atmungsentspannung

Den optimalen Aktivierungsgrad zur Halbzeitpause erreichen Sie beispielsweise durch eine bestimmte Atmungstechnik. Sie ist relativ schnell erlernbar. Üben Sie deshalb gegebenenfalls gezieltes Atmen jeweils einige Minuten am Tag. Sie werden schnell deutliche Wirkungen spüren.

Erinnern Sie sich bitte an Situationen zurück, in denen Sie hochgradig erregt waren (etwa: nach unnötigen Toren während der ersten Halbzeit; beim Anblick eines freilaufenden Kampfhundes auf der Straßenseite gegenüber). Was passierte mit Ihrer Atmungsqualität? Vermutlich werden Sie zustimmen, dass die Atmungsfrequenz zugenommen hat und Sie insgesamt unruhig und relativ flach atmeten. Stellen Sie sich nun bitte Situationen vor, in denen Sie völlig entspannten (z. B.: in der Sauna; beim Spaziergang in herrlicher Natur). Wahrscheinlich ging es Ihnen da wie uns – die Atmung gestaltete sich rhythmisch, langsam, ohne jegliche Hektik und tief. Sie sehen also: Emotionale Belastungen haben u. a. Reaktionen unserer Atmung zur Folge. Umgekehrt kann man auch durch Beeinflussen der Atmung auf die emotionale Befindlichkeit einwirken: Wenn Sie ruhig, gleichmäßig und relativ tief atmen, werden Sie allmählich das Erregungsniveau senken. Atmen Sie demgegenüber schnell und hektisch, aktivieren Sie sich zunehmend. Den letztgenannten Zusammenhang zwischen bestimmter Atmungstechnik und emotionaler Befindlichkeit greifen wir im Kontext des Halbzeit-Verhaltens auf. Sofern Sie entspannendes Atmen hinreichend eintrainiert haben (siehe die Schritte unten), kann Ihr Erregungslevel durch gezielte Atmung während des Ganges vom Spielfeldrand in die Kabine auf ein akzeptables Niveau herunter reguliert werden. Und eine effektive Pausenansprache wird möglich. Trainieren Sie deshalb zu Anfang am besten täglich einige Minuten das gezielte Atmen. Bereits nach wenigen Tagen werden Sie deutliche Wirkungen spüren und die Technik wirksam im Pflichtspiel einsetzen können.

In Anlehnung an Lindemann (1984) trainieren Sie gezieltes Atmen wie folgt:

(1) Beginnen Sie jede Atemübung mit einer vertieften Ausatmung.
(2) Atmen Sie ruhig durch die Nase ein (falls dies Probleme beim Luftholen bereitet, atmen Sie durch den Mund ein!) und zählen Sie hierbei innerlich/leise im Sekundentakt bis 3.
(3) Atmen Sie nun langsam und länger aus (d. h. langsamer/länger ausatmen als einatmen) und zählen Sie dabei innerlich/leise im Sekundentakt ca. bis 8 (10); konzentrieren Sie sich hierbei auf den sich entspannenden Körper, aus dem sozusagen der Luftdruck wie beim Luftballon entweicht.
(4) Machen Sie eine kurze Atempause und atmen Sie dann erneut ein.
(5) Atmen Sie in der beschriebenen Art einige Minuten.

(d) Nach dem Spiel: Erregung regulieren und Spielnachbesprechung

Das Spielende bedeutet noch nicht das Ende der Coaching-Tätigkeit. Sepp Herbergers Motto *Nach dem Spiel ist vor dem Spiel* trifft hier zu. Will sagen, dass bereits nach Schlusspfiff die effektive Vorbereitung auf das nächste Spiel ansteht. Und das beginnt mit einer angemessenen und möglichst schnellen Verarbeitung der vorangegangenen Partie. Die Verarbeitung eines Pflichtspieles – sowohl nach Siegen als auch nach Niederlagen – erfordert mehr oder weniger starke Einflussnahme Ihrerseits auf die Spieler.

Wir möchten Sie zunächst auf einige Aspekte aufmerksam machen, die unmittelbar nach dem Schlusspfiff bedacht werden sollten. Enttäuschungen oder Misserfolge werden von den Spielern individuell verschieden verarbeitet. Manche sitzen todtraurig in der Kabine und vergießen Tränen. Andere bringen vor Schreck keinen Ton heraus und wieder Andere machen sich lauthals Luft und beschimpfen die Mitspieler aufs

Übelste. Ähnlich verhält es sich nach Siegen: Vom „Strahlen wie ein Leuchtturm“ über stilles Genießen bis hin zu ausgelassenem Singen und Tanzen in der Kabine lässt sich alles beobachten. Die jeweiligen Charaktere des Teams kennen Sie am besten. Zwei Aspekte scheinen besonders erwähnenswert: (a) ***Nach Siegen ist den Spielern selbstverständlich unmittelbar in der Kabine zu gratulieren resp. Anerkennung und Lob auszusprechen***. Sie wissen am besten, mit welchen Worten/Gesten etc. Sie diesbezüglich vorzugehen haben. Achten Sie jedoch darauf, dass das Feiern situationsangemessen erfolgt und die Spannung erhalten bleibt, falls in nächster Zeit weitere sportliche Entscheidungen anstehen. Wenn der sichere zweite Platz am vorletzten Spieltag bereits wie der WM-Sieg gefeiert wird, dann ist es evtl. schwer, eine Woche später nochmals die volle Anspannung und Konzentration im Endspiel aufzubringen. Im ungünstigsten Fall verschenken Sie dadurch den möglichen Meistertitel (vgl. Linz, 2004). (b) ***Bei (bitteren) Niederlagen sind Sie in der Kabine vor allem als ‚Moderator‘ oder ‚Seelentröster‘ gefragt.*** Beleidigungen und Beschimpfungen müssen unterbunden werden. Die Spieler – und auch evtl. Sie – sollen zunächst einmal „emotional abkühlen“. Junge oder sensible Spieler benötigen möglicherweise Trost und Zuwendung. Es kann etwa hilfreich sein, den Einen tröstend in den Arm zu nehmen. Dem Anderen hilft vielleicht, wenn Sie einfach nur anwesend sind. Gehen Sie individuell auf die Mannschaft bzw. die einzelnen Spieler ein. Sie sollten sich nicht das Verhalten bekannter (früherer) Trainer zum Vorbild nehmen und die Spieler damit strafen, dass Sie mit ihnen tagelang nicht mehr sprechen. Das macht emotionspsychologisch keinen Sinn und ist auch lernpsychologisch äußerst fragwürdig. Denn bedenken Sie: Normalerweise verlieren die Spieler nicht absichtlich oder spielen bewusst schlecht.

Im Profi- wie auch höheren Amateurfußball findet meist ein oder zwei Tage nach dem Spiel eine Spiel-Nachbesprechung statt, in der u. a. das vergangene Match kritisch analysiert wird und die anstehenden Aufgaben vorzubereiten sind. Auch wenn vereins- oder spielerspezifische Besonderheiten zu berücksichtigen sind (etwa: Profi- vs. Amateurbereich; häufige vs. wenige Trainingseinheiten; Flugreise vs. Busfahrt; ausländische vs. deutsche Spieler), lassen sich hierfür einige Denkanstöße geben. Es scheint sinnvoll, wichtige vergangene Spiele auch in einer speziell anberaumten Nachbesprechung aufzuarbeiten. Der häufig praktizierte Weg, bereits während der Busfahrt von Auswärtsspielen Videodemonstrationen vorzunehmen (meist werden die Spieler dann über ein bis zwei Stunden mit den misslungenen Aktionen konfrontiert), sollte wohlüberlegt sein bzw. idealerweise unterbleiben. Bedenken Sie, dass sowohl Sie als auch die Spieler relativ kurz nach Abpfiff oftmals noch emotional erregt sind und die Aufnahmefähigkeit noch unzureichend ausgeprägt ist. Was nutzt es, den Spielern wieder und wieder die sog. „individuellen Fehler“ vor Augen zu führen? Viel bedeutsamer wäre eine Antwort auf die Fragen, *weshalb* es dazu kommen konnte und wie das Fehlverhalten vermeidbar ist. Das jedoch lässt sich meist nicht ad hoc unmittelbar nach Spielschluss im Bus oder ggf. Flugzeug beantworten. Hierzu bietet sich eine Spielbesprechung möglichst zeitnah zur vergangenen Partie an (z. B.

im Profibereich: am nächsten Tag; im Amateurbereich: am nächsten Trainings-Tag). Als diesbezügliche Vorbereitung können Sie etwa auf das *Spielnachbesprechungs-Protokoll* zurückgreifen, welches in Kapitel 12 beschrieben ist.

Beachten Sie bei der Spiel-Nachbesprechung bitte Folgendes:

- Bereiten Sie sich auf die Besprechung gut vor (z. B.: Videostudien; Gespräche mit Co-Trainern, Video-Analyst etc.; Ausfüllen des Spielnachbesprechungs-Protokolls).
- Versuchen Sie, die Zeitdauer der Situation anzupassen. Also: Zum Beispiel nicht routinemäßig eine volle Stunde veranschlagen, wenn es kaum etwas zu besprechen gibt.
- Kritisieren Sie stets sachlich. Persönliche Beleidigungen sind unakzeptabel.
- Benutzen Sie Videodemonstrationen rein sachbezogen und achten Sie stets darauf, keinen Spieler öffentlich vorzuführen oder gar lächerlich zu machen.
- Lassen Sie sich v. a. von ausländischen Spielern rückmelden, ob diese Ihre Bemerkungen/Vorgaben/Fragen bedeutungsmäßig verstanden haben (z. B.: „Bitte erkläre mir noch einmal, was ich eben gesagt habe.“; „Zeige mir bitte noch einmal am Whiteboard/Tablet, wie Du das nächste Mal spielen sollst“ etc.).
- Ziehen Sie unbedingt immer auch Positives aus Niederlagen oder Misserfolgen. Es war nie alles schlecht, und es gibt immer auch positive Ansatzpunkte!
- Stellen Sie immer auch die „wirklich gut gelaufenen Sachen“ im Spiel heraus. Oft überbetont man das Negative, wogegen Positives stillschweigend hingenommen wird. Lob und Anerkennung sind jedoch wichtig für das Selbstvertrauen und das psychische Wohlbefinden (siehe auch Kap. 5 und 6).
- Vermitteln Sie stets Zuversicht für das Kommende („Los, wir lassen uns nicht unterkriegen!“; „Wir steigern uns, keine Frage!“; „Das nächste Spiel läuft noch besser!“; „Die Saison ist noch lang!“).

9.4 Selbstkontrolle: Habe ich die wichtigsten Inhalte behalten und verstanden?

Abschließend können Sie das Kapitel 9 zum wirkungsvollen Coaching nochmals rekapitulieren. Durch die Ankreuzfragen lässt sich überprüfen, ob Sie die Inhalte richtig verstanden haben. Bitte kreuzen Sie jeweils die Aussagen an, die Sie als „richtig“ einschätzen. Wenn Sie sich bei einzelnen Aussagen noch unsicher sind, dann lesen Sie bitte die kommentierten Antworten im Anhang und wiederholen Sie die jeweiligen Abschnitte hier im Kapitel 9 nochmals. Sobald Sie mit dem Kenntnisstand zufrieden sind, zögern Sie nicht, einzelne Maßnahmen bei Bedarf anzuwenden.

Mannschaftsbesprechung vor Spielbeginn (**2 richtige Aussagen; siehe Punkt 9.1**):

(1) Die Teamsitzung vor Spielbeginn erzeugt beim Fußballtrainer keine besonders hohe Anspannung.
(2) In der Mannschaftsbesprechung vor Spielbeginn soll der Fußballtrainer sein gesamtes Fachwissen im ausführlichen Vortrag anbringen.
(3) Bei der Teamsitzung ist eine Beschränkung auf die wichtigsten ‚Botschaften' bezüglich des anstehenden Spieles notwendig.
(4) Die Teambesprechung sollte in Anlehnung an Erkenntnissen der Gedächtnispsychologie gestaltet werden.

Halbzeitpause: das LEA-Prinzip (**2 richtige Aussagen; siehe Punkt 9.2**):

(5) In der Halbzeitpause muss der Trainer sofort laut werden und das Ruder noch einmal rumreißen.
(6) Das Pausen-Verhalten des Fußballtrainers sollte einen bestimmten Phasenverlauf (sog. LEA-Prinzip) beachten: Erst muss sich von der ersten Spielhälfte gedanklich/körperlich gelöst werden, dann ist mental/körperlich zu regenerieren und zum Schluss darf die Wieder-Aktivierung nicht vergessen werden.
(7) Als verantwortungsbewusster Fußballtrainer ist es meine Pflicht, den Spielern möglichst viele Informationen und Rückmeldung zu geben, um in der zweiten Halbzeit noch besser zu spielen.
(8) Die Halbzeit-Pause stellt den Trainer vor die Herausforderung, sowohl die optimale Erholung und Regeneration der Spieler zu ermöglichen als auch notwendige Anweisungen bei den Akteuren ‚im Gedächtnis zu platzieren'.

Konkrete Maßnahmen (**2 richtige Aussagen; siehe Punkt 9.3**):

(9) Für die Teamsitzung vor einem Pflichtspiel brauche ich mich als Fußballtrainer nicht vorzubereiten, das mache ich spontan.
(10) Die Mannschaftsbesprechung kann durch didaktische Hilfsmittel wie Whiteboard, Flipchart oder Tablet bzw. Beamer behaltenswirksamer (bei den Spielern) gestaltet werden.
(11) Gezielte Atmung kann dem Fußballtrainer dabei helfen, etwaig zu starke Erregung zur Halbzeit in den Griff zu bekommen.
(12) Die Halbzeitpause ist nutzlos, denn als Trainer wird man ja sowieso nicht verstanden: die Spieler sind nicht aufnahmefähig.

10 Verletzter Spieler: Wie kann ich den Wiedereinstieg beschleunigen?

Im Fußballsport gehören Verletzungen zum Alltag. Wichtig ist im höherklassigen Leistungsbereich, dass der verletzte Spieler möglichst schnell wieder am Spielbetrieb teilnehmen kann. Hierbei spielt die optimale Betreuung eine Schlüsselrolle, zu der entscheidend auch mentale Maßnahmen seitens der Fußballtrainer gehören. Wir gehen hierauf im folgenden Kapitel näher ein. Anfangs beschreiben wir den Phasenverlauf einer Sportverletzung und stellen u. a. die jeweiligen psychischen Beanspruchungen für die Spieler heraus (Kap. 10.1). Dann geben wir Empfehlungen, wie Sie durch verschiedene Maßnahmen diverse Problemsituationen innerhalb der einzelnen Heilungsphasen überwinden können und den Rehabilitationsvorgang der Akteure optimieren (Kap. 10.2). Zuletzt bieten wir die Möglichkeit, das neu erworbene Wissen nochmals zu überprüfen (Kap. 10.3).

10.1 Verletzung und Rehabilitation: nicht nur ein medizinischer Prozess

Lesen Sie bitte zunächst einige Beispiele und überlegen Sie, ob Ihnen die geschilderten Situationen bekannt vorkommen:

(a) Spieler W scheint eine unglaubliche Pechsträhne zu haben: In zwei Jahren musste er vier Operationen über sich ergehen lassen. Komischerweise zog er sich immer dann erneut eine Verletzung (stets *dieselbe*!) zu, wenn der Genesungsprozess schon scheinbar optimal abgeschlossen war: beim Einstieg in das reguläre Mannschaftstraining. Der Trainer versteht die Welt nicht mehr. Nach seinem Bekunden hat er den Spieler nie unter Zeitdruck gesetzt, hat ihm demgegenüber sogar oftmals längere Pausen gegönnt. Insgesamt habe er ihn zunächst systematisch an die Mannschaft heranführen wollen.

(b) Der Oberligaspieler US hat sich das rechte Knie beim Training schwer verletzt. Als er daraufhin zu einem „absoluten Kniespezialisten" geht, sieht er sich in seiner Vermutung bestätigt: Kreuzbandriss. Der Arzt hatte ihm in medizinisch-lateinischer Fachsprache Einiges erzählt, und daraufhin hat US dann die Diagnose geschlussfolgert. Er kenne das von einem Freund, der eine ähnliche Symptomatik hatte. Die vermeintliche Diagnose ‚Kreuzbandriss' verunsicherte ihn so, dass er fortan vorrangig seine außersportliche Laufbahn in den Vordergrund rückte und den eigentlich notwendigen Rehaprozess vernachlässigte. Hartnäckige Nachfragen des Trainers bei Spieler US sowie dem diagnostizierenden Arzt ergaben jedoch, dass es sich keinesfalls um einen ‚Kreuzbandriss' handelte.

(c) Der Spieler X hat sich einen Kreuzbandriss zugezogen. Der Heilungsverlauf gestaltet sich nahezu optimal und nach ca. sechs Monaten ist X tatsächlich wieder voll einsatzfähig, was auch der Arzt bestätigt. Daraufhin stellt ihn Trainer Y die nächsten Spiele auch gleich auf, doch zufrieden ist er mit den gezeigten Leistungen seines Schützlings nicht. Er geht zu halbherzig in die Zweikämpfe – aus Angst, das Knie würde die Belastungen nicht aushalten und eine neuerliche Verletzung könne wieder auftreten. Der Trainer glaubt, dass sich das mit der Zeit „schon gibt" und setzt ihn weiterhin „dosiert" ein. Doch er irrt: der Spieler kommt nie mehr an seine alte Leistungsfähigkeit heran. Er vertraut seinen neuen Bändern einfach nicht.

Vielleicht kommt Ihnen Manches bekannt vor. Was verdeutlichen die Beispiele? Offensichtlich reicht es nicht aus, sich bei der Rehabilitation allein auf die körperliche Genesung zu konzentrieren und die verletzten Spieler vor allem dem medizinischen/sporttherapeutischen bzw. physiotherapeutischen Personal anzuvertrauen. Wenn dies das alleinige Erfolgsrezept für optimale Genesung wäre, hätte es in den Beispielen (a), (b) und (c) keine Probleme geben dürfen: Der Spieler W hätte dann nicht vier identische Verletzungen an derselben Stelle hintereinander erleiden dürfen (siehe [a]), da der Heilungsprozess medizinisch ja stets komplikationslos verlief und der Akteur behutsam aufgebaut wurde. Auch für Spieler X hätte das Anknüpfen an die alte Stärke keine Schwierigkeiten bereiten dürfen, war doch das Knie laut Arzt wieder voll belastbar (siehe [c]). Und nach dem Arztbesuch bei einem anerkannten Kniespezialisten sollten eigentlich alle Fragen/Unsicherheiten hinreichend beantwortet sein und Spieler US nach exakter Diagnose gezielte Rehabilitationsmaßnahmen durchführen (siehe [b]). Warum läuft häufig dennoch nicht alles nach – medizinischem – Plan?

Antworten lassen sich finden, wenn wir uns den Entwicklungsverlauf einer Sportverletzung genauer anschauen. Der Heilungsprozess vollzieht sich nach Kleinert (2002) in *aufeinanderfolgenden Phasen* mit jeweils schwerpunktmäßig unterschiedlichen kritischen Situationen für die Spieler: (1) Frühphase, (2) Reha-Hauptphase, (3) Übergangsphase und (4) Wettkampfphase. In der (1) *Frühphase* stehen vor allem medizinische Aspekte der Diagnosestellung sowie Akutbehandlung im Vordergrund. Im Fußballsport ist hier etwa der gefürchtete Kreuzbandriss im Knie zu nennen, der durch Kniespiegelungstechnik eindeutig diagnostiziert und dann baldmöglichst operativ behoben werden muss. In der (2) *Reha-Hauptphase* ist das Knie durch ausgeklügelte Aufbauprogramme sukzessive wieder funktionsfähig zu machen (Stärkung der Muskulatur; Beweglichkeit etc.) und allmählich die sportliche Leistungsfähigkeit zu entwickeln. Bei der (3) *Übergangsphase* schließlich kehrt der Rehabilitand in das Mannschaftstraining zurück und absolviert die gewohnten Trainingsinhalte des Teams. Den Endpunkt stellt die (4) *Wettkampfphase* dar, in der der Spieler wieder reguläre Pflichtspiele bestreitet.

Es hat sich gezeigt, dass insbesondere drei Situationen für den verletzten Spieler hohen psychischen Stress bzw. Belastungen darstellen und vom Trainer besonders zu beachten sind (vgl. Hermann & Eberspächer, 1994; Kleinert, 2003): (a) *medizinische Diagnose*, (b) *Aufnahme des sportlichen Trainings* und (c) *Wiedereinstieg in den Spielbetrieb*. Diese drei Stresssituationen führen häufig dazu, dass der Heilungsverlauf nicht optimal abläuft bzw. sich verzögert oder gar Rückschläge auftreten. Nachweislich sind besonders die ***Wiederaufnahme des Mannschaftstrainings*** sowie die ***ersten Pflichtspiele*** Ereignisse, in denen Wiederholungs- (dieselbe Verletzung tritt erneut auf) oder Folgeverletzungen (eine andere Verletzung entsteht als Resultat der vorangegangenen) häufig auftreten (siehe auch Beispiel [a]; oben). Die Ursachen hierfür sind vielfältig, vermutlich jedoch v. a. auch auf Ungeduld, Unsicherheit/Stress oder geringes Selbstvertrauen zurückzuführen. Wenn der verletzte

Spieler wieder am Mannschaftstraining teilnehmen darf, möchte er vielleicht einen vermeintlich noch aufzuholenden Trainingsrückstand wettmachen und geht zu energisch-aktiv an die Übungen heran; ein Anderer agiert möglicherweise zu ängstlich und mit Schonhaltung auf Grund des Nicht-Vertrauens in seine genesenen Sehnen/Bänder/Knochen bzw. seinem körperlichen Leistungsvermögen (siehe Beispiel [c], oben). Nachvollziehbar ist darüber hinaus die *Diagnose* einer schweren Verletzung für die meisten Spieler eine starke Belastung, da dann bspw. langersehnte Ziele nicht mehr erreichbar oder die Zukunftsperspektiven schwer absehbar sind (z. B.: Sportinvalidität/Karriereende? Stammplatz in Gefahr? Vertrauen des Trainers weiterhin vorhanden?, siehe Beispiel [b], oben).
Wir können demnach festhalten:

- Der optimierte Heilungsprozess verletzter Fußballer erfordert neben medizinische auch *psychologische* Maßnahmen.
- Eine Verletzung und die anschließende Genesung vollziehen sich in *mehreren Phasen*. Jedes Stadium führt zu besonderen psychischen Beanspruchungen (Stress) der Spieler und kann Heilungsverzögerungen oder Probleme bewirken.
- Die *Diagnose* einer (schweren) Verletzung verursacht bei den meisten Spielern *Unsicherheit und Stress*. Sie wissen oft nicht, welche sportlichen Konsequenzen zu erwarten sind, ob sie nach erfolgreicher Genesung wieder an die alte Leistungsstärke anknüpfen können oder ob der Trainer weiterhin mit ihnen plant.
- Vor allem bei der *Wiederaufnahme des Mannschaftstrainings* und den *ersten Pflichtspielen* sind häufig Wieder-/Folgeverletzungen zu verzeichnen. Sie resultieren v. a. aus Ungeduld, übersteigertem Ehrgeiz, Verletzungsangst bzw. geringem Selbstvertrauen in die eigene Leistungsfähigkeit und Belastbarkeit.

Die bisher vorgetragenen Erkenntnisse zu Entstehung und Verlauf von Verletzungen verdeutlichen die Notwendigkeit, als Trainer v. a. auch psychologisch auf die Spieler einzuwirken. Wie das erfolgen kann, verdeutlichen die weiteren Darstellungen.

10.2 Psychologische Maßnahmen zur Optimierung des Rehaverlaufs

Wir stellen vier Verfahren vor, die den Heilungsprozess optimieren können. Zunächst geht es darum, die vor allem am Anfang einer Verletzung auftretenden Unsicherheiten und Ungewissheiten möglichst zu reduzieren ([a]; [b]). Anschließend ist darauf hinzuarbeiten, dass der Spieler wieder volles Vertrauen zu seinem genesenen Körper hat und wie früher aktiv und selbstbewusst in die Spiele geht.

10.2.1 Unsicherheiten möglichst reduzieren

Verletzungen bedeuten für nahezu alle Spieler eine erhebliche psychische Belastung bzw. Stress. Es ist in vielen Studien nachgewiesen, dass dieser unangenehme Zustand u. a. auftritt, wenn eine Situation und deren Folgen als unklar, unvorhersehbar, unsicher oder unkontrollierbar eingeschätzt werden (vgl. z. B. Laux, 1983). Genau solche Bedingungen liegen bei (schwereren) Verletzungen häufig vor: Man weiß z. B. nicht genau, um welche Art von Verletzung es sich überhaupt handelt und wie lange die Genesung dauern wird, da der Arzt unverständliche („Fachchinesisch") Diagnosen nennt (das war vermutlich im obigen Beispiel [b] der Fall); man hat Angst um die weitere sportliche Karriere und denkt evtl. an Sportinvalidität; man fühlt sich dem medizinischen Personal ausgeliefert; die Rückschläge bei der Heilung geben einem Rätsel auf; oder man hat überhaupt keine Vorstellung, wie der Heilungsprozess ablaufen soll und auf welche Maßnahmen man sich einstellen muss. Um den Stress vom Spieler zu nehmen und seine volle Konzentration auf die Maßnahmen der medizinischen und sportlichen Rehabilitation zu bündeln, sollten Sie folglich diese *Unsicherheiten weitmöglichst reduzieren helfen*. Durch das verständliche Beschreiben und Erklären der Verletzung (a) und systematisches Planen des Rehaprozesses (b) ist das erreichbar.

(a) Unsicherheit nehmen: Verletzung verständlich beschreiben und erklären

Die verständliche Diagnosemitteilung des Arztes ist als wichtige Grundlage erfolgreichen Rehabilitierens herauszustellen. Nur wenn der verletzte Spieler ***Art*** („***Was*** habe ich genau?"), ***Ausmaß*** („***Wie schwer*** ist die Verletzung?"), ***Entstehungsursache(n)*** („***Wie konnte*** das passieren?"), ***Konsequenzen*** für den Heilungsverlauf („***Wann*** werde ich ***wieder spielen*** können?") bzw. die weitere sportliche Karriere („Bin ich dann ***wieder voll einsatzfähig***?") nachvollziehen kann, wird er sich vorbehaltlos und mit voller Kraft und Konzentration dem Rehaprozess widmen. Es ist zu empfehlen, auf verständliche Diagnosen zu achten bzw. solche zu ermöglichen. Folgendes Vorgehen könnte hilfreich sein:

(1) Fordern Sie den Spieler auf, sich die oben genannten Aspekte (v. a.: Art; Ausmaß; Entstehungsursache(n); Konsequenzen) vom Arzt beantworten zu lassen. Halten Sie ihn an, sein Verstandenes dem Arzt zurück zu spiegeln (z. B. durch Formulierungen wie: „Wenn ich Sie richtig verstanden habe, ..."; „Habe ich Sie richtig verstanden, dass ..."; „Das heißt also, dass ..."; „Mit anderen Worten bedeutet das, dass ..."; „Sie meinen also, dass ..."). Somit kann der Mediziner gegebenenfalls gleich Miss-Verstandenes ausräumen und entkräften.

(2) Lassen Sie sich vom Spieler nun – in ruhiger Atmosphäre – die Diagnose des Arztes beschreiben und erklären. Außerdem sollten Sie sich einen medizinischen Bericht (Kurzbrief etc.) zeigen lassen und sich selbst ein Bild der Verletzung machen.

(3) Sofern Fragen offen bleiben oder Widersprüche auftreten, bemühen Sie sich um baldige Klärung (evtl. erneuter Anruf beim Arzt).

Die oben angegebenen Schritte sollten sorgfältig realisiert werden. Nehmen Sie sich hierfür ausreichend Zeit. Scheuen Sie sich auch nicht, gegebenenfalls beim Arzt die

Bedeutung – für den Spieler – verständlicher Diagnosen nachdrücklich zu betonen. Wie bereits erwähnt: Sie reduzieren dadurch bereits erheblichen psychischen Stress und fördern somit die Bündelung der Konzentration auf die wichtigen Rehamaßnahmen.

(b) Unsicherheit nehmen/Motivation fördern: Rehabilitation und sportliches Comeback systematisch planen

Neben einer für den Spieler verständlichen Diagnose der Verletzung trägt auch die detaillierte und systematische Planung des Rehabilitationsprozesses zur Verringerung von Stress bei. Wenn dem Spieler die Wege (= Vorgehensschritte im Rehaprozess) zum Ziel (= Wiedereinsatz in einem Pflichtspiel) bekannt sind und er jeweils seinen aktuellen Zustand auf dem Weg dorthin kennt, besteht kein Grund zum übermäßigen Grübeln. Er hat stets relative Gewissheit hinsichtlich des weiteren Vorgehens. *Relativ* ist die Gewissheit deshalb, weil natürlich immer ein Rest-Zweifel und bestimmte Unsicherheit bezüglich der planmäßigen und völligen Wiederherstellung des alten Leistungsvermögens herrscht. Wir schlagen ein schrittweises Vorgehen vor, das sich u. a. an Prinzipien effektiver Zielsetzungen orientiert (vgl. Alfermann & Stoll, 2005, S. 138-147). Dies hat für die Spieler den Vorteil, neben Stressreduktion auch motivierend auf die Realisierung der notwendigen Rehamaßnahmen zu wirken. Gehen Sie wie folgt vor:

(1) Setzen Sie sich mit dem (medizinischen) Betreuungspersonal (z. B. Arzt; Physiotherapeut; Rehatrainer; Athletiktrainer; Fußballtrainer etc.) und dem verletzten Spieler zusammen. Erarbeiten Sie gemeinsam einen ***realistischen Reha-Ablaufplan***, (von uns bezeichnet als ***Comeback-Planer;*** siehe Anhang), in dem enthalten ist: (a) Endziel; (b) zeitliche Fixpunkte, zu denen jeweils bestimmte Zwischenziele angestrebt werden, (c) konkrete Benennung der entsprechenden Zwischenziele, (d) Anstrengungen, die der Spieler zur Zwischenziel-Erreichung jeweils ausführen muss, (e) Überprüfbarkeit der entsprechenden Zwischenziele (Kopiervorlage siehe *Anhang: Comeback-Planer).*

(2) ***Teilen Sie dem verletzten Spieler den so ausgestalteten Comeback-Planer aus.*** Um die Verbindlichkeit zu erhöhen, können Sie den erarbeiteten Plan auch von allen daran Beteiligten unterschreiben lassen; quasi als Verhaltens-Vertrag, den es einzuhalten gilt (Motivationshilfe für Spieler). Fordern Sie den Spieler auf, den Plan im Laufe des Rehaprozesses immer wieder durchzulesen und das jeweils Erreichte abzuhaken. Wichtig: Der Rehabilitand soll bewusst auf Fortschritte achten (z. B.: „Jetzt kann ich schon 20 min am Stück laufen, vor vier Wochen waren nur 5 min möglich!").

(3) Überwachen Sie den Rehaprozess; selbst wenn der Spieler zunächst nur mit dem medizinischen Personal arbeitet, sollten Sie stets den ***Gesamt-Überblick der Genesung behalten***. Achten Sie vor allem darauf, dass der Spieler den *Comeback-Planer* sorgfältig führt und bereits Erreichtes abhakt.

(4) Falls unerwartete (d. h. ungeplante) Probleme im Heilungsverlauf auftreten (z. B.: unerwartete Heilungsverzögerungen; Wieder-/Folgeverletzung; erneute OP): ***Stellen Sie gemeinsam (z. B. Arzt; Physiotherapeut; Rehatrainer; Athletiktrainer; Fußballtrainer; Spieler etc.) einen veränderten ‚Comeback-Planer' zusammen*** und gehen Sie entsprechend der oben genannten Schritte [1], [2] und [3] vor. Wichtig: Der Spieler muss seine volle Konzentration bzw. alle Aktivitäten nun auf die ***neue, veränderte Situation*** richten. Er darf dem Idealplan nicht nachtrauern! Ihnen obliegt hier die wichtige Aufgabe, das dem Rehabilitand nachdrücklich zu verdeutlichen.

10.2.2 Dem Körper wieder vertrauen: sich belastbar und wieder leistungsfähig erleben

(c) Selbstvertrauen aufbauen: sich wieder voll belastbar erleben

Wenn Sie möchten, dass der Spieler nach überstandener Verletzung möglichst rasch wieder den gewohnten, unbekümmerten und beherzten Einsatz im Training und Wettkampf zeigt, sollten Sie bereits *während des Genesungsprozesses* systematisch das Selbstvertrauen aufbauen. Grundsätzlich eignen sich hier alle im Kapitel 4 dargestellten Maßnahmen. Das Grundprinzip dabei ist immer:

Der Spieler muss durch eigenes, erfolgreiches Meistern (anspruchsvoller) Anforderungen direkt erfahren, dass er leistungsfähig ist.

Folglich sollten Sie Trainingsformen planen, bei denen der Akteur unmittelbar sein eigenes Können erfahren kann – sozusagen „am eigenen Leib spürt". Das fördert den Glauben an die eigene Stärke wirksamer als alle Gespräche und Beteuerungen mit bzw. von Personen, Mitspielern oder Ärzten. Wenn Sie solche Maßnahmen regelmäßig während der *gesamten Rehazeit* in das Trainingsprogramm einbauen oder von Physiotherapeuten, Reha- bzw. Konditions- und Fitnesstrainern in Absprache durchführen lassen, bauen Sie kontinuierlich Selbstvertrauen (*Selbstwirksamkeitserwartung*; vgl. Bandura, 1997) auf. Der Vorteil dabei: Der Spieler wird beim Übergang zum regulären Mannschaftstraining und insbesondere den Pflichtspielen an seine Leistungsfähigkeit und Belastbarkeit glauben und entsprechend – wie gewohnt – agieren. Und: Es bedarf dann nicht erst längerfristiger Eingewöhnungszeit und ggf. spezieller psychologischer Trainings. Das Vorgehen eignet sich somit als *ideale Vorbeugung* gegen (übermäßige) Unsicherheit und Angst „im Ernstfall".

In Anlehnung an Hermann und Eberspächer (1994) sowie Eberspächer (2004a) führen Sie das sog. Prognosetraining (siehe Kap. 4.2.3) im Kontext des Verletzungsmanagements *spezifisch* wie folgt durch:

(1) ***Grundsätzliche Anforderungsfestlegung durch Sie***: Sie besprechen sich mit dem Mannschaftsarzt und/oder Physiotherapeut bzw. Reha-/Fitnesstrainer und legen fest, welche Trainingsübung der Spieler normalerweise – wenn er sich anstrengt – meistern müsste. Dabei dient der *aktuelle* medizinisch-

somatische und mentale Leistungsstand des Spielers als Grundlage (z. B.: **ca**. 30 min langsamer Dauerlauf am Stück bei **ca**. 6 min-Tempo pro Kilometer; **ca**. 3 x 12 Wiederholungen beim Krafttraining mit **ca**. 65% des Maximalgewichts bei ca. 2min. Serienpause zum Muskelaufbau; **ca**. 10 Vollspannschüsse mit dem geheilten Fuß nach Flanke von rechts). Sie teilen die Aufgabenstellung dem Spieler mit. Wichtig: Ihre Vorgabe gilt als Ziel-*Bereich*, in dem sich der Akteur bewegen sollte *(„Ungefähr XXX solltest Du jetzt können.“)*.

(2) ***Konkrete Zielformulierung durch den Spieler:*** Der Spieler legt nun exakt fest, welche Anforderung er realisieren wird. Also: Die von Ihnen bei (1) bestimmten ‚Rahmendaten' (Ziel-Bereich) werden vom Spieler nun konkretisiert. Er teilt mündlich (oder evtl. schriftlich) genau mit, was er konkret durchführt (z. B.: 30 min Dauerlauf in 5:45 min pro Kilometer; 3x10 Wiederholungen beim Krafttraining/Hypertrophie; 10 Vollspannschüsse mit dem geheilten Fuß nach Flanke von rechts). Auf Grund Ihrer sorgfältig bedachten „Rahmendaten“ (Ziel-Bereich) können Sie sofort korrigierend einschreiten, falls die genannten Vorgaben des Spielers deutlich zu schwer bzw. zu leicht gewählt wurden.

(3) ***Übungsausführung des Spielers:*** Der Spieler realisiert nun die von ihm prognostizierte Übung unter Aufbietung all seiner Möglichkeiten. Sie sind bei der Trainingsdurchführung anwesend und beobachten genau; ggf, schaut auch noch der Arzt und/oder Physiotherapeut und/oder Reha-/Fitnesstrainer zu.

(4) ***Analyse:*** Sie analysieren zusammen mit dem Spieler und evtl. dem medizinischen Personal (v. a. Arzt; Physiotherapeut; Rehatrainer) die realisierte Anforderung dahingehend, ob sie *erreicht, nicht erreicht* oder *übertroffen* wurde. Hierzu sind die Richtlinien bei (1) und (2) hilfreich.

(5) ***Begründung:*** Lassen Sie den Spieler nach möglichst objektiven Gründen des Erreichens vs. Nicht-Erreichens der Vorgabe suchen.

(6) ***Lob/Anerkennung:*** Heben Sie sowohl bei erfolgreicher als auch bei nicht-erfolgreicher Übungsausführung die aufgebrachte Anstrengungsbereitschaft anerkennend hervor. Zeigen Sie Zufriedenheit über erfolgreiche Leistungen und die Zuversicht, nicht-erfolgreiche Übungen zukünftig zu meistern.

(7) ***Führen Sie das Prognosetraining zu gegebener Zeit erneut durch.***

(d) Verletzungsangst abbauen: Körpervertrauen entwickeln

Wenn die Spieler über längere Zeit hinweg (also nicht nur die ersten Wochen nach Wiedereinstieg in den regulären Spielbetrieb) *unbegründete* Ängste zeigen, voll in die Zweikämpfe zu gehen, aggressiv zu agieren oder den vormals verletzten Bereich schonen, sollten Sie den Unsicherheiten und Befürchtungen ggf. durch psychologische Strategien begegnen. Denn die anfänglich abwartende und zögernde Haltung nach Verletzungen (sie ist häufig anzutreffen und nicht ungewöhnlich) sollte allmählich, nach einigen ‚Anpassungsversuchen', nachlassen. Die Arbeitsgruppe um Kleinert (2002, 2003) entwickelte das sog. *Kölner Körpervertrauenstraining* (KKVT), mit dem Unsicherheiten, Befürchtungen und Ängste im Anschluss an Sportverletzungen „abtrainiert" werden können. Das Training geht u. a. auf klinisch-psychologische Erkenntnisse zur Angstbehandlung bzw. des Verfahrens der Systematischen Desensibilisierung (vgl. Wolpe, 1958) zurück und wird für den Sportbereich spezifiziert. Da es sich um ein komplexeres Trainingsverfahren handelt und vertiefte klinisch-psychologische Grundkenntnisse voraussetzt, sollte das Training unter Anleitung eines qualifizierten (Sport-)Psychologen bzw. im Idealfall von ihm selbst durchgeführt werden. Es gliedert sich in die drei Schritte (1) *Angsthierarchie erstellen*, (2) *Vertrauenstechniken erlernen* und (3) *Vertrauenstechniken anwenden*. Zunächst wird in Abstimmung mit dem Spieler und ggf. Physiotherapeuten und Ärzten eine Rangreihe der ungewissen unangenehmen, ängstigenden Trainings- und Wettkampfsituationen aufgestellt. Die Reihenfolge verläuft von der am wenigsten angstmachenden Situation zu der am stärksten gefürchteten ([1] *Angsthierarchie erstellen*). Anschließend erlernt der Sportler verschiedene Vertrauenstechniken (Aufmerksamkeit lenken; positive Vorstellungen; positive Selbstbestärkung; [2] *Vertrauenstechniken lernen*). Konkret: (i) Er lernt, seine *Aufmerksamkeit* auf Stärke und Kraft der Muskeln, Sehnen und Bänder zu richten. Im Rahmen von Kraft- und Athletik-/Stabilisationstrainingseinheiten lässt sich das besonders gut verwirklichen. Der Spieler wird etwa angewiesen, auf die kraftvolle Streckung des Kniegelenks an der Kraftmaschine oder die Spannung des Sprunggelenks im Rahmen des Sprunglauf-Trainings zu achten; (ii) er *stellt sich positive Bilder, Symbole, Metaphern oder Musik vor*, was für ihn Stärke und (Kampf-)Kraft signalisiert (bspw.: Jubelpose nach wichtigem Torerfolg; gegnerischem Angreifer den Ball ‚ablaufen'; ‚Rocky-Musik'); (iii) der Sportler erlernt überdies konkrete *innere Selbstanweisungen* (Selbstbefehle; -instruktionen), die ihn an seine körperliche Stärke/Leistungsfähigkeit erinnern und zur Handlungsausführung motivieren (etwa: „Jetzt voll sprinten, du bist körperlich topfit!"; „Jetzt einen harten Volleyschuss, der Fuß hält!"). Im letzten Schritt schließlich werden unangenehme Trainings- und Wettkampfsituationen mit den eben beschriebenen, erlernten Vertrauenstechniken gekoppelt ([3] *Vertrauenstechnik anwenden*). Der Spieler wird aufgefordert, die am wenigsten ängstigende/ beunruhigende Situation/Übung durchzuführen. Sobald der Akteur hierbei von unangenehmen Empfindungen/Ängsten/Unsicherheiten berichtet, soll er die Übungsdurchführung unterbrechen und eine (oder mehrere) erlernte Vertrauenstechnik (Aufmerksamkeit lenken; positive Vorstellung; positive Selbstbekräftigung) anwenden. Dann wird die beunruhigende Übung fortgesetzt. Mit der Zeit merkt der Spieler schließlich, wie ihm die vormals ängstigende Situation keine Sorgen mehr bereitet. Auf der ‚Angstleiter' kann somit Schritt für Schritt zur nächsthöheren Sprosse (= ängstigende Situation/Übung) übergegangen werden. Die Konsequenz: Allmählich wird durch diese Prozedur Unsicherheit/Angst ab- und Vertrauen in die Funktionstüchtigkeit des wiedergenesenen Körperteils aufgebaut. Das Vorgehen erfordert zusammenfassend systematisches Durchführen (vgl. Abb. 9):

(1) „Angstleiter“:

Spieler bildet eine Rangreihe seiner Unsicherheiten und Befürchtungen (*aufsteigende Reihenfolge*: von den am geringsten ängstigenden bis zu den am stärksten ängstigenden Situationen)

↓

(2) Vertrauenstechniken erlernen:

Spieler eignet sich Vertrauenstechniken an (*Aufmerksamkeit lenken; Positive Vorstellungen; Positive Selbstbestärkung*)

↓

(3) Vertrauenstechniken anwenden:

Spieler führt die jeweiligen Problemsituationen aus und setzt bei aufkommender Unsicherheit und Angst die erlernten Vertrauenstechniken ein; es wird allmählich auf der „Angstleiter“ nach oben geklettert, bis Angst und Unsicherheit ab- und das gewohnte Körpervertrauen wieder aufgebaut ist

Abb. 9. Vorgehensschritte des Kölner Körpervertrauenstrainings (KKVT).

So sollten Sie als (Sport-)Psychologe konkret vorgehen:

(1) ***Angsthierarchie erstellen:*** Sprechen Sie mit dem Spieler über Ihre Beobachtungen bzw. diejenigen des Trainers. Teilen Sie ihm ruhig und sachlich mit, dass Sie eine gewisse Unsicherheit und Verletzungsangst vermuten, die man abtrainieren könne. Vergewissern Sie sich beim Spieler, dass er tatsächlich ein „ungutes Gefühl in Ernstsituationen“ hat. **Wichtig:** Betonen Sie, dass zur Problembeseitigung diverse ‚Sonderschichten' nötig sind, die jedoch bald zu alter Leistungsstärke zurückführen können. Leiterprinzip: Lassen Sie sich vom Spieler jeweils die verschiedenen Situationen/Übungen nennen, in denen er Unsicherheiten, Unbehagen und Angst verspürt. Die Reihenfolge soll von der am wenigsten ängstigenden bis zur am meisten ängstigenden Situation verlaufen: Wie, wenn man auf einer Leiter von unten nach oben steigen möchte. Halten Sie schließlich die einzelnen, geordneten Situationen (Sprossen der Leiter) schriftlich fest (***Beispiel:*** Nach überstandener Oberschenkelzerrung: (1) langsames Traben; (2) mittlerer Dauerlauf; (3) Tempodauerlauf; (4) Maximalsprints über 30 Meter; (5) blitzschnelle Richtungs-/Springwechsel).

(2) ***Geeignete Vertrauenstechniken finden:*** Vermitteln Sie dem Spieler die oben vorgetragenen vertrauensbildenden Maßnahmen. Hierbei zu beachtende Aspekte: Bei der *Aufmerksamkeitslenkung* sollten Übungen gewählt werden, die der Fußballer auch auf dem Trainingsplatz umsetzen kann (z. B.: Einbeinsprünge; Sprungläufe – um Vertrauen in Stärke/Belastbarkeit des Sprunggelenks wieder zu erlangen; Kniebeuge mit Hanteln, um Vertrauen in Stärke/Belastbarkeit der Oberschenkelmuskulatur wieder zu erlangen). Die *positiven Vorstellungen* müssen aus Spieler-Perspektive ausgewählt werden. Einzig relevant hierbei ist, dass der Spieler (und nicht Sie als Trainer!) durch bestimmte Bilder, Symbole, Metaphern oder Musik Vorstellungen initiiert, mit denen er Stärke, Leistungsfähigkeit und (Kampf-)Kraft verbindet. Selbiges ist für das Erlernen von *Selbstanweisungen* zu fordern. Auch sie sind nur erfolgsversprechend, wenn der Athlet (und nicht Sie als Trainer!) in seiner eigenen Wortwahl und Ausdrucksweise entsprechende Selbstbefehle formuliert.

(3) ***Ausgewählte Vertrauenstechniken eintrainieren:*** Um die ausgewählten Techniken im weiteren Trainingsprozess effektiv einzusetzen, müssen sie zunächst sicher und exakt beherrscht werden (sozusagen „im Schlaf beherrscht"). Planen Sie deshalb Zeit ein, um sie hinreichend zu üben. Also: Der Fußballer muss jetzt lernen, seine Aufmerksamkeit gezielt auf eine bestimmte Körperregion zu lenken und hier Muskelkraft, Bänder- und Sehnenstärke etc. zu spüren; er muss auch in die Lage versetzt werden, sich spontan positive (bestärkende) Bilder, Symbole oder Musik vorzustellen; außerdem funktionieren Selbstanweisungen nur bei hinreichendem Training. Folge: Selbst einfach erscheinende Techniken bedürfen einer gewissen Übungszeit!

(4) ***Anwenden ausgewählter Vertrauenstechniken in Angstsituationen:*** Gehen Sie nun mit dem Spieler zusammen die bei (1) erstellte ‚Angstleiter' Schritt für Schritt (d. h. Sprosse für Sprosse) von unten nach oben. Der Spieler führt die am wenigsten ängstigende Aktion/Situation aus (= untere Sprosse der Leiter) und unterbricht sie, sobald er Anzeichen von Angst/Unbehagen verspürt. Sie fordern ihn nun auf, eintrainierte Vertrauenstechnik(en) [siehe Punkt 3] auszuführen (z. B. bestimmte Vorstellungen; Selbstanweisungen etc.). Anschließend wird die ängstigende Aktion/Situation fortgesetzt. Wiederholen Sie die Prozedur mit dem Spieler zusammen so oft, bis er keine Angst/Unsicherheit auf dieser Ebene mehr verspürt. Gehen Sie erst anschließend zur nächsthöheren Stufe über. Mit dem Vorgehen klettern Sie sozusagen die gesamte Sprossen-Leiter hoch, bis sich der Spieler schließlich wieder angstfrei bzw. leistungsstark fühlt.

10.3 Selbstkontrolle: Habe ich die wichtigsten Inhalte behalten und verstanden?

Abschließend können Sie die erworbenen Kenntnisse zur Optimierung des Genesungsprozesses verletzter Spieler überprüfen. Bitte kreuzen Sie die Aussagen an, die Sie als „richtig" einschätzen. Wenn Sie sich bei einzelnen Aussagen noch unsicher sind, dann lesen Sie bitte die kommentierten Antworten im Anhang und wiederholen Sie die jeweiligen Abschnitte des Kapitels 10 nochmals. Sobald Sie mit dem Kenntnisstand zufrieden sind, zögern Sie nicht, einzelne Maßnahmen bei Bedarf im Training einzusetzen bzw. in Kooperation mit einem (Sport-)Psychologen einzuleiten.

Verletzung und Rehabilitation: nicht nur ein medizinischer Prozess (**Eine richtige Aussage: siehe Punkt 10.1**):

(1) Die möglichst optimale Genesung nach einer Verletzung liegt ausschließlich in der Hand des medizinischen Personals.

(2) Nach einer Verletzung gibt es im Rehabilitationsprozess bestimmte ‚kritische Situationen', in denen relativ hoher psychischer Stress der Spieler wahrgenommen wird. Auch ist hier die Gefahr von (Wieder-/Folge-)Verletzungen erhöht.

Psychologische Maßnahmen zur Optimierung des Rehaverlaufs (**2 richtige Aussagen: siehe Punkt 10.2**):

(3) Nach einer schweren Verletzung ist es immer so, dass der Spieler nicht mehr seine vorherige Leistungsfähigkeit erreicht, da die ‚mentale Sperre' nicht beseitigt werden kann.

(4) Schon während des gesamten Rehabilitationsprozesses können mentale Übungsformen das Selbstvertrauen systematisch aufbauen und so die alte Leistungsstärke wiederherstellen.

(5) Mit der medizinischen Diagnose brauche ich mich als Trainer nicht zu beschäftigen. Dafür haben wir einen kompetenten Arzt, der das den Spielern eingehend und verständlich erläutern kann.

(6) Das systematische Vorplanen mehrerer Rehabilitationsverläufe inklusive jeweils zu realisierender (Teil-)Ziele verschafft dem Spieler Sicherheit, reduziert Stress und ist motivationsfördernd.

11 Der leistungsfähige Trainer: Wie kann ich mein eigenes Wohlbefinden erhalten?

Wir beschäftigen uns nun mit einem in der Fußballtrainer-Szene vor allem durch die Namen Ralf Rangnick, Ottmar Hitzfeld oder Rainer Hörgl bekannt gewordenen Zustand: dem Burnout-Syndrom. Dieses Bündel von Merkmalen tritt vor allem bei chronischer Überbeanspruchung auf und führt dazu, dass man seine Aufgaben als Fußballtrainer nicht mehr optimal realisieren kann, sich eventuell weitere, psychosomatische Beschwerden entwickeln und man im schlimmsten Fall die Trainerkarriere aufgeben muss. Wir wollen wissenschaftlich fundierte Erkenntnisse zum o.g. Erschöpfungssyndrom präsentieren. Sie sollen insbesondere die Möglichkeit des aktiven Vorbeugens erkennen und diesbezüglich spezielle, präventive Techniken anwenden lernen. Im ersten Punkt gehen wir der Frage nach, was eigentlich mit dem Fachbegriff Burnout gemeint ist (Kap. 11.1). Anschließend erläutern wir unsere Vorstellungen des Entstehens dieses unangenehmen Zustandes (11.2). Wir gehen dann auf die Bedeutsamkeit von effektiven Stressbewältigungs-Maßnahmen zur wirkungsvollen Vorbeugung bzw. Erhaltung der mentalen Gesundheit ein (Kap. 11.3). Die zum Verständnis notwendigen Grundkenntnisse führen uns schließlich zu konkreten Verfahren des Vorbeugens von Burnout (Kap. 11.4), bevor Ihnen der abschließende Fragenkatalog das erworbene Wissen widerspiegelt (Kap. 11.5).

11.1 Das Burnout-Syndrom: Was bedeutet Burnout?

Burnout wird seit ca. 50 Jahren relativ intensiv erforscht. Waren zunächst vor allem Sozialberufe im Zentrum der Forschungsbemühungen, so hat sich mittlerweile das Interesse auch auf den Sportbereich ausgedehnt. Neben Burnout bei Sportlern wird das Phänomen inzwischen auch bei *Sporttrainern* untersucht (z. B. Altfeld & Kellmann, 2013; Dale & Weinberg, 1990; Goodgner et al., 2007; Schaffran et al., 2019). Wir veranschaulichen durch nachstehendes Fallbeispiel die wichtigsten Kennzeichen des Burnout-Syndroms:

Beispiel: Fußballtrainer X arbeitet im zehnten Trainer-Jahr im Profifußball. Er hat bisher meistens Erfolg gehabt und mit seinen Mannschaften stets die vom Verein und von ihm selbst recht hohen Zielvorgaben erfüllt. Zu seiner Arbeitshaltung gehört es, dass er sich stets die ***höchsten Ziele setzt und diese auch perfektionistisch verfolgt***. Er ist insgesamt schwer zufrieden zu stellen. Er kann ***nach einem Trainingstag nur schwer abschalten***, wenn z. B. Probleme aufgetaucht sind oder wichtige Entscheidungen anstehen. Seit ein paar Monaten merkt er nun, dass mit ihm irgendetwas nicht stimmt. Er fühlt sich nicht mehr so leistungsfähig wie früher. Seiner Frau berichtet er, dass er sich in letzter Zeit irgendwie ***geistig und körperlich energielos, abgearbeitet und aufgebraucht*** fühlt. Er könne die Spieler und seine Co-Trainer mit ihren sog. Sorgen und Problemen nicht mehr verstehen und ***halte deshalb lieber – oberflächlich – Distanz***. Außerdem trete er irgendwie auf der Stelle, seine Ideen würden nicht so richtig begriffen und er ***sei mit seiner Trainingsarbeit insgesamt nicht zufrieden***. Er fühle sich nur noch als funktionierendes Getriebe in der Maschinerie Profi-Fußball, ohne eigene Handlungsfreiheit, ***ohne wirkliche Freude mehr***

an seinem Job und ohne Tatendrang. Es plätschere alles so vor sich hin und er müsse sich momentan ***eher quälen, das Training durchzuführen***. Aber das sei halt seine Aufgabe, und deshalb mache er ebenso weiter („Hilft ja nichts!").

Seine Frau ist ratlos hinsichtlich des geschilderten Zustands. Die (Sport-)Psychologie erkennt hier die typischen Kennzeichen des so genannten Burnout-Syndroms (Ausbrennen).

In Anlehnung an die weitgehend akzeptierten Definitionen von Maslach, Jackson und Leiter (1996), Aronson, Pines und Kafry (1983) sowie Burisch (1989; www.burnout-institut.eu) soll Burnout (Ausbrennen) verstanden werden als *geistige-körperliche Reaktion* der Person auf *chronischen Stress*, die sich in burnout-typischen und burnout-disponierenden/allgemeinen Merkmalen ausdrückt. Zu den ***burnout-typischen*** Merkmalen sind hierbei *Emotionale Erschöpfung, Leistungsunzufriedenheit, Distanziertheit, innere Leere* und *Arbeitsüberdruss* zu zählen. Als ***burnout-disponierende/allgemeine*** Kennzeichen gelten *Hilflosigkeit, Unfähigkeit zur Entspannung, Aggressive Reaktion, Depressive Reaktion* und *Selbstüberforderung* (vgl. Abb. 10).

Die im obigen Beispiel kursiv-fett-gedruckten Textpassagen stellen hier Kennzeichen von Burnout dar. Als burnout-disponierende/allgemeine Merkmale sind solche zu nennen, die vermutlich die typischen Kennzeichen des Syndroms wesentlich mit beeinflussen und oftmals zusammen mit ihnen auftreten. Im obigen Beispiel betrifft das die perfektionistische Arbeitshaltung bzw. die hohen eigenen Leistungsziele, die zu selbsterzeugtem Stress und Selbstüberforderung führen können. Ein weiteres Merkmal ist das Problem des Abschaltens nach dem Trainingstag (Unfähigkeit zur Entspannung). Die typischen Kennzeichen des Ausbrennens sind im Beispiel das Gefühl von Energielosigkeit und Aufgebrauchtsein (Emotionale Erschöpfung), die Unzufriedenheit hinsichtlich der eigenen Effektivität der Trainertätigkeit (Leistungsunzufriedenheit), das Sich-Quälen-Müssen für die Trainings-Durchführung (Arbeitsüberdruss), die eher oberflächlich-distanzierte Haltung im Kontakt mit den Spielern und Co-Trainern (Distanziertheit) sowie das Dahinplätschern des Trainings-Alltags ohne wirkliche Freude (Innere Leere).

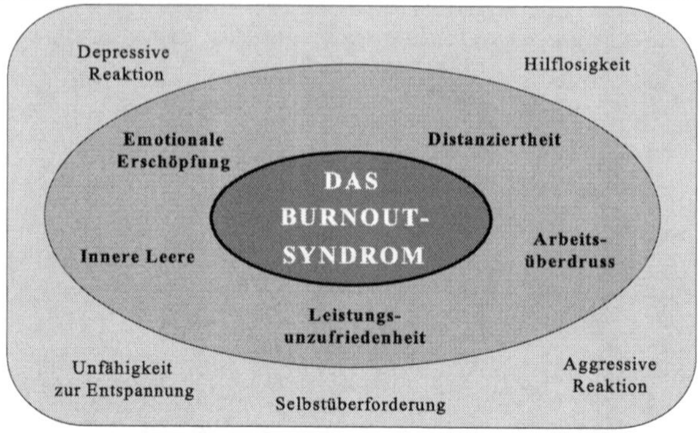

Abb. 10. Kennzeichen des Erschöpfungssyndroms *Burnout*.

Sie werden sich nun vielleicht fragen, wo in dieser Definition das Merkmal ‚Suizid' (Selbsttötung) auftaucht, das doch beispielsweise beim ehemaligen deutschen Nationaltorhüter Robert Enke in so tragischer Weise erkennbar war, indem er sich das Leben nahm. Die Frage betrifft die Unterscheidung zwischen dem ***Burnout-Syndrom*** und einer ***klinisch relevanten Depression***. Diese zwei Störungs- bzw. Krankheitsbilder werden häufig in einen Topf geworfen, obwohl sie zwei verschiedene Sachverhalte meinen: Robert Enke litt offensichtlich an einer schweren klinischen Depression. Schwere klinische Depressionen drücken sich unter anderem dadurch aus, dass sich die Betroffenen in allen Lebensbereichen und nahezu den ganzen Tag extrem energie- und antriebslos fühlen, ihr gesamtes Leben ausnahmslos als sinnlos und hoffnungslos betrachten, keinerlei Freude mehr an fast allen Tätigkeiten empfinden und oft auch Gedanken an Selbsttötung (Suizid) hegen oder dies gar realisieren. Das war bei Robert Enke der Fall. Demgegenüber ist dieses letzte Merkmal für Personen mit einem Burnout-Syndrom *nicht* kennzeichnend, wenngleich auch deren Stimmung unter Umständen deutlich gedrückt sein kann oder man eine Energie- und Antriebslosigkeit wahrnimmt. Auch kann im ungünstigsten Fall der Zustand von Burnout längerfristig in den Zustand einer klinischen Depression übergehen. Burnout-Betroffene fühlen sich hingegen *nicht* in allen Bereichen und zu jeder Zeit geistig-körperlich stark beeinträchtigt (Altfeld & Kellmann, 2013; Burisch,1989; Hillert & Marwitz, 2006). Oft ist dies auf bestimmte (Arbeits-)Bereiche beschränkt (z. B.: Trainer-Tätigkeit; hauptamtliche Berufs-Tätigkeit). Also: Sobald Gedanken oder Handlungen von Selbsttötung (Suizid) im Spiel sind, handelt es sich um eine klinische Form der Depression, die fachkundig behandelt werden muss! Hier sind zwingend Psychiater bzw. Psychotherapeuten aufzusuchen (als mögliche Anlaufstelle im Sportkontext sei auf die Netzwerkinitiative *MentalGestärkt* des Psychologischen Instituts der Deutschen Sporthochschule Köln verwiese; https://www.dshs-koeln.de/psychologisches-institut/initiativen-transferprojekte/mentalgestaerkt/). Selbsttherapieversuche müssen hier unterlassen werden. Beim Burnout-Syndrom sind Selbsttherapien unter Umständen effektiv. Eine wirksame Prophylaxe lässt sich oft gut erreichen (siehe die nachfolgenden Ausführungen).

Wir fassen noch einmal zusammen, was unter Burnout (Ausbrennen) zu verstehen ist:

- Burnout (englisch: Ausbrennen) ist ein *negativer geistiger-körperlicher Zustand*, der sich durch *mehrere Merkmale* ausdrückt.
- Als typische Kennzeichen dieses negativen Phänomens treten vor allem *Emotionale Erschöpfung*, *innere Leere*, *Leistungsunzufriedenheit*, *Arbeitsüberdruss* und *Distanziertheit* in Erscheinung; zu den allgemeineren/disponierenden Merkmalen lassen sich *Aggression*, *Unfähigkeit zur Entspannung*, *Hilflosigkeit*, *Depression* und *Selbstüberforderung* zählen. Erstgenannte Erscheinungen treten typischerweise bei Burnout auf, wohingegen letztgenannte diese ‚Schlüsselmerkmale' mitbestimmen (disponieren) können und häufig zusammen mit ihnen auftreten.
- Das Erschöpfungssyndrom Burnout ist vor allem eine Antwort auf *längerfristigen Stress* bzw. *chronische Überbeanspruchung*, der ***nicht*** *effektiv bewältigt* werden kann.
- Burnout und klinische Depression sind zu unterscheiden: Klinische Depressionen betreffen über mehrere Wochen eine alle Lebensbereiche umfassende und nahezu die ganze Zeit des Tages auftretende (in Schweregrad variierende) Passivität, Energielosigkeit, Hoffnungslosigkeit, Freudlosigkeit und innere Leere; und häufig kommen Gedanken an eine Selbsttötung (Suizid) bzw. gegebenenfalls sogar die tatsächliche Ausführung hinzu. Burnout ist demgegenüber meist auf bestimmte (Arbeits-)Bereiche beschränkt und geht nicht mit Gedanken oder gar Handlungen an/der Selbsttötung einher. Eine klinische Depression muss fachkundig behandelt werden.

11.2 Burnout-Entstehung: Das Ressourcenbezogene Burnout-Modell für Fußballtrainer

Nach der Beantwortung der Frage, was man unter dem Fachbegriff Burnout versteht, möchten Sie vermutlich wissen, wie das Syndrom entsteht und wie dem unangenehmen Zustand möglichst vorgebeugt werden kann. Erste Antworten können bereits aus dem oben Beschriebenen entnommen werden, indem Ausbrennen vermutlich durch bestimmte Verhaltens-Dispositionen (die erwähnten burnout-disponierenden/allgemeinen Merkmale) mitbeeinflusst wird (vgl. Burisch, 2002). Sind Sie also andauernd übermäßig perfektionistisch bei der Ausführung der Traineraufgaben und setzen Sie sich evtl. unrealistisch hohe Ziele mit Ihrem Team (Selbstüberforderung), kreisen Ihre Gedanken am Feierabend immer wieder um Probleme des erlebten Trainingstages (Unfähigkeit zur Entspannung) oder fühlen Sie sich beispielsweise den Anforderungen hilflos ausgesetzt (Hilflosigkeit) – dann wird Ihr Stressniveau chronisch über dem für Sie persönlich günstigen Level liegen und das Erschöpfungssyndrom Burnout wahrscheinlicher. Folglich sind grundsätzlich alle Maßnahmen als burnout-vorbeugend zu werten, die diese o.g. disponierenden Kennzeichen (vgl. Abb. 10: äußerer Kreis) reduzieren (siehe die Beispiele zum Punkt 11.4). Wir wollen jedoch ein umfassenderes Modell vorstellen, das den Prozess der Entstehung des Ausbrennens detaillierter beschreibt und für die Vorbeugung praxisorientierte Schlussfolgerungen zulässt.

Die Abbildung 11 lässt erkennen, dass wir grundsätzlich von fünf zentralen Elementen der Burnout-Entstehung ausgehen: Potenzieller Stressor, Einschätzung, Stress-Reaktion, Gesundheits-Ressourcen (Erholung; Stressbewältigung; Selbstwirksamkeits-Erwartung) und Burnout.

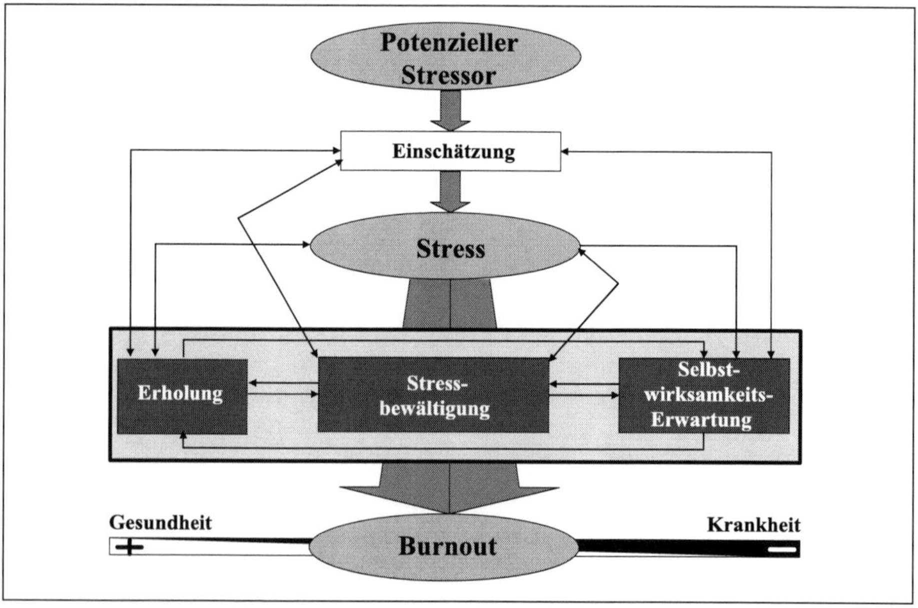

Abb. 11. Ressourcenbezogenes Burnoutmodell für Fußballtrainer (Schliermann, 2005, S. 135).

Zunächst sind Sie als Fußballtrainer heutzutage mit vielfältigen Situationen konfrontiert *(Potenzieller Stressor),* die *möglicherweise* Stress erzeugen können. Sie müssen u. a. neben der eigentlichen Trainings-Durchführung und der Kommunikation mit dem sportlichen Umfeld (z. B. mit: Spielern; Ärzten; Physiotherapeuten; Vorstand; Sportdirektoren) auch mit Sponsoren in Kontakt treten (z. B.: PR-Veranstaltungen besuchen), Fanwünsche erfüllen (z. B.: Autogrammstunden) und Medienarbeit betreiben (z. B.: Pressekonferenzen). Da macht es grundsätzlich keinen Unterschied, ob Sie im Profi- oder höherklassigen Amateurfußball arbeiten bzw. ob Sie als Trainer in Österreich, der Schweiz oder Deutschland tätig sind: Die möglichen Stressquellen sind dieselben, lediglich die Anzahl und Häufigkeit des Auftretens wird variieren. Die vielfältigen Aufgaben und Kontakte mit dem Medien-, Wirtschafts-, Publikums-/Fan- und Sportbereich können nun Konflikte herbeiführen und als Stress wahrgenommen werden (das Zusammenwirken der vier Bereiche kann als sog. *Magisches Viereck* bezeichnet werden; vgl. Hagenah, 2004). Mit anderen Worten: Wenn Sie eine bestimmte Situation (z. B. ungerechtfertigte Medienkritik) *gedanklich* als im weiteren Sinne *bedrohlich* für das eigene Wohlbefinden einschätzen, verursachen Sie eine Stress-Reaktion (vgl. Hobfoll, 1988; Lazarus, 1991). Sobald Sie Ihre eigenen Fähigkeiten und Fertigkeiten bezüglich der erfolgreichen Auseinandersetzung mit Anforderungssituationen des Traineralltags als unzureichend einschätzen, verursachen Sie somit Stress resp. eine Bedrohung des Wohlbefindens (mögliche Gedanken: „Nach dieser Schiedsrichterfehlentscheidung weiß ich nicht, wie ich taktisch weiterspielen lassen soll!"; „Die Medienkritik erdrückt mich, wie soll ich mich da wehren?"; „Eine Entlassung ist schlimm, weil ich dann vielleicht keinen neuen Job bekomme!"). Die so ausgelöste *Stress-Reaktion* äußert sich dann u. a. in körperlicher Erregung (z. B.: erhöhte Herzfrequenz; Adrenalinausschüttung), geistiger Anspannung (z. B.: innere Erregung und Anspannung) und eher unkontrolliert und unkoordiniert wirkendem Verhalten (vgl. Janke, 1976). Es ist also deutlich hervorzuheben, dass die Entstehung bzw. Nicht-Entstehung von Stress erheblich von den *gedanklichen Einschätzungen* der Situation abhängt. Also davon, ob man sich den Anforderungen persönlich gewachsen sieht (d. h. die Anforderungen und die subjektiv eingestuften eigenen Kompetenzen sind im Gleichgewicht) oder die eigenen Kompetenzen für nicht genügend bewertet werden (d. h. die Anforderungen und die subjektiv eingestuften Kompetenzen sind im Ungleichgewicht). Im ersten Fall verursachen Sie kaum Stress, im letzten dagegen schon.

Beispiel: Fußballtrainer X verliert dreimal in Folge und wird von den Medien unfair und unter der Gürtellinie kritisiert. Er denkt nun: „Das ist ja eine Sauerei, die haben ja alle keine Ahnung! Was mache ich nur, dass mein Image in der Öffentlichkeit nicht beschädigt wird? Ich habe gegen die Mediengewalt keine Chance." Der Trainer wird vermutlich ***relativ starken Stress*** wahrnehmen. Fußballtrainer Y hingegen denkt: „Ok, ich habe dreimal verloren. Aber ich weiß, was ich und die Mannschaft kann! Die können schreiben was sie wollen, das interessiert mich nicht. Ich kann und will es eh nicht ändern. Und außerdem gewinnen wir das nächste Spiel! Da bin ich gespannt, was sie dann schreiben!". Letztgenannter Trainer wird vermutlich ***wenig bzw. keinen Stress*** erzeugen.

Beide Trainer unterscheiden sich wesentlich in der Art der gedanklichen Einschätzung ein und derselben Situation. Im ersten Fall erzeugen die Gedanken eine Stress-Reaktion (Bedrohungs-Einschätzung); im letzten haben sie keine stress-auslösenden Wirkungen: die eigenen Fähigkeiten und Fertigkeiten werden als hoch eingeschätzt, selbst wenn sie es vielleicht nicht sein mögen. Die Abbildung 12 verdeutlicht den Zusammenhang nochmals.
Beim Blick auf Abbildung 11 (Burnoutmodell) ist nun vor allem wichtig, dass die auftretende Stress-Reaktion durch die *Ressourcen* (Faktoren/Fertigkeiten) Erholung, Stressbewältigung und Selbstwirksamkeits-Erwartung „gefiltert" wird (siehe **fettgedruckter** Rahmen), d. h. durch sie reduziert oder verstärkt werden kann. Anders

formuliert: Wenn ein Trainer hohen Stress durch effektive Bewältigung und/oder gezielte Erholungsmaßnahmen und/oder hoch ausgeprägtem Glauben an seine Handlungsfähigkeit (Selbstwirksamkeits-Erwartung; kann als eine Form von *Selbstvertrauen* verstanden werden) effektiv abbauen kann, ist die Burnout-Gefährdung gering. Demgegenüber nimmt die Gefahr des Ausbrennens zu, wenn er die genannten Ressourcen (auch als *Schutzfaktoren* des/der Wohlbefindens/Gesundheit bezeichnet) aus irgendwelchen Gründen längerfristig nicht in erforderlichem Maße einsetzen kann. Zusammenfassend lässt sich festhalten, dass Burnout vor allem als Konsequenz eines *längerfristigen* Stress-Zustandes gesehen werden kann, der aufgrund der individuell nicht optimal eingesetzten Schutzfaktoren entsteht. Im Umkehrschluss ist ableitbar: Wenn die genannten Faktoren optimiert werden können, hat das positiven Einfluss auf die psychophysische Gesundheit und somit die Burnout-Vorbeugung.

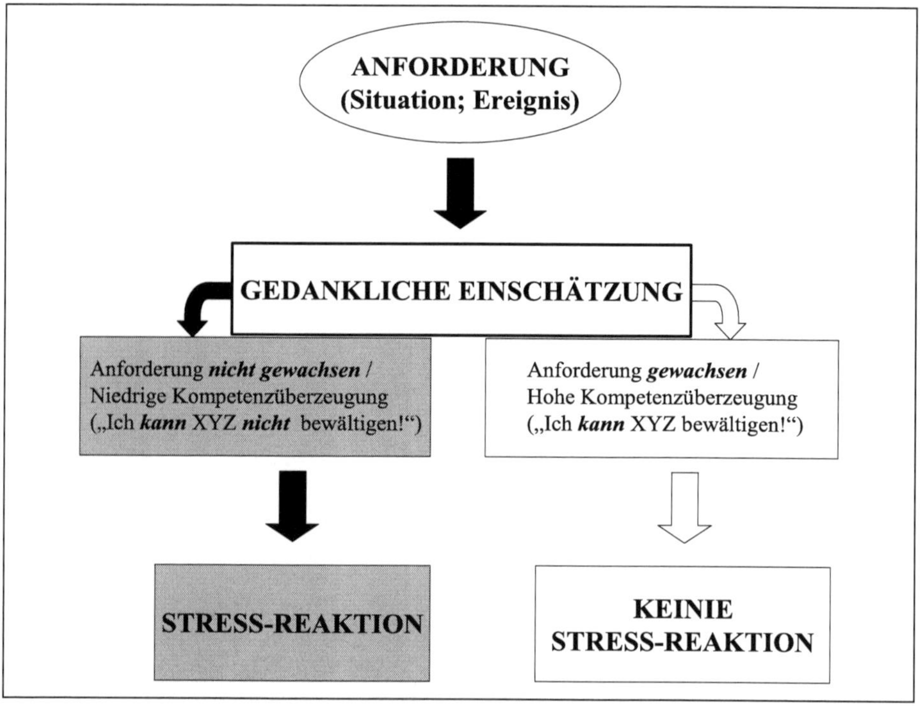

Abb. 12. Entstehung der Stress-Reaktion in Abhängigkeit von gedanklichen Einschätzungen.

Wir gehen davon aus, dass Sie als Fußballtrainer unvermeidlich immer wieder Situationen erleben, die mit stressbezogenen (bedrohlichen) Bewertungen einhergehen und somit Stress-Reaktionen auslösen: ein auf des Messers Schneide stehendes wichtiges Spiel, die falsche Elfmeterentscheidung des Schiedsrichters, der unerwartete Kreuzbandriss des Führungsspielers X oder das finanzielle Aus des

Hauptsponsors – solche oder ähnliche Situationen sind Bestandteil des Fußballs, kaum vermeidbar und meist unweigerliche, stressauslösende Ereignisse. Hier werden Sie vermutlich – auch wenn oft nicht bewusst – ein Übersteigen der persönlichen Kompetenzen wahrnehmen (charakteristische Selbstverbalisationen: „Was soll man da machen?“; „Da weiß ich jetzt auch keinen Rat“; „Warum passiert das ausgerechnet uns?“). Doch entscheidend für Ihre Leistungsfähigkeit bzw. insbesondere die Vorbeugung von Burnout ist nun, wie Sie diese – im Fußball normalen – Stresssituationen oder den aufgetretenen Stress mittelfristig bewältigen.
Sie werden nicht immer sofort alle aufgetretenen Stressoren entschärfen, Probleme lösen oder den Stresslevel senken können. Jedoch sollten Sie auf längere Sicht in der Lage sein, das Stressniveau in einem für Sie persönlich optimalen Bereich ‚einzujustieren'. Das betrachten wir als wichtigste Voraussetzung des Vermeidens von Burnout bzw. der Erhaltung des Wohlbefindens bzw. der Gesundheit. Deshalb beziehen wir uns im Weiteren speziell auf die möglichst effektive Stressbewältigung.

11.3 Habituelle Stressbewältigung: rasches Problemlösen und gedankliches Abhaken

Vielleicht haben Sie bei sich schon bemerkt, dass Sie Stress- bzw. Problemsituationen häufig mit ähnlichen Verhaltensweisen zu bewältigen versuchen. Beispielsweise regen Sie sich nach Schiedsrichter-(Fehl-)Entscheidungen stets lautstark auf, haken verschossene Foulelfmeter im Allgemeinen rasch ab oder versuchen in der Halbzeitpause in der Regel zunächst den Erregungsgrad durch gezielte Atemtechniken zu senken. Es scheint so, dass wir uns im Laufe des Lebens bzw. durch diverse (Erfolgs-/Lern-)Erfahrungen ein bestimmtes Stressbewältigungs-Muster aneignen, mit dem wir auftretenden Stress zu verarbeiten versuchen. Man bezeichnet ein solch verfestigtes Bewältigungsrepertoire auch als *habituelles* Coping. Obwohl es für optimale Stressverarbeitung nachweislich wichtig ist, nicht nur stur ein bestimmtes Raster an Bewältigungstechniken für alle möglichen Stresssituationen anzuwenden, sondern jeweils situationsflexibel zu agieren, scheint eine bestimmte Grundrichtung der Stressbewältigung durchaus wichtig für Wohlbefinden. Leistungsfähigkeit und Burnoutschutz zu sein. Wir haben uns in unseren sportpsychologischen Forschungen intensiv mit der so genannten habituellen (verfestigten) Stressverarbeitung von Fußballtrainern auseinandergesetzt (vgl. z. B. Schliermann, 2005; Schliermann, Hagenah & Hörmann, 2002) und können hier einige wichtige Schlussfolgerungen hinsichtlich Entstehung und vor allem Vorbeugung von Burnout ziehen.

Welche habituelle Stressverarbeitung wirkt wahrscheinlich wohlbefindensfördernd bzw. burnoutschützend?

Zur Identifizierung des wahrscheinlich burnoutschützenden Bewältigungsverhaltens führten wir einige Studien durch. In der Saison 1995/96 (Hinrunde) befragten wir (a) 20 der 36 amtierenden Cheftrainer der deutschen Fußball-Bundesliga (1. und 2.)

nach ihrem bevorzugten Stressbewältigungs-Muster mittels eines Stressverarbeitungsfragebogens (SVF; vgl. Janke et al., 1985). Die Trainer mussten angeben, wie wahrscheinlich sie die im Fragebogen aufgelisteten Bewältigungsaktionen (z. B.: „... frage ich jemanden um Rat, wie ich mich verhalten soll.") anwenden, wenn sie durch irgendetwas oder irgendjemanden beeinträchtigt, innerlich erregt oder aus dem Gleichgewicht gebracht worden sind. Wir untersuchten also die generelle Tendenz der Trainer, in Stresssituationen jeweils bestimmte Bewältigungsreaktionen zu nutzen. Außerdem befragten wir in der Saison 1998/99 (b) 112 deutsche Trainer der Amateurligen ebenfalls nach ihrer habituellen Stressverarbeitung mittels des obig genannten Fragebogens sowie untersuchten deren Burnout-Niveau. Schließlich führten wir Anfang der 2000er Jahre problembezogene Interviews mit (c) Profiligatrainern aus Deutschland, Österreich und der Schweiz auch hinsichtlich des Umgangs mit Stresssituationen im Traineralltag durch. Wir fanden zusammenfassend u. a. folgende praxisrelevante Resultate:

- Topliga-Cheftrainer verarbeiten Stress vor allem durch ***aktives Bewältigen.*** Sie versuchen also bevorzugt, Stresssituationen (Stressoren) bzw. ***Probleme des Traineralltags möglichst sofort nach Auftreten zu lösen*** oder dies zumindest zu versuchen.
- Topliga-Cheftrainer vollziehen die oben genannte ***aktive Bewältigung in der Regel nach einem bestimmten Muster:*** Sie versuchen aufgetretene Stresssituationen bzw. Probleme (1) möglichst rasch zu analysieren („Was ist das Problem?"; „Welche Lösungsmöglichkeiten habe ich?"), (2) wählen dann die beste Lösung aus, (3) versuchen diese dann umgehend umzusetzen und (4) haken die Stresssituation dann ab und konzentrieren sich wieder auf neue, anstehende Aufgaben.

> „Eine Situation analysieren, eine Lösung suchen, die Lösung durchsetzen und fertig. Das ist absolut entscheidend, ja. Ich war immer schon so. Aber ich bin jetzt natürlich noch viel mehr in solchen Situationen, dass ich da einfach so gefordert bin...Aber es ist schon so, dass man jetzt viel mehr noch in diese Richtung geht: Was ist das Problem? Was habe ich für Möglichkeiten? Diese, diese, diese. Wie löse ich es? So – und dann wird es durchgezogen. Dann ist es erledigt" (Aussage eines Trainers der zweithöchsten schweizerischen Profiliga; Schliermann, 2005, S. 199).
>
> „Das geht extrem schnelllebig. Du spielst Freitag, du spielst Dienstag, du spielst Freitag. Das geht rucki, zucki. Wenn du da noch lange überlegst, hast du drei Spiele verloren. Das geht nicht. Du musst das sofort absprechen: Spielerbesprechung, besser machen, nächstes Spiel. Und dann geht es schon wieder dahin" (Aussage eines Trainers der zweithöchsten österreichischen Profiliga; Schliermann, 2005, S. 198).

- Topliga-Cheftrainer versuchen, sich nicht zu lange mit vergangenen Stressoren zu beschäftigen und sie ***möglichst rasch*** – nach versuchter oder erfolgter Problemlösung (siehe letzter Punkt) – ***gedanklich abzuhaken.*** Somit sind die Trainer wieder in der Lage, sich auf die aktuellen oder zukünftigen Traineraufgaben zu konzentrieren. Das rasche Abhaken bzw. Problemlösen scheint ein ***Charakteristikum von Topliga-Trainern*** zu sein.

„Das ist die wichtigste (Betonung auf WICHTIGSTE) Eigenschaft. Das ist nicht eine wichtige, sondern die wichtigste Eigenschaft, die ein absoluter Spitzentrainer in der höchsten Klasse haben muss. Aus dem ganz einfachen Grund: Wenn man mit Spielern zu tun hat, die hochklassig sind, die einen sehr ausgeglichenen Leistungsstand haben, dann ist die Konzentrationsfähigkeit für die nächsten Aufgaben viel wichtiger. Wenn man sich zu lange mit der Vergangenheit beschäftigt, mit dem, was heute Vormittag war, dann habe ich am Nachmittag nicht mehr die Fähigkeit, das Training ganz neutral zu führen und dann nachher noch auszuwerten. Ein Hitzfeld oder die ganzen Bundesligatrainer, die drei oder vier Wettbewerbe haben und jeweils alle zwei Tage ein Spiel, die stehen von der Terminplanung unter Druck. Der kann nicht denken, was letzte Woche im Training war und in den nächsten Minuten sofort und automatisch handeln, wenn er es nicht abhakt" (Aussage eines Trainers der zweithöchsten deutschen Profiliga; Schliermann, 2005, S. 198).

- Topliga-Cheftrainer weisen ein ***im Vergleich zu Amateurliga-Cheftrainern unterschiedliches Stressbewältigungs-Muster*** auf. Die hochklassigen Trainer ***nutzen passives Bewältigungsverhalten seltener*** als Amateurliga-Trainer. Sie betrachten stressvermeidendes, von ihrem sozialen Umfeld abkapselndes, resignierendes, selbstbeschuldigendes und über Stresssituationen längere Zeit nachgrübelndes Verhalten als weniger wichtig bei der Auseinandersetzung mit Stress.
- Die letztgenannten, eher passiven Verarbeitungsformen des gefühlsmäßigen Betroffenseins bzw. Aufgebens weisen bei Amateurliga-Trainern relativ starke Zusammenhänge mit Merkmalen des Burnoutsyndroms auf. Das Resultat deutet also darauf hin, dass ***längerfristiges defensives bzw. passives Bewältigen vermutlich zu einer erhöhten Burnoutgefährdung führt.*** Machen Sie sich bewusst: Wenn Sie dauerhaft bestimmte Stresssituationen meiden oder sich ständig bemitleiden, wird das Stressproblem nicht gelöst und bleibt weiterhin bestehen. Dennoch ***kann das eher defensive und passive Verhalten kurzfristig situationsangemessen sein*** und sollte nicht pauschal abgelehnt werden. Wenn Sie etwa unangenehmen Journalistenfragen unmittelbar nach Spielschluss zunächst ausweichen, sich in der Kabine erst einige Minuten emotional ‚runterregulieren' und dann Rede und Antwort stehen, wird sicherlich ein konstruktiveres Gespräch stattfinden können.
- Insgesamt scheinen ***hochklassige Topliga-Trainer ein günstiges und burnout-schützendes Bewältigungsmuster*** aufzuweisen, an dem sich auch im Amateurbereich arbeitende Trainer orientieren sollten. Die im nächsten Punkt vorzuschlagenden Trainingsverfahren beziehen sich deshalb auch zu einem großen Teil darauf.

11.4 Burnout vorbeugen: dem Dauerstress gezielt gegensteuern

Nun schlagen wir konkrete Möglichkeiten vor, die Entwicklung von Burnout zu verhindern und somit das Wohlbefinden und die mentale Gesundheit zu erhalten. Wir orientieren uns hierbei – wie oben erwähnt – v. a. an unseren erhaltenen Forschungsergebnissen inklusive Modellvorstellungen zur Entstehung des Zustandes (vgl. Schliermann, 2005). Folglich gehen wir näher auf systematisches Problemlösen/

Abhaken (a), Strategien effizienter Zeiteinteilung (b) sowie das gezielte Realisieren von Erholung (c) ein.

(a) Systematische Problemlösung/Abhaken: analysieren – realisieren – abhaken – weiter

Die psychologische Forschung hat belegen können, dass der uneffektive Umgang mit auftretenden (Alltags-)Problemen – in unserem Zusammenhang mit unvermeidlichen Stresssituationen des Traineralltags – eine mögliche Ursache für psychische Probleme oder beeinträchtigtes Wohlbefinden sein kann (vgl. z. B. Platt & Spivack, 1972). Wenn Sie im (Trainer-)Job ständig das Gefühl haben, keine passenden Lösungen für konkrete Anforderungen zu finden und deshalb nur zögernd handeln, ist Dauerstress vorprogrammiert. Analoges gilt etwa auch für den Fall, zwar eine Lösung gefunden zu haben, über das Problem aber weiterhin permanent zu sinnieren („nachkarten": *„Wie konnte das gerade jetzt mir/uns passieren?")*. Die logische Konsequenz: Es wurden unterschiedliche Trainingsprogramme entwickelt, die Problemlösekompetenz aufbauen oder verfeinern sollen. Meist sind sie nach ähnlicher Systematik aufgebaut. Grundsätzlich ist zunächst das Problem exakt zu beschreiben/analysieren, dann sind denkbare Lösungen zu sammeln und schließlich soll sich für die beste entschieden und diese dann umgesetzt werden. Unterschiede bestehen vor allem in Anzahl und Bezeichnung der einzelnen Vorgehensschritte. Durch systematisches Problemlösen lässt sich dann die eigene Handlungsfähigkeit in vielen Arbeits-/Lebensbereichen verbessern sowie psychische Probleme oder schlechtes Wohlbefinden (Bsp.: depressive Verstimmung, Gefühle von Hilflosigkeit; Burnout-Symptome; Stress) verhindern. Man bleibt handlungsfähig, hat sozusagen alles „selbst in der Hand". Und: Es steht einem ein Grundmuster zur Verfügung, mit dem sich die unterschiedlichsten Anforderungen (Beruf/Trainerjob; Privatbereich etc.) *grundsätzlich* angehen lassen. Im Punkt 11.3 hatten wir schon ausführlich erwähnt, wie wichtig für absolute Toptrainer ein *rasches* und effektives Problemlösen ist. Auch konnten Sie das möglichst *schnelle gedankliche Abhaken* von Problemsituationen erfahren. Wir schlagen Ihnen deshalb nun eine Möglichkeit vor, in der Beides – rasches *systematisches Problemlösen* und *zügiges gedankliches Abhaken* – miteinander kombiniert wird.
Probieren Sie einmal, Probleme des Sportalltags nachfolgendem Muster anzugehen:

(1) ***Beschreiben Sie das Problem genau:*** Machen Sie sich zunächst bitte klar, was für Sie eigentlich als ‚Problem' eingestuft wird. Analysieren Sie bspw. genau die Abspielfehler eines Mittelfeldspielers, um von einem „Abspiel-Problem" zu sprechen; oder beobachten Sie im Training genau das (Nicht-)Sprechen der Spieler untereinander, um von einem „Kommunikations-Problem" zu reden. Oft ist es so, dass vermeintliche Probleme bei genauerem Hinsehen gar keine darstellen. Vielleicht traten sie nur zufällig in letzter Zeit gehäuft auf. Folglich brauchen Sie dann auch keine Energie zur Lösung einzusetzen.

(2) ***Sammeln Sie zügig mögliche Lösungen:*** Falls die Anforderung schnelle Lösungen verlangt: Sammeln Sie ohne Bewertung (also: ohne Urteile wie: „gute"; „umsetzbare" oder „unrealistische" Vorgehensweise) drei bis vier denkbare Lösungen, die für Sie erfolgsversprechend erscheinen. Es kann durchaus auch eine Variante dabei sein, die zunächst ziemlich illusorisch klingt.

(3) ***Entscheiden Sie sich für die praktikabelste Lösung:*** Überlegen Sie sich für jede bei (2) ausgedachte Variante *kurzfristige* und *längerfristige* Konsequenzen, falls Sie diese umsetzen würden. Halten Sie gleichzeitig fest, für wie wahrscheinlich Sie den Eintritt der jeweiligen Konsequenzen tatsächlich erachten. Am besten, Sie arbeiten hier mit einer Tabelle, in der Sie u. a. auch Kreuze und/oder ±-Zeichen zur Entscheidungsfindung eintragen (siehe das Formular *Lösungen statt Probleme* im Anhang). Treffen Sie nach raschem Abwägen der jeweiligen Konsequenzen nun eine Entscheidung für eine zu realisierende Lösungsalternative.

(4) ***Stopp! Jetzt interessiert nur noch die zukünftige Lösung:*** Falls Sie sich nicht durchringen können, das Problem nun aktiv anzugehen und/oder nach wie vor gedanklich alle denkbaren Varianten durchspielen: Stellen Sie sich ein ***Stopp-Schild*** vor mit leuchtendem Schriftzug und evtl. auch eine „Stopp!"- oder „Halt!"-schreiende Stimme. Sagen Sie sich sodann beispielsweise innerlich: „Erledigt, abgehakt! Jetzt ziehe ich die eine Variante durch!".

(5) ***Setzen Sie Ihre beabsichtigte Lösung konsequent um:*** Lassen Sie sich nicht davon abbringen, die angedachte Lösung zu realisieren.

(6) ***Überprüfen Sie den Erfolg:*** Halten Sie kurz inne, ob die realisierte Lösungsvariante tatsächlich den erwarteten Erfolg/Wirkung gebracht hat. Falls nicht, haben Sie eine wichtige Lern-Erfahrung gesammelt und können zukünftig anders vorgehen. Wichtig: Manche Angelegenheiten lassen sich nicht (abschließend) lösen. Manchmal müssen auch Teil-Erfolge akzeptiert werden.

(7) ***Stopp! Jetzt interessieren nur noch zukünftige Herausforderungen:*** Konzentrieren Sie sich nun wieder voll und ganz auf das Bevorstehende. Setzen Sie alle Energie in die adäquate Bewältigung der aktuellen und zukünftigen Aufgaben und kümmern Sie sich nicht mehr um den „Schnee von gestern". Nur so bleiben Sie als Fußballtrainer handlungsfähig. Akzeptieren Sie auch hier mögliche Teil-Erfolge (siehe bei [6]). Falls Sie allerdings immer noch permanent zurückschauen, gehen Sie wie bei (4) beschrieben vor: ‚Stopp-Schild' vorstellen und sich bewusst mit neuen Aufgaben beschäftigen (z. B.: gezielt bestimmte Spielzüge im Training beobachten etc.); denn: sich gleichzeitig auf mehrere Sachen/Anforderungen intensiv zu konzentrieren, ist kaum möglich.

Bei kniffligen Problemstellungen und/oder noch wenig Übung mit dem genannten Vorgehen arbeiten Sie am besten mit dem im Anhang abgedruckten Formular *Lösungen statt Probleme*. Sie werden merken, dass Sie mit der Zeit immer sicherer im Umgang mit Anforderungen werden. Später wird die Schriftform häufig nicht mehr nötig sein. Zusammenfassend noch einige praktische Tipps:

- Halten Sie sich am Anfang des Lernprozesses am besten genau an die vorgegebenen Ablaufschritte und schreiben Sie wichtige Aspekte nieder (siehe das abgedruckte Formulare *Lösungen statt Probleme*).
- Üben Sie das Vorgehen zunächst auch bei eigentlich „einfachen Angelegenheiten" im Alltag ein (z. B.: Kleidungskauf; Restaurantbesuch; Urlaubsplanung etc.); somit werden Sie zunehmend routinierter im Umgang mit der Technik.
- *Stoppschild* vorstellen: Vor allem das gedankliche Abhaken bzw. „Stopp!"-Vorstellen sollte geübt werden; zwar scheint dies auf den ersten Blick leicht möglich, aber es bedarf dennoch Übung; nutzen Sie zunächst auch hier den Nicht-Fußballalltag: nehmen Sie sich einmal am Tag vor, bewusst an bestimmte Ereignisse zu denken, um die Gedanken dann durch Vorstellen eines leuchtenden Stopp-Schildes zu unterbrechen (zum konkreten Vorgehen lesen Sie bitte weiter oben nochmals nach).
- Mit zunehmender Sicherheit in der Anwendung können Sie auf die Schriftform/Formulare bei Bedarf verzichten.
- *Wichtig*: Achten Sie stets darauf, den Prozess des Problemlösens inklusive gedanklichen Abhakens möglichst zügig zu realisieren; setzen Sie sich deshalb z. B. jeweils *Zeitgrenzen*, wenn Sie das Verfahren anwenden, die Sie dann allmählich verkürzen.

(b) Effiziente Zeitplanung: Wichtigkeit von Dringlichkeit unterscheiden lernen

Zeitplanung (sog. *Zeitmanagement*) spielt für Fußballtrainer eine herausragende Rolle. Im höherklassigen Leistungsfußball haben Trainer vielfältigste Anforderungen zu erfüllen. Neben der täglichen Trainingsarbeit sind u. a. Medien- und PR-Kontakte zu pflegen, Spieler- und Spielbeobachtungen durchzuführen, Trainingsplanungen zu realisieren, muss selbstverständlich auch den familiären Pflichten nachgekommen werden und – sofern man nicht als professioneller Trainer arbeitet – ist der Trainerjob mit dem Hauptberuf unter einen Hut zu bringen. Man steht somit häufig unter *Zeitdruck* und ist auf möglichst gute Zeitplankompetenzen angewiesen. Ansonsten besteht die Gefahr, sich dauerhaft zu viel zuzumuten, permanent in Hektik zu sein („Auf dem Sprung" sein; „Zwischen Tür und Angel" etwas absprechen etc.); also: Zeitdruck und *Stress* zu erleben („Hoffentlich schaffe ich den Termin X noch!"; „Ich weiß überhaupt nicht, wie ich das alles hinkriegen soll!") und im schlimmsten Fall Burnout zu begünstigen (vgl. Schliermann & Hagenah, 2003a, b). Gelingt den Trainern eine optimale Zeiteinteilung und -planung im Rahmen des Zeitmanagements[5], so beugen sie einem häufigen Stressfaktor (Stressor *Zeitdruck*) vor. Wir wollen ausgewählte und

4 Seiwert (2000, S. 14) versteht unter ***Zeitmanagement*** „...die konsequente und zielorientierte Anwendung bewährter Arbeitstechniken in der täglichen Praxis, um sich selbst und die eigenen Lebensbereiche so zu führen und zu organisieren (= ‚zu managen'), daß die zur Verfügung stehende Zeit sinnvoll und optimal genutzt wird." Die von uns darzustellenden *Zeit-Planungstechniken* sind hier *ein* Teil in diesem Gesamtprozess (weitere Schritte beziehen sich etwa auf Zielsetzungs- und Kontrollprozesse). Da gerade der Planungs-Aspekt jedoch für Fußballtrainer herausragende Relevanz besitzt, soll er hier aufgegriffen werden.

für die Trainertätigkeit praktikable diesbezügliche Techniken vorstellen. Dabei orientieren wir uns am Buch von Seiwert (2000: *Mehr Zeit für das Wesentliche*), einem der momentan führenden Zeitmanagement-Experten.
Die *tägliche Zeitplanung* beruht auf sog. *Regeln bzw. Prinzipien*, deren Einhaltung zu wirkungsvollerem Arbeiten führt. Wir stellen im Folgenden die in der Literatur häufig als wichtig erachteten Grundregeln dar (vgl. Seiwert, 2000). Sie sind als Groborientierung zu verstehen, die Tagesarbeitszeit sinnvoll zu planen. Die weiter unten vorzutragenden konkreten Planungsvorschläge greifen schließlich spezielle Punkte der genannten 11 Grundregeln heraus. Sie erkennen somit, wie das jetzt vielleicht noch etwas theoretisch Anmutende in der Trainerpraxis umsetzbar ist. Überlegen Sie bitte, ob die nachfolgende Liste eventuell Aspekte enthält, die Sie bisher noch unzureichend beherzigen.

Tab. 3. *11 Prinzipien effektiver Zeitplanung*

(1)	**Verplanen** Sie **nur 60%** der gesamten täglichen Arbeitszeit.
(2)	Führen Sie eine **Checkliste** mit allen **zu erledigenden (wöchentlichen) Aktivitäten.**
(3)	**Übertragen** Sie **unerledigte**, wichtige **Aktivitäten** auf den nächsten Arbeitstag.
(4)	Legen Sie **Ergebnisse statt Tätigkeiten** fest.
(5)	**Bestimmen** Sie eindeutig die für anstehende Aufgaben **notwendige Zeit**.
(6)	Setzen Sie sich **konkrete Erledigungstermine** („Deadlines").
(7)	Legen Sie **Prioritäten der zu erledigenden Aufgaben** fest (wichtig vs. dringend).
(8)	**(Ver-)Planen** Sie u.U. auch **freie Zeiten** (z. B.: Fahrten zu Auswärtsspielen; Flüge; Busfahrt) – **aber ‚dosiert'.**
(9)	**Planen** Sie **Erholungs- und Freizeitaktivitäten** ein.
(10)	Bilden Sie **Zeitblöcke**.
(11)	**Planen** Sie Ihre (Tages-)Aktivitäten **abwechslungsreich**.

Prinzip 1: Diese wird im Allgemeinen als die ***wichtigste Regel*** bezeichnet. Sie sollten nur ca. 60% der täglichen Arbeitszeit verplanen und die restlichen 40% für unvorhergesehene (20%; sog. *Pufferzeiten*) und spontane (20%) Aktivitäten reservieren. Somit sind Sie niemals ganztägig vollkommen verplant und haben stets Zeit, spontan Maßnahmen zu ergreifen oder auf unerwartete Angelegenheiten zu reagieren – ohne dabei den vorgedachten Zeit-Plan (völlig) zu sprengen. Wenn Sie etwa die konkreten Zeitabläufe festlegen, lassen Sie bspw. zwischen einzelnen Terminen auch Leerzeiten. Solche können dann gut für Unerwartetes oder Spontanes genutzt werden. Oder falls Sie Termine in lückenloser Folge aneinanderreihen (müssen), werden unerwartete Ereignisse zwar eine Verschiebung des Planes bewirken – die Aktivitäten können aber trotzdem verspätet erledigt werden. Das Prinzip nochmals grafisch (vgl. Abb. 13):

Tägliche Arbeitszeit		
60% Aktivitäten planen	**20%** unerwartete Aktivitäten (Pufferzeiten)	**20%** spontane Aktivitäten

Abb. 13. Wichtig(st)e Grundregel der Tages-Zeitplanung.

Prinzip 2: Führen Sie eine Checkliste, in die Sie alle zu erledigenden Aufgaben fortlaufend eintragen. Sie hilft, Wichtiges nicht zu vergessen. Auch können Sie auf deren Basis konkrete Tagesplanungen vornehmen (siehe bei den Verfahren [b] und [c] genauer).

Prinzip 3: Nicht erledigte Aufgaben eines Arbeitstages werden sofort auf den nächsten übertragen. Somit stellen Sie sicher, dass Wichtiges nicht vergessen wird. Im hektischen Trainerjob betrifft das z. B. Telefonrückrufe (Ärzte; Spielerberater; Journalisten; Vorstand – ihn zu vergessen kann unangenehme Folgen haben…).

Prinzip 4: Tragen Sie in den Tagesplan besser Resultate/Ergebnisse statt Tätigkeiten ein. Das hat den Vorteil, dass somit eine Zielorientierung erkennbar ist und die Konzentration auf die Aufgaben-Erledigung gerichtet ist. Planen Sie also „Mit Herrn X Sponsorenvertrag abschließen" statt „Herr X treffen" oder „Mit Co-Trainer Spieltaktik festlegen" statt „Besprechung mit Co-Trainer".

Prinzip 5: Überdenken Sie genau die für bestimmte Aktivitäten benötigte Zeit. Achten Sie darauf, dass diese auch tatsächlich eingehalten wird. Sie haben im Job zu viele Aufgaben zu erledigen, als dass Sie unnötig Zeit „absitzen" könnten.

Prinzip 6: Setzen Sie sich für Aktivitäten Endtermine („Deadlines"). Vage Formulierungen wie „innerhalb der nächsten Zeit" oder „baldmöglichst" („asap") sind unverbindlich und praktisch nichtssagend. Deadlines geben klare Vorgaben, bis wann genau eine Aktivität realisiert werden soll. Außerdem erleichtern sie es, ungeliebte oder unangenehme Aufgaben in Angriff zu nehmen. Planen Sie beispielsweise den „Rückruf des Präsidenten zwecks Vertragsverlängerung bis Beginn Vormittagstraining" oder den „zu erstellenden Trainingsplan der nächsten Woche bis Sonntag 12 Uhr".

Prinzip 7: Die Konzentration auf für *Ihre* beruflichen/persönlichen Ziele relevante Aufgaben ist letztlich entscheidend für (sportlichen) Erfolg. Insgesamt sind (täglich) viele Aktivitäten zu erledigen. Alle fordern den Trainer auf, sich um deren Belange zu kümmern, die vermeintlich wichtig und dringend sind. Faktisch sind sie das für *Ihre* persönlichen/sportlichen Ziele jedoch meist eher nicht. Die wirklich entscheidenden Aufgaben machen nur ca. 15% aller Tätigkeiten aus. Sie müssen als Trainer somit lernen, solche *tatsächlich wichtigen Aktivitäten herauszufiltern und von den dringenden – aber unwichtigen – zu trennen.* Bei der konkreten Zeitplanung sind dann v.a. die <u>wichtigen</u> Aktivitäten relevant. Sie sollten eine *Reihenfolge* (Prioritätenliste) bedeutsamer Maßnahmen aufstellen. Hierauf gehen wir in den Punkten (b) und (c) genauer ein.

Prinzip 8: Der hochklassige Fußball beinhaltet ein beträchtliches Maß an Reisezeit. Es bietet sich daher beispielsweise an, diverse Termine bzw. Aufgaben auf Busfahrten oder Flugreisen zu legen. Das kann den Terminkalender entzerren. <u>ABER ACHTUNG</u>: Nutzen Sie die (trainings-/sport-)freien Zeiten vor allem auch zur <u>Erholung und Regeneration</u>(!) und gehen Sie in der Planung hier bitte ‚dosiert' vor (siehe nächstes Prinzip).

Prinzip 9: Achten Sie bei der Tagesplanung darauf, auch hinreichend Erholungs- und Freizeitaktivitäten einzuplanen. Im Profifußball könnte man als Trainer praktisch unentwegt irgendwelche Aktivitäten wahrnehmen. Die Gefahr, dadurch dringend notwendige Erholung resp. auch Freunde zu vernachlässigen, ist groß. Burnout hat wie erwähnt jedoch u. a. viel mit unzureichender Erholung zu tun. Setzen Sie Erholungsmaßnahmen deshalb an ausgewählten Tagen als ‚Pflichttermine' weit nach oben auf die Prioritätenliste. Und achten Sie darauf, dass die Termine dann auch eingehalten werden.

Prinzip 10: Viele Aufgaben lassen sich nur qualitativ hochwertig ausführen, wenn hierfür ein *bestimmter Zeitblock reserviert* wird. Sie benötigen Ruhe und Zeit, um ausgeklügelte Trainingspläne auszuarbeiten, sich Gedanken zum bevorstehenden Spiel und „Matchplan" zu machen oder die Wortwahl der anstehenden Mannschaftsbesprechung genau zu durchdenken. Das lässt sich nicht erledigen, wenn ständig Unterbrechungen, Anrufe etc. erfolgen. Legen Sie deshalb für bestimmte Aufgaben Zeiträume fest, in denen nichts Anderes als die beabsichtigten Aktivitäten erledigt werden. Sorgen Sie ggf. dafür, während der Zeiten nicht gestört zu werden.

Prinzip 11: Für Fußballtrainer scheint das Prinzip aus der Natur der Sache herausgegeben. Im Allgemeinen werden Sie abwechslungsreiche Tagesabläufe haben, die etwa Sport- und Denkaufgaben (z. B. Training und Videostudium) oder kurz- und langfristige Ziele (z. B. Vertragsabschluss mit Spieler erwirken und neue Taktik einstudieren) miteinander kombinieren. Behalten Sie dennoch im Hinterkopf, dass eine abwechslungsreiche Tagesplanung motivationsfördernd wirkt und deshalb zu empfehlen ist.

Tägliche Zeitplanung konkret: die ALPEN-Methode

Es gibt verschiedene Methoden, den Arbeitstag sinnvoll zu planen. Ein für Fußballtrainer brauchbares Verfahren stellt nach unserer Meinung die sog. ***ALPEN-Methode*** dar. Sie hat nichts mit der imposanten Gebirgskette zu tun, sondern steht für ein systematisches Vorgehen bei der täglichen Zeitplanung.

(1) **Aufgaben** zusammenstellen
(2) **Länge** der Tätigkeiten abschätzen
(3) **Pufferzeit** für Unvorhergesehenes bzw. Spontanes freihalten
(4) **Entscheidungen** über Prioritäten *(Eisenhower-Prinzip)*
(5) **Nachkontrolle** – Übertragen von Unerledigtem auf den nächsten Tag

Wir behalten die obigen grundsätzlichen Schritte im Auge und schlagen nun ein feinkörniges Vorgehen vor:

(1) (Monats-/Wochen-)Aktivitätencheckliste führen: Ihre Tagesplanung wird neben sich spontan ergebende vermutlich auch längerfristig vereinbarte Termine bzw. zu erledigende Aufgaben berücksichtigen. Dies alles soll in der Hektik des Alltags nicht vergessen werden. Es erweist sich in der Trainerpraxis deshalb als günstig, mit *Aktivitätenchecklisten* für eine Woche oder einem Monat zu arbeiten. In derartige Listen sind zunächst alle für Sie relevanten, auszuführenden Aufgaben und Termine aufzulisten und ggf. sog. Endtermine der Erledigung („Deadlines“) anzufügen (siehe die Checklisten im Anhang). Sich neu ergebende Aufgaben/Termine werden stets sofort aufgenommen und (teil-)erledigte kenntlich gemacht oder entfernt (z. B.: abhaken; durchstreichen).

(2) Planungshelfer-Tagesplanung: Auf Basis der Wochen oder evtl. Monats-Aktivitätencheckliste übertragen Sie nun alle jeweils für einen *bestimmten Tag* vorgesehenen Aufgaben/Termine auf das entsprechende Formular (siehe Formular *Planungshelfer-Tagesplanung* im Anhang). Selbstverständlich müssen auf die Liste auch Termine/Aktivitäten, die sich spontan ergeben haben oder am Vortag nicht erledigt werden konnten. Anschließend schätzen Sie bitte die für jede einzelne Aufgabe benötigte Zeitdauer und tragen sie ebenfalls ins Formular ein.

(3) Pufferzeiten reservieren: Bei den Grundregeln effektiven Zeitplanens wurde bereits darauf hingewiesen, dass höchstens 60% der gesamten Tagesarbeitszeit verplant werden sollte. Schauen Sie sich deshalb kritisch den *Planungshelfer-Tagesplanung* an ***(letzte Zeile)*** und überprüfen Sie, ob nicht evtl. zu viel verplant wurde. Sollte das der Fall sein, überdenken Sie nochmals die im Formular kalkulierten Zeitdauern der einzelnen Aufgaben und (a) reduzieren Sie diese eventuell. Meist sind die geplanten Zeiten bei vielbeschäftigten Fußballtrainern jedoch schon knapp bemessen. Deshalb bleibt dann einzig die Variante (b), dass ursprünglich angedachte Aktivitäten *auf den nächsten Tag verschoben* werden müssen. Das stellt Sie vor die knifflige Herausforderung, herauszufinden, welche wichtigen Aufgaben auf der Tagesliste verbleiben müssen und was sich verschieben lässt.

(4) Wichtigkeit und Dringlichkeit unterscheiden: Es sind nun *Prioritäten* der wichtigen Aktivitäten aufzustellen und unwichtigere zu verschieben, zu delegieren oder ggf. ganz zu streichen. Gehen Sie hierbei nach dem Eisenhower-Prinzip vor (Dwight Eisenhower war ein US-Präsident), das in Abb. 14 veranschaulicht ist.

Sehr **W** **I** **C**	***B-Aufgaben*** = **wichtig** aber **nicht dringend** → unbedingt im **Wochenplan** konkret terminlich fixieren (wann?; wo?; was?; mit wem? etc.) und dann <u>selbst</u> realisieren	***A-Aufgaben*** = **wichtig** und **dringend** → Aufgaben unbedingt in die **<u>Tagesplanung</u>** aufnehmen und <u>selbst</u> zu erledigen versuchen → falls Aufgabe dennoch nicht realisiert werden kann, sofort auf den nächsten Tag verschieben/einplanen und realisieren
H **T** **I** **G**	***K. V.-Aufgaben*** = **nicht wichtig** und **nicht dringend** → Aufgaben kann man getrost als „Kannst-Du-Vergessen"-Aufgaben bezeichnen und sie sollten vermieden werden	***C-Aufgaben*** = **nicht wichtig** aber **dringend** → Aufgaben sollte man reduzieren; wenn möglich an andere delegieren; falls Delegieren nicht möglich: Aufgaben nachrangig in Tagesplan / Wochenplan einplanen
kaum	**D R I N G E N D**	**sehr**

Abb. 14. Das Eisenhower-Prinzip der Zeitplanung.

Sie können nun jede Aktivität/Aufgabe der „Planungshelfer-Tagesplanungs"-Liste einem der vier Felder zuordnen. Die x-Achse klassifiziert die Erledigung einer Aufgabe von kaum dringend bis sehr dringend; die y-Achse stuft die Aktivitäten von kaum wichtig bis sehr wichtig ein. Sehr wichtige und sehr dringende Aufgaben *(A-Aufgaben)* stehen auf der Prioritätenliste ganz oben und sollten unbedingt für die Tagesplanung berücksichtigt werden; sehr wichtige, aber kaum dringende Aktivitäten *(B-Aufgaben)* können Sie eventuell von der Tagesliste nehmen und auf einen späteren Zeitpunkt verschieben: <u>Aber Achtung</u>: Solche Aufgaben (z. B.: Konzept der sportlichen Entwicklung für den Vorstand zum Stichtag X erarbeiten) sind bedeutsam und bedürfen bereits einer konkreten terminlichen Fixierung – um nicht vergessen zu werden!; kaum wichtige, aber dringende Aktivitäten *(C-Aufgaben)* sind im Allgemeinen zum Delegieren an Andere geeignet. Sofern das unmöglich ist, sind sie nachrangig einzuplanen; kaum wichtige und auch kaum dringende Aufgaben *(K. V.-Aufgaben)* streichen Sie am besten ganz. Sie erfordern nur unnötige Energie und interessieren im Grunde niemanden.

(5) Konkrete Tagesplanung fixieren: Nun ist es möglich, das Formular *Planungshelfer-Tagesplanung* auf die zu erledigende Arbeits-Menge (ca. 60% der Gesamt-Arbeitszeit) zu reduzieren. Der für vielbeschäftigte Fußballtrainer obligatorische Terminplaner (in Papier- oder neuerdings elektronischer Form denkbar) enthält in chronologischer Reihenfolge alle Tagesaufgaben/-termine übersichtlich aufgelistet.

(6) „Nach dem Spiel ist vor dem Spiel": Am Ende des Arbeitstages sollten Sie nochmals *Tagesbilanz* ziehen: Was habe ich erledigen können? Was habe ich zufriedenstellend erledigt? Warum lief das so reibungslos ab? Was konnte nicht erledigt werden? Warum hat das nicht funktioniert? Die Fragen helfen, in der Zukunft noch besser mit der Zeit umzugehen; **Wichtig**: Wenn Sie Wichtiges (also *A-Aufgaben* und *B-Aufgaben)* nicht erledigen konnten, planen Sie es sofort für den nächsten Tag ein; *bereiten Sie nun den nächsten Tag vor* (siehe obige Schritte).

(c) Erholung: (soziale) Aktivitäten und Genuss gezielt einplanen und realisieren

Sie werden sicherlich auch hin und wieder feststellen, wie Sie bestimmte (soziale) Erholungsmaßnahmen (etwa: das liebgewonnene Tennisspielen mit guten Freunden; der Saunabesuch mit Kumpels; der Dauerlauf in der herrlichen Natur etc.) vernachlässigen oder vielleicht sogar wegen Arbeitsüberlastung und Zeitdruck schlichtweg vergessen. Aus unseren Interviewgesprächen mit den Profiligatrainern konnten wir außerdem beispielsweise erfahren, dass sozial erholsame bzw. entspannende Aktivitäten oftmals – absichtlich – eingeschränkt werden müssen: man kann nicht mehr zwanglos auf Grund der öffentlichen Bekanntheit mit Freunden in eine Kneipe gehen oder muss relativ häufig in Folge von Trainerentlassungen den Wohnort wechseln. Ein erfahrener und erfolgreicher Bundesligatrainer erzählte nach ausgeschaltetem Aufnahmegerät gar davon, als Profitrainer „sozial entwurzelt" zu sein. Was können Sie konkret gegen erschwerte resp. vernachlässigte (soziale) Erholung tun?

Grundsätzlich lassen sich die Bedingungen im hochklassigen (Profi-)Fußball nicht verändern (Zeitdruck; öffentliche Person; Trainerentlassungen/Ortswechsel). Sie können jedoch versuchen, sich auf die besonderen Verhältnisse optimal einzustellen; und zwar so, dass Sie dennoch maximale Erholung schöpfen und Kraft tanken. Besonders wichtig scheint insbesondere, sich immer wieder an die Notwendigkeit des hinreichenden Erholens selbst zu erinnern. Wir wollen Sie nicht zum permanenten Faulenzen verleiten. Sie sollen sich aber stets vor Augen führen:

„Wer viel arbeitet, hat auch das Recht und sogar die Pflicht, sich gut zu erholen!"

Permanente Erholungs-Defizite können nämlich die Leistungsfähigkeit als Trainer erheblich negativ beeinflussen. Im schlimmsten Fall resultiert daraus das eingangs geschilderte Ausbrennen (Burnout).
Überprüfen Sie deshalb die folgenden Vorschläge dahingehend, ob sie für *Ihre* Belange zutreffend und umsetzbar sind. Wir thematisieren zunächst Ihre Rolle als öffentliche und vielbeschäftigte Person (a) und gehen anschließend auf intensive Erholung in Form von Genuss ein (b).

Checkliste für ausreichende (soziale) Erholung:

Tab. 4. *Checkliste (soziale) Erholung*

- ***(Soziale) Erholungsmaßnahmen fest einplanen:*** Planen Sie (soziale) Erholungsmaßnahmen (z. B.: Treffen mit Freunden etc.) in Ihrer Zeitplanung ein; halten Sie bestimmte Fixtermine in den entsprechenden Wochen-/Monatsplänen frei; orientieren Sie sich z. B. an den Prinzipien bei (b); bedenken Sie: je verbindlicher und konkreter Sie einen Termin festlegen, desto wahrscheinlicher werden Sie ihn auch einhalten.
- ***Geeignete Lokalitäten wählen:*** In vielen (Groß-)Städten gibt es Kneipen bzw. Szenerestaurants, in denen bekannte Personen des öffentlichen Lebens noch relativ unbehelligt (von Fans; Autogrammjägern; Journalisten) gemütliche Stunden mit Freunden etc. verbringen können; versuchen Sie, solche Örtlichkeiten zu finden (etwa durch: Co-Trainer; Sportdirektor etc.).
- ***Evtl. Szene-Kneipen/-Restaurants meiden:*** Ebenso gibt es bekanntermaßen Kneipen und Restaurants in (Groß-)Städten, die Tummelplätze für Fans/Medien/Prominente darstellen; sie sollte man nur aufsuchen, wenn man diese Art von Unterhaltung wünscht.
- ***Kontakt mit engen Freunden halten:*** Vor allem der Profifußball ist gespickt von Personen, die sich mit Ihrem Namen sonnen wollen; manche Trainer berichteten uns von einer „Scheinwelt", in der man sich befinde; es gäbe im Erfolg viele „so genannte Freunde"; es ist ratsam, sich vor allem auch weiterhin auf enge („wirkliche") Freunde zu verlassen und zu versuchen, zumindest telefonisch den Kontakt nicht zu verlieren; sie können u. a. dafür sorgen, dass man nicht „...am normalen Leben vorbeilebt" oder „sozial entwurzelt" ist (Zitat eines schweizerischen Trainers der zweithöchsten Liga bzw. eines deutschen Bundesligatrainers).
- ***Grenzen höflich abstecken:*** Machen Sie den Medien höflich aber bestimmt deutlich, wenn Sie als sog. Privatmann mit Familie/Freunden unterwegs sind und nicht gestört werden möchten; teilen Sie dies ebenso etwaigen Fans mit; nehmen Sie ggf. in Kauf, dass man Sie dann von bestimmter Seite als „arrogant" einstuft; von einem Trainer der zweiten deutschen Bundesliga erfuhren wir, dass man ihm „Arroganz" nachsage, „...nur weil ich in meiner Freizeit einmal nichts mit Fußball zu tun haben möchte"; gehen Sie davon aus: in der Regel wird die große Mehrheit Verständnis für Ihr Ansinnen haben, wenn Sie es höflich, sachlich und bestimmt vermitteln.

Checkliste für ‚genussvolle' Erholung:

Durch die obige Checkliste können Sie überprüfen, ob und ggf. wie Sie günstige *Umgebungs*-Bedingungen für Erholungsprozesse herstellen. Die nächste Checkliste hilft darüber hinaus dabei, die *Qualität* an Erholung zu steigern. Sie fasst sog. *Genuss-Regeln* zusammen; also Prinzipien, die Genießen begünstigen (vgl. z. B. Kaluza, 1996; Lutz, 2005).

Tab. 6. *Checkliste ‚genussvolle' Erholung*

Genuss-Regel:	**Weil:**
(1) Gönnen Sie sich etwas Genussvolles!	Durch Erziehung und Sozialisation wird vor allem der Arbeits- bzw. Anstrengungs-Aspekt betont und demgegenüber auf Erholung oder Genuss eher wenig Wert gelegt; Genuss/Entlastung/Erholung ist jedoch unverzichtbar, wenn man wie Sie im Trainerjob/Berufsleben hart arbeitet.
(2) Nehmen Sie sich Zeit zum Genießen!	Genießen können wir nur, wenn wir uns dafür Zeit nehmen, nicht in Hektik sind und auch nicht permanent andere (noch zu erledigende) Aufgaben im Kopf haben.
(3) Genießen Sie bewusst!	Genießen erfordert die ganze Konzentration und das Einlassen auf ein bestimmtes, angenehmes Erlebnis/Ereignis/Reiz; mehrere Sachen gleichzeitig sind schwer ‚genießbar'.
(4) Schulen Sie Ihre Sinne für Genuss!	Genießen erfordert den feinspürigen Einsatz der benötigten Sinne; einen Spitzen-Wein „schüttet“ man nicht hektisch „in sich rein“, sondern man „zelebriert“ und kostet ihn aus.
(5) Sie allein entscheiden, was für Sie angenehm ist!	Genuss ist auf *Ihre* ganz persönlichen *Vorlieben* beschränkt; was für andere Trainer angenehm ist, das muss es nicht für Sie sein.
(6) Weniger ist mehr!	Entgegen der allgemeinen Konsumhaltung und dem Motto ‚Je-Mehr-Desto-Besser' ist Genuss auf Beschränkung angewiesen; zügelloser Konsum führt dazu, dass in uns eine Sättigung entsteht.
(7) Planen Sie Ihren Genuss ein!	„Feste muss man feiern wie sie fallen“ – das Alltagssprichwort ist sicherlich nicht von der Hand zu weisen und hat bestimmt auch schon Ihnen intensiven Genuss verschafft; auf Grund des meist vollgepackten Terminkalenders als Fußballtrainer empfiehlt sich dennoch das sorgfältige Einplanen genussvoller Aktivitäten/Ereignisse; tun Sie das nicht, werden Sie immer wieder Argumente finden, weshalb die Arbeit Vorrang hat vor Genuss/Erholung/Entspannung etc.
(8) Genießen Sie auch ‚zwischendurch'!	Genuss ist praktisch überall möglich und man kann sich über ‚die kleinen Sachen des Lebens' sehr wohl freuen und sie genießen; ein äußerst erfolgreicher Profiligatrainer berichtete uns, er nehme diese „Kleinigkeiten“ bewusst wahr.

11.5 Selbstkontrolle: Habe ich die wichtigsten Inhalte behalten und verstanden?

Das Kapitel 11 befasste sich ausführlich mit der Vorbeugung von Burnout bzw. den Möglichkeiten der Förderung von Wohlbefinden und mentaler Gesundheit. Bitte überprüfen Sie durch die abschließenden Ankreuzfragen das neu erlernte Wissen. Kreuzen Sie die aus Ihrer Sicht „richtigen" Aussagen an. Falls Sie sich bei manchen Statements schwertun, gehen Sie zu den kommentierten Antworten im Anhang und lesen Sie außerdem nochmals die entsprechenden Abschnitte des vorangegangenen Kapitels durch. Sobald Sie mit dem erworbenen Wissensstand zufrieden sind, zögern Sie nicht, einzelne Maßnahmen anzuwenden.

Das Burnout-Syndrom: Charakterisierung und Entstehung des Erschöpfungs-Syndroms (**2 richtige Aussagen; siehe Punkt 11.1 und 11.2**):

(1) Burnout bedeutet, dass zum Beispiel ein Haus abgebrannt bzw. ausgebrannt ist.
(2) Burnout ist im psychologischen Sinne ein Erschöpfungssyndrom, das aus mehreren Bestandteilen besteht.
(3) Burnout kann entstehen, wenn man sich dauerhaft überlastet.
(4) Stress entsteht, da kann man nichts dagegen tun.

Verfestigte Stressbewältigung: habituelles Bewältigungsmuster (**2 richtige Aussagen; siehe Punkt 11.3**):

(5) Wissenschaftliche Untersuchungen zur Stressbewältigung von Fußballtrainern gibt es nicht.
(6) Aus Studien geht hervor, dass Topliga-Trainer im Vergleich zu Amateurligatrainern ein teils deutlich verschiedenes Bewältigungsmuster aufweisen.
(7) Topligatrainer versuchen insbesondere, aufgetretene Belastungen möglichst zügig zu analysieren, zu lösen, gedanklich abzuhaken und sich dann wieder voll auf anstehende Aufgaben zu konzentrieren.

Maßnahmen zur Burnoutprävention bzw. Förderung des Wohlbefindens und der mentalen Gesundheit (**2 richtige Aussagen; siehe Punkt 11.4**):

(8) Effektive Zeitplanung hilft wesentlich, um Stress zu vermeiden und den Traineralltag effektiv zu bewältigen.
(9) Erholung sollte bewusst in den Terminkalender eingeplant werden, da sie eine wichtige Quelle für Wohlbefinden darstellt und oft – auch unabsichtlich – vernachlässigt wird.
(10) Zeitplanung ist Unsinn, dann habe ich ja überhaupt keine Freiräume mehr für spontane oder unerwartete Angelegenheiten.

12 Wie kann ich nach einem Pflichtspiel besser schlafen?

Die meisten Vereinsfunktionäre, Medienvertreter, Sponsoren und Fans stellen für den ‚Erfolg' eines Trainers die einfache Formel auf: Erfolg = schnelle Anhäufung von Punkten. In diese Gleichung geht nicht ein, ob man Verletzungsprobleme zu verzeichnen hat, wie stark die gegnerischen Mannschaften sind oder dass die Entwicklung eines neuen Spielsystems im Allgemeinen eine gewisse Einübungszeit bedarf. Gewinnen Sie als Trainer nicht möglichst viele Partien in relativ kurzer Zeit, droht eine unangenehme öffentliche Trainerdiskussion oder auch die vorzeitige Entlassung. Das ist vermutlich auch ein Grund, weshalb das Pflichtspiel für die meisten Trainer höchsten Stress bedeutet und anschließend zu schlechtem Schlaf führt. Wir informieren Sie im Kapitel 12 über Ursachen für und Maßnahmen gegen schlechten bzw. unerholsamen Schlaf. Am Anfang gehen wir auf Gründe für Schlafbeeinträchtigungen ein (Kap. 12.1). Danach weisen wir auf Risiken hin, die der häufig zur Schlaferleichterung benutzte Alkohol- und Schlafmittelkonsum aufweist (Kap. 12.2). Im Anschluss daran zeigen wir wirksame Alternativen zur Schlaferleichterung auf (Kap. 12.3). Der letzte Abschnitt meldet das neu erworbene Wissen zurück (Kap. 12.4).

12.1 Schlechter Schlaf nach Spielen: „Spielfilm" und Stresshormone

Die vielfältigen Stresssituationen während eines Pflichtspiels führen bei Trainern häufig zu Schwierigkeiten, die Nacht ***nach*** dem Spiel erholsam zu schlafen. Bei unserer Studie mit 31 Profiliga-Cheftrainern aus Deutschland, Österreich und der Schweiz klagte die große Mehrheit über teils gravierende Schlafprobleme. Im Gegensatz dazu scheint das für den Tag vor einem Spiel bzw. die gewöhnliche Trainingswoche im Allgemeinen weniger problematisch zu sein, wobei in wichtigen Saisonphasen oder „Druckphasen" auch unter der Woche Probleme auftreten können (vgl. Schliermann, 2005). Weshalb ist gestörter Schlaf erwähnenswert? Sicherlich ist es normal und oft nicht konsequenzenreich, einmal nicht gut zu schlafen oder nach einer ‚schlechten Nacht' müde und unkonzentriert zu sein. Doch vor allem in so genannten Englischen Wochen mit drei wöchentlichen Partien kann dauerhafter Schlafmangel zu negativen Effekten Ihrer Leistungsfähigkeit als Trainer führen: unkonzentrierte Spielanalysen, falsche bzw. zu zögerliche taktische und personelle Entscheidungen oder Aufmerksamkeitsschwankungen sind mögliche Leistungseinbußen, die sich im schnelllebigen Fußballgeschäft fatal auswirken können. Zusätzlich wird auch die Stimmungslage längerfristig kaum sonderlich gut sein und man fühlt sich vielleicht ‚wie gerädert'. Es ist deshalb empfehlenswert, etwaige Schlafbeeinträchtigungen in den Griff zu bekommen. Wie äußern sich nun solche Schlafschwierigkeiten und wie lässt sich deren Entstehung erklären? Lesen Sie sich bitte die Interviewausschnitte (R. S.: Rainer Schliermann; X/Y/Z: befragte Profiligatrainer) durch. Haben Sie das auch schon erlebt (vgl. Schliermann, 2005)?

R. S.: ...Manche haben dann Schlafprobleme.
X: (SPONTAN) Ja, das stimmt. Das habe ich eigentlich auch. Und vor allem bei Spielen, wo wirklich Situationen sind mit Schiedsrichtern oder Situationen, wo du sagst, mein Gott, das hat nicht gepasst. Da macht man sich natürlich sehr, sehr viele Gedanken. Und da kann es dann schon auch passieren, dass man lange nicht einschläft und dann erst in der Früh einmal. Das kommt immer wieder wie im Spielfilm. Das habe ich auch ab und zu, ja.
R. S.: Das kann dann noch unangenehmer sein als vorher. Vorher sind Sie wahrscheinlich dann entspannter als danach?
X: Mit Sicherheit. Wenn da einige Spiele sind, die so laufen. Da ist man natürlich dann nachher immer wieder gedanklich dabei. Bei der Heimfahrt, immer wieder läuft dieser gleiche Spielfilm ab. Ja, das ist eigentlich ein komisches Phänomen. Da kann man lange nicht abschalten.

Y: Es ist ganz einfach: Die Belastung ist immer gebunden an das Spiel. Die höchste Belastung ist Stunden nach dem Spiel. Nicht während des Spiels, sondern Stunden nach dem Spiel.
R. S.: Auch, wenn es ein Sieg war?
Y: Auch wenn es ein Sieg war. Für mich ist die schwierigste Phase, ein Spiel zu verarbeiten, drei, vier, fünf Stunden nach dem Spiel. Es kommt regelmäßig vor, dass ich – wenn das Spiel um 18 Uhr zum Beispiel zu Ende ist – dann diese ganze Öffentlichkeitsarbeit habe etc. etc. Aber so gegen 22 Uhr der körperliche Einbruch kommt – also da bin ich körperlich völlig leer. Also wirklich körperlich – müde, ausgebrannt, todmüde. Aber der Kopf lässt einen nicht einschlafen. Das heißt also, nach jedem Spiel, egal ob gewonnen oder verloren, kann ich nicht schlafen.

Z: Bei mir ist es so, dass ich vor dem Spiel sehr gut schlafe und nach dem Spiel kommt es darauf an, ob man gewonnen oder verloren hat.
R. S.: Wenn Sie verloren haben, schlafen Sie schlechter.
Z: Ist ja klar. Wenn wir verloren haben, dann wache ich öfters auf, dann gehen mir Gedanken durch den Kopf. Ich muss ja dann am anderen Tag schon wieder gewisse Entscheidungen treffen. Dann weiß man am anderen Tag genau, dass man sehr viel Ärger hat. Und von daher schlafe ich da natürlich schlechter.

Offensichtlich sind viele Fußballtrainer durch das Spiel noch länger anhaltend gedanklich und physiologisch aktiviert: Sie ärgern sich etwa über verlorene Spiele, vergebene Foulelfmeter, ungenügende Schiedsrichter- oder Spielleistungen. Vielleicht befürchten sie auch aufkommende Trainerdiskussionen im Verein oder grübeln über taktische Änderungen resp. die anstehende Spielnachbesprechung am nächsten Tag nach. Oftmals berichteten die Trainer von immer wiederkehrenden ‚Spielfilmen', die weitgehend automatisch auftreten und diverse Schlüsselszenen des Spiels gedanklich widerspiegeln und gegen die man sich kaum wehren kann. Besonders bei spätabendlichen Spielen scheinen außerdem noch erhöhte Levels der Stresshormone Adrenalin und Cortisol schlafstörend zu wirken. Die Folge: Man schläft lange nicht ein oder wacht vorzeitig auf und kann dann nicht mehr weiterschlafen. Solche Ein- und Durchschlafprobleme resultieren also vor allem aus einer (noch) überhöhten Erregung und Angespanntheit, was in der Psychologie auch als „arousal" bekannt ist. Sie sehen: Schlafbeeinträchtigungen resultieren meist aus dem Zusammenspiel mehrerer Einflussfaktoren. Zur Erklärung dieser gegenseitigen Wechselwirkungen entwirft man in der Schlafforschung (Somnologie) diverse Bedingungsmodelle. Wir stellen in Abbildung 15 ein solches für die Tätigkeit des Fußballtrainers vor. Wollen Sie den Schlaf verbessern, so ergeben sich aus dem dargestellten Modell u. a.

Ansatzpunkte: Wenn Sie etwa die gedankliche und physiologische Anspannung und Erregung („arousal") in den Griff bekommen, sollten Sie besser schlafen können. Wie das gelingen kann, beschreiben wir später im Punkt 12.3 detailliert.

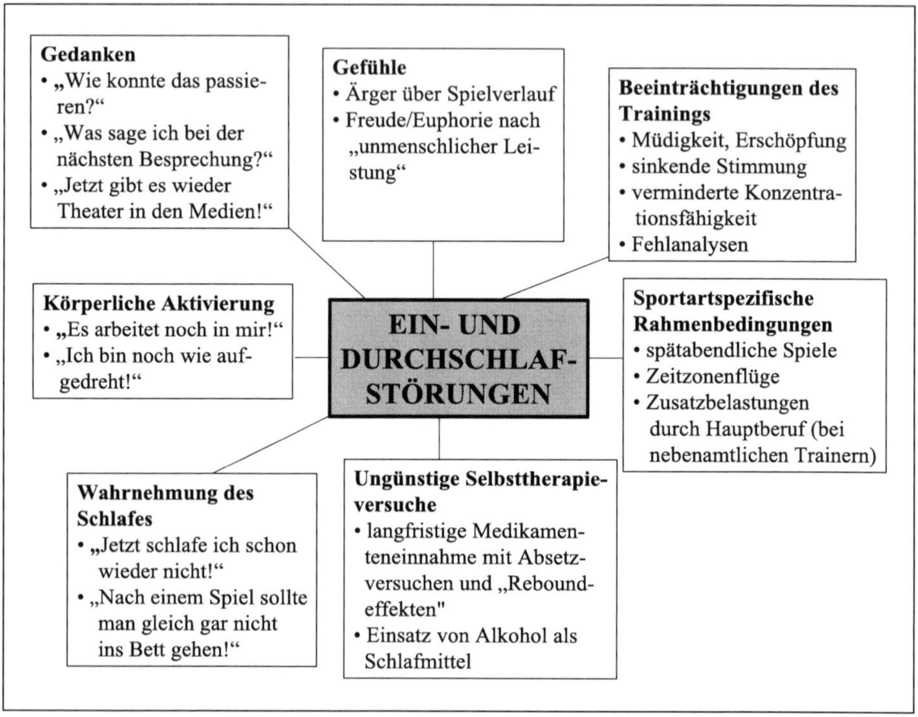

Abb. 15. Bedingungsmodell der Ein- und Durchschlafstörungen von Fußballtrainern (mod. nach Backhaus & Riemann, 1999, S. 18).

12.2 Schlechte Helfer: Konsum von (übermäßigem) Alkohol und Schlafmitteln

Bevor wir auf die oftmals praktizierten und insgesamt ungünstig wirkenden Selbsthilfetherapien Alkohol- und Schlafmittelkonsum näher eingehen, erlauben Sie uns zunächst einen kurzen Exkurs zur Schlafstruktur bzw. den verschiedenen Schlafstadien. Er ermöglicht es, die weiteren Ausführungen besser zu verstehen.

> <u>Exkurs</u>: Die ***Schlafstruktur*** lässt sich in verschiedene ***Stadien*** bzw. ***Phasen*** einteilen, die im Laufe der Nacht mehrmals in bestimmter Reihenfolge durchlaufen werden. In jeder Phase vollziehen sich typische neuro-physiologische Prozesse v. a. bezüglich Hirnstromaktivität, Augenbewegungen und Muskelspannung. Es werden fünf Phasen unterschieden: vier <u>Non-REM-Phasen</u> und eine <u>REM-Phase</u>. *REM* steht für das Leitsymptom dieses Stadiums, nämlich rasche Augenbewegungen (englisch: **R**apid-**E**ye-**M**ovement). Der gute Schläfer gelangt nach einer Wachliegezeit zunächst in das Non-REM-Schlafstadium 1 (S1). Hier befindet man sich im Übergangsbereich zwischen Wach- und Schlafzustand und ‚döst' förmlich in den Schlaf. Kennzeichnend sind u. a. langsame, statische Traumbilder. Personen beschreiben sich nach dem Wecken aus S1 oftmals als noch wach gewesen. Nach wenigen Minuten tritt Non-REM-Stadium 2 (S2) ein, das als *eigentlicher Einschlafzeitpunkt* gilt. Hier verweilt man etwa 10 bis 20 Minuten und erreicht schließlich die Non-REM-Tiefschlafphasen 3 und 4 (S3 und S4). Sie führen nach ca. 70 Minuten dann wieder zu flacherem Schlaf und nach 80- bis 90-minütiger Schlafdauer erreicht man dann erstmals das relativ kurze REM-Stadium (etwa 5-10 min) mit den raschen Augenbewegungen als Hauptmerkmal. Außerdem wird oft von lebhaften, detailliert beschreibbaren Träumen berichtet. Der Zyklus wiederholt sich während der Nacht ca. vier bis fünfmal, wobei im ersten Nachtdrittel der Tiefschlaf in der Regel ausgeprägter ist als danach und außerdem im Verlauf der Nacht ausgedehntere REM-Phasen (Augenbewegungen; Träume) auftreten (Backhaus & Riemann, 1999).

Schlafprobleme werden häufig zu beheben versucht. indem zu Alkohol oder Schlaftabletten gegriffen wird. Fußballtrainer erhoffen sich dadurch vor allem eine effektive Einschlafhilfe. Der gelegentliche und insbesondere dosierte Genuss von Bier oder Wein ist sicherlich nicht verwerflich und kann sogar entspannungs- und schlaffördernd wirken. Das haben Sie sicherlich schon erfahren. Dagegen kann niemand – nicht einmal die Wissenschaft – etwas einwenden, werden Sie zu Recht sagen. Und auch Schlaftabletten sind nicht grundsätzlich abzulehnen, sofern sie die absolute Ausnahme bleiben und nur ganz selten und in kritischen Situationen eingenommen werden. Doch hier sollte man sich bereits über mögliche Risiken und negative Nebenwirkungen im Klaren sein.

Bei ***dauerhaftem*** bzw. ***hochdosiertem*** Gebrauch wirken die letztgenannten Maßnahmen jedoch kontraproduktiv und sollten unterlassen werden. Es ist dann mit vielfältigen negativen Nebenwirkungen inklusive mittelfristig noch verschlechtertem Schlaf zu rechnen. Vielleicht haben Sie das schon einmal erlebt: Zur Dämpfung der emotionalen bzw. physiologischen Erregung gehen Sie mit Freunden nach dem Spiel nochmals ‚einen Trinken' und nehmen dabei relativ viel Bier und Wein zu sich. Am nächsten Morgen wundern Sie sich jedoch über die aus Ihrer Sicht sonderbare Wirkung: Sie schliefen zwar schnell ein, wachten dann jedoch auch wieder frühzeitig in der Nacht auf und konnten fortan nicht mehr einschlafen. Sie waren schließlich unzufrieden mit der ‚Schlafhilfe', die Sie ebenfalls nicht erholsam schlafen ließ. Ist <u>Alkohol</u> also doch kein guter Begleiter nach Pflichtspielen? Sie dürfen sicher sein, dass ähnliche Erfahrungen schon viele Trainerkollegen gemacht haben. Und es liegt auch nicht an irgendwelchen Besonderheiten Ihrerseits, dass Alkohol nicht die erhoffte Wirkung zeigt. Der Grund ist die Beeinflussung der physiologischen Schlafstruktur resp. der Schlafstadien (siehe den *Exkurs* im obigen Kasten) durch (übermäßigen) Alkohol. Die Substanz bringt das natürliche Schlafmuster durcheinander, indem der REM-Schlaf zunächst unterdrückt wird und zum Nachtende schließlich verstärkt auftritt. Außerdem reduzieren sich die Tiefschlafanteile der Non-REM-Stadien. Die logische Konsequenz: Ihr Schlaf wird störanfälliger auf Grund der geringeren Tiefe, und am Ende der Nacht kann es wegen der vermehrten REM-Anteile zu unangenehmen Albträumen kommen. Wenn überhaupt, sollte Alkohol somit lediglich gemäßigt und nur gelegentlich konsumiert werden. Denn das Suchtpotenzial der Substanz ist hinlänglich bekannt und wurde bereits durch schlagzeilenträchtige Pressemeldungen über alkoholkranke (ehemalige) (Profiliga-) Trainer untermauert. Auch der Griff zur Schlaftablette will wohlbedacht sein. Es ist eine Reihe entsprechender Präparate erhältlich. In allgemeinärztlichen Praxen werden insbesondere Benzodiazepin-Hypnotika oder ähnliche Substanzen verordnet (vgl. Hohagen et al., 1993) oder man kauft sich rezeptfreie, pflanzliche Schlafmittel auf der Basis von Baldrian. Welche wissenschaftlichen Erkenntnisse liegen hinsichtlich der Wirkung dieser Substanzen zur Schlaferleichterung vor? Bezüglich letztgenannter *Baldrianpräparate* steht eine detaillierte Analyse der meisten erhältlichen Mittel noch aus. Es liegen jedoch Hinweise vor, dass Baldrian die Schlafeffizienz und -kontinuität etwas bessert. Die Vorteile solcher pflanzlicher Heilmittel sind das Fehlen ausgeprägter Nebenwirkungen und Abhängigkeitsrisiken (vgl. Backhaus & Riemann, 1999, S. 32). Solche negativen Nebenwirkungen sind u. a. bei den *Benzodiazepinen* gegeben. Sie führen zwar in der Regel kurzfristig zu schnellerem Einschlafen und reduzieren die Anzahl nächtlichen Aufwachens, können aber mittelfristig auch zur Toleranzzunahme (d. h., der Organismus gewöhnt sich gewissermaßen an eine bestimmte Dosis und braucht zur Wirksamkeit somit zukünftig immer höhere Dosen) und Abhängigkeit führen. Ähnlich wie bei übermäßigem Alkoholgenuss, unterdrücken Benzodiazepin-Hypnotika ebenfalls häufig REM-Schlaf und Tiefschlafanteile und bewirken somit eine höhere Störbarkeit des Nachtschlafes. Besonders bei Präparaten mit kurzer und mittlerer Halbwertszeit (*Halbwertszeit*: Zeit, nach der die Hälfte des Wirkstoffes im Körper abgebaut ist) besteht bereits bei nur wenigen Tagen der Einnahme beim abrupten Absetzen die Gefahr eines so genannten *Rebound-Effektes*. Er besagt, dass der Schlaf nach Beendigung der Schlafmitteleinnahme noch schlechter ist als vor ihr. Somit schlussfolgert man dann eventuell fälschlicherweise, auf Schlaftabletten nicht mehr verzichten zu können und greift erneut zur Pille – dann vielleicht mit erhöhter Dosis. Ein Teufelskreis kann sich entwickeln und die Gefahr der Abhängigkeit steigt (vgl. auch die obigen Ausführungen zum Punkt 12.1). Positiv an Medikamenten mit kurzer Halbwertszeit resp. schnellem Abbau im Körper ist, dass sie bei rechtzeitiger Einnahme vor dem Zu-Bett-Gehen nicht zu Überhang-Effekten und Tagesmüdigkeit am nächsten Morgen führen.

Wir können zu Alkoholkonsum und Schlafmitteleinnahme festhalten:

- Die dämpfende und entspannende Wirkung von dosiertem Alkoholgenuss lässt sich nicht abstreiten und kann unter Umständen schlaferleichternd wirken.
- Grundsätzlich problematisch an Alkoholkonsum im Kontext mit besserem Schlaf ist jedoch die Gefahr eines möglichen Zu-viel-Trinkens bzw. einer Abhängigkeit.
- Übermäßiger Alkohol erleichtert evtl. rascheres Einschlafen, führt jedoch auch oftmals zu frühzeitigem Aufwachen.
- Übermäßiger Alkohol bringt die physiologische Schlafstruktur (Schlafstadien) durcheinander; er unterdrückt zunächst den REM-Schlaf und die Tiefschlafanteile.
- Das Resultat: Der Schlaf wird flacher und somit störanfälliger und vorzeitiges Aufwachen ist möglich; darüber hinaus kann es zu vermehrten unangenehmen Träumen mit fortschreitender Nacht kommen.
- Als Schlafmittel werden heutzutage vor allem pflanzliche Mittel (z. B. Baldrian-Präparate) sowie Benzodiazepin-Hypnotika eingenommen bzw. verordnet.
- Die schlaferleichternde Wirkung *pflanzlicher Mittel* ist jedoch noch weitgehend unerforscht; es gibt allerdings Hinweise, dass solche Substanzen Schlafeffizienz und -kontinuität etwas erleichtern können.
- Die Vorteile von pflanzlichen Präparaten liegen in geringen Nebenwirkungen und fehlendem Abhängigkeitspotenzial.
- *Benzodiazepin-Hypnotika* erleichtern zwar anfangs oft das Einschlafen und reduzieren die Anzahl nächtlichen Aufwachens, jedoch können sie zahlreiche unangenehme Nebenwirkungen haben.
- Die meisten Benzodiazepine unterdrücken ähnlich wie Alkohol den REM- und Tiefschlaf; Konsequenz: wegen des flacheren Schlafes wird er störanfälliger.
- Benzodiazepin-Hypnotika mit kurzer bis mittlerer Halbwertszeit können nach abruptem Absetzen zu sog. *Rebound-Effekten* führen; dann ist der Schlaf vorübergehend noch schlechter als vor Einnahme des Präparates.
- Bei Benzodiazepinen besteht die Gefahr von Toleranz und Abhängigkeit; der Organismus gewöhnt sich somit an eine bestimmte Dosis und ‚verlangt' für die Schlaferleichterung eine allmählich höhere Dosierung; hiermit einher geht die Gefahr der Abhängigkeit.
- Manche Benzodiazepin-Hypnotika können Atmungsstörungen hervorrufen oder verstärken.

12.3 Trainingsverfahren gegen Schlafbeeinträchtigungen: gedankliche und körperliche Erregung normalisieren

Die bisherigen Erörterungen haben verdeutlicht, dass die vielfältigen Stresssituationen eines Fußballtrainers die neurophysiologische (normale) Schlafstruktur (Schlafstadien) und somit den erholsamen Schlaf beeinträchtigen können. Sie haben weiterhin Einiges zur teilweise kontraproduktiven Wirkung von scheinbaren ‚Hilfsmitteln' wie Alkohol oder Hypnotika-Medikamenten auf die Normalisierung des durcheinandergebrachten Schlafmusters erfahren: Anstatt dieses regelgerecht zu normalisieren, verändern sie es ebenfalls teilweise ‚unnatürlich' und bewirken somit oftmals anhaltende Schlafschwierigkeiten. Wir stellen deshalb Methoden vor, bei denen solche Effekte nicht zu erwarten sind: Die Verfahren setzen vor allem bei den gedanklichen Grübeleien und ‚Spielfilmen' sowie der physiologischen Aktivierung an (siehe Abs. 12.1). Sie können Schlafschwierigkeiten durch (a) körperliche Entspannungstechniken, (b) gedankliche Entspannungstechniken und (c) gedankliche Kontrolltechniken beheben.

(a) Körperliche Entspannung: Progressive Muskelentspannung

Eine im Sport weitverbreitete Entspannungsmethode ist die so genannte Progressive Muskelrelaxation (PMR). Bei Beherrschung bewirkt sie – wie auch andere Verfahren (z. B. Autogenes Training; Yoga; Tai-Chi) – tiefe Entspannung. Diese lässt sich direkt durch bestimmte mentale und körperliche Kennzeichen (Entspannungsreaktion) erfahren. Sie empfinden dann insbesondere:

- eine ausgeglichene Stimmungslage bzw. geringe Reizbarkeit;
- mentale Frische;
- eine geschärfte Wahrnehmung für verschiedene Sinneseindrücke;
- lockere Muskeln;
- eine angenehme Schwere und Wärme der Muskulatur;
- geringfügig verlangsamte Herzfrequenz;
- verlangsamtes und regelmäßiges Atmen.

Die PMR geht auf den amerikanischen Physiologen Edmund Jacobson (1938) zurück und ist inzwischen wohl weltweit die verbreitetste, wissenschaftlich überprüfte Entspannungsmethode. Interessanterweise wurde das Verfahren von ihm ursprünglich speziell zur Behandlung von Schlafproblemen entwickelt. Er ging von der Grundannahme aus, dass die oben erwähnte Entspannungsreaktion durch die Senkung der Muskelspannung erreicht werden kann. Durch das Erlernen der Fähigkeit, die Muskeln schrittweise und in systematischer Form anzuspannen und wieder zu entspannen und dabei allmählich eine immer tiefere Entspannung wahrzunehmen (daher die Bezeichnung progressive Muskelentspannung), ist das möglich. Konkret: Sie müssen sich jeweils zunächst auf eine bestimmte Muskelgruppe konzentrieren, diese dann anspannen, die Spannung halten, und anschließend die Muskelpartie für längere Zeit wieder entspannen und dabei den Unterschied zum ‚verspannten' Zustand beachten. So beziehen Sie allmählich den gesamten Körper ein und fühlen sich

schließlich „relaxed". Doch die Effekte stellen sich nur bei Beachtung einer Trainingsreihenfolge sowie regelmäßigem Üben ein.
Zur Ursprungsmethode von Jacobson liegen inzwischen einige *Kurzvarianten* vor (z. B. Bernstein & Borcovec, 1973), die wir hier näher beschreiben. Wenn Sie die Entspannung erlernen, so üben Sie die einzelnen Muskelgruppen *in nachstehender Reihenfolge* ein (vgl. Tab. 6). Reservieren Sie ca. eine Woche je vorgesehenem Körperbereich, in der Sie ihn mit besonderer Beachtung trainieren (z. B. Hände und Unterarm; Gesicht). Im fortschreitenden Übungsverlauf beziehen Sie dann jeweils eine weitere Muskelgruppe in den Trainingsprozess mit ein, wobei die vorangegangenen (und bereits relativ gut beherrschten) ebenfalls wiederholt werden. Allmählich gelangen Sie so zu tiefer Entspannung und können die Methode schließlich als wirkungsvolle Schlafhilfe nutzen.

Tab. 6. *Nacheinander zu trainierende Muskelgruppen inkl. Form des Anspannens*

(1) Hände und Unterarme: Spannen Sie die Hände an, indem Sie sie zu Fäusten ballen.
(2) Oberarme: Spannen Sie die Oberarme an, indem Sie die Ellbogen beugen und die Hände Richtung Schultern führen.
(3) Gesicht: Spannen Sie das Gesicht an, indem Sie die Augen zusammenkneifen und die Nase rümpfen.
(4) Nacken und Hals: Spannen Sie Ihren Hals an, indem Sie versuchen, ihn gleichzeitig in alle vier Richtungen zu bewegen.
(5) Brust: Spannen Sie Ihre Brust an, indem Sie tief einatmen und die Luft dann einige Sekunden anhalten.
(6) Bauch: Spannen Sie Ihre Bauchmuskeln an, indem Sie diese kräftig nach innen ziehen und einen Moment anhalten.
(7) Gesäß, Beine und Füße: Ziehen Sie die Zehen an (Richtung Gesicht) und kneifen Sie die Gesäßmuskeln zusammen. Spannen Sie Gesäß, Ober- und Unterschenkel an.

Damit die Entspannungstechnik erlernt wird und zuverlässig u. a. den Schlaf erleichtern kann, beachten Sie bitte einige Lernprinzipien:

- Üben Sie regelmäßig über einen Zeitraum von ca. 6 Wochen.
- Üben Sie jeweils ca. eine Woche schwerpunktmäßig eine relevante Muskelgruppe.
- Üben Sie mindestens einmal täglich (ca. 10-15 Minuten), am besten aber zweimal täglich.
- Üben Sie stets zu ähnlicher Tageszeit und ohne Hektik.
- Üben Sie in einem ruhigen Raum, in dem Sie ungestört sind.
- Üben Sie in bequemer Rückenlage oder im Sitzen; schließen Sie dabei die Augen.
- **Üben Sie stets folgendermaßen**: (1) Konzentrieren Sie sich auf die entsprechende Muskelgruppe, (2) spannen Sie diese **ca. 5-7 Sekunden** fest an (Hilfe: Zählen Sie z. B. langsam von 21 bis 23), (3) konzentrieren Sie sich dabei auf die angespannten Muskeln, (4) lösen Sie die Spannung wieder, (5)spüren Sie **ca. 30 Sekunden** (Hilfe: Zählen Sie z. B. langsam von 24 bis 35) die entspannten Muskeln und v. a. den Unterschied zwischen An- und Entspannung – genießen Sie den Zustand, (6) wiederholen Sie den

beschriebenen An- und Entspannungsvorgang nochmals, (7) gehen Sie genauso mit anderen Muskelpartien vor.

- **Beendigung des jeweiligen Trainings**: Gewöhnen Sie sich an, alle Übungen stets in folgender Weise zu beenden: Bewegen Sie zunächst die Füße und Beine, dann Hände und Arme, anschließend Kopf und Schultern und strecken Sie sich schließlich beim Öffnen der Augen.
- Wichtig: Führen Sie die Methode die ersten ca. 3 Wochen noch nicht (!) im Bett durch; tun Sie das erst dann, wenn Sie das Verfahren bereits gut beherrschen.

(b) Gedankliche Entspannung: Ruhebild / Phantasiereise

Ruhebild / Phantasiereise:

Wenn Sie jetzt die Augen schließen und intensiv an ein sehr angenehmes, vergangenes Urlaubserlebnis zurückdenken, welche Prozesse laufen bei Ihnen dann ab? Vermutlich werden Sie für den Moment die aktuellen Alltagsprobleme und Sorgen vergessen und sich wohlfühlen. Vielleicht empfinden Sie sogar bereits deutlichere Merkmale von tieferer Entspannung (siehe *Entspannungsreaktion* beim Punkt [a]). Nach gründlichem Eintrainieren des Sich-Vergegenwärtigens positiver Erlebnisse (in der Sportpsychologie als *Visualisierung* bezeichnet) werden Sie schließlich einen vertieften gedanklichen und auch körperlichen Entspannungszustand erreichen. Folge: Die schlafbehindernden Grübeleien und ‚Spielfilme' können reduziert rsp. unterbrochen werden und Sie schlafen mittelfristig wieder besser. Doch ohne ausreichende Übung wirkt die Methode nach nervenaufreibenden Spielen nicht. Auf was müssen Sie also achten, damit bildhafte Vorstellungen *optimal* erworben und angewendet werden können?

Bei der Auswahl eines geeigneten Ruhebildes/Phantasiereise[6] sollten Sie beachten:

- Die Ruhebild-Situation sollte angenehme und entspannende Empfindungen hervorrufen.
- *Ihr* persönliches Empfinden ist entscheidend, ob eine Situation angenehm ist, nicht die allgemeine Meinung von Freunden, Trainerkollegen etc.
- Das Ruhebild darf keine Hektik oder Anstrengung beinhalten, etwa schweißtreibende Szene eines Dauerlaufes.
- Das Ruhebild kann sowohl real erlebt (z. B. vergangenes Urlaubsereignis) sein als auch der Phantasie entspringen.
- Auf dem Ruhebild sollten *Sie* der Hauptdarsteller sein (also nicht vorstellen, wie sich etwa Ihre Frau beim Waldspaziergang entspannt).

5 Ein ***Ruhebild*** können Sie mit einem Foto vergleichen, das eine bestimmte Szene ‚bewegungslos' festhält; bei der ***Phantasiereise*** handelt es sich dagegen um ein ‚bewegtes' Ereignis, das sich mit einem Videoausschnitt vergleichen lässt. Beide Varianten bringen Entspannung und lassen sich einsetzen.

Beispiel eines Ruhebildes: Einsame Insel

Es ist Dezember und ich bin allein auf einer einsamen Insel. Ich habe kein Mobiltelefon dabei. Den Stress der ersten Saisonhälfte lasse ich zuhause. Ich sitze bei 25 Grad am Strand, nur ich alleine, kein Mensch außer mir ist zu sehen. Die Einsamkeit ist wunderbar, schließlich muss ich im hektischen Fußballgeschäft ständig erreichbar sein und habe andauernd mit allen möglichen Personen zu tun. Ich betrachte das glasklare Meerwasser, lausche den leichten, vorbeischwappenden Wellen und höre das melodische Vogelgezwitscher. Die Vögel scheinen sich wohl zu fühlen. Für meinen Rücken sind die herrlichen, angenehm-warmen Sonnenstrahlen wohltuend. Ich sitze nur da, sauge die Natureindrücke in mich auf und genieße die traumhafte Ruhe. Keine Hektik, kein geschäftiges Treiben, keine nervenden Journalisten.

Zum effektiven Einsatz von Ruhebildern/Phantasiereisen gehen Sie bitte folgendermaßen vor:

(1) Wählen Sie eine angenehme Situation, an die Sie gerne denken und die bei Ihnen Wohlbefinden und Entspannung hervorruft; das kann eine bereits aufgetretene reale (z. B. Urlaubsszene) sein oder Ihrer Phantasie entspringen.

(2) Beschreiben Sie das ausgewählte Ruhebild möglichst genau; vergegenwärtigen Sie sich möglichst alle hierbei beteiligten Sinneswahrnehmungen: Wie sieht die Situation konkret aus? Was können Sie hierbei hören, riechen, schmecken, tasten etc.? Beschreiben Sie das entsprechende Ruhebild in *schriftlicher* Form durch einige Stichpunkte auf einem Zettel; beim weiteren Üben orientieren Sie sich dann an den vornotierten Ruhe-Erlebnissen.

(3) Nehmen Sie sich nun zweimal täglich Zeit (5-10 Minuten genügen) und stellen Sie sich *ein* ausgewähltes Ruhebild detailliert in allen Sinneswahrnehmungen vor: Sehen, Riechen, Schmecken, Tasten, Hören.

(4) Erweitern Sie *eventuell* – sofern Sie eine bestimmte Szene ‚hautnah' erleben können – das Ruhe-‚Standbild' zu einer ‚beweglichen' Phantasiereise; das kann durchaus Wünschenswertes und noch nicht Eingetretenes beinhalten, sollte jedoch ebenfalls beruhigend und entspannend wirken.

(5) Lassen Sie sich nicht beunruhigen, wenn das Ruhebild bzw. die Phantasiereise manchmal vor dem geistigen Auge ‚wegrutscht' oder Sie sich dieses nicht fotografieähnlich scharf vorstellen können; mit der Übung festigt sich die Konzentrationsfähigkeit auf eine gewünschte Szene; und außerdem: Vorstellungen vergleichbar mit der Schärfe eines Fotos sind nicht erforderlich und oft auch nicht möglich.

(6) Setzen Sie die erlernte Visualisierungs-Technik als Schlafhilfe im Bett erst dann ein, wenn sie im Tagesverlauf gut beherrscht wird.

(c) Gedankliche Kontrolltechniken: Spielnachbesprechungs-Protokoll, Stoppschild

Ihr Nicht-Schlafen-Können hängt vermutlich häufig mit der Tatsache zusammen, dass Sie sich bereits während der Nacht nach Spielen Gedanken über Korrekturen des zukünftigen Trainings machen. Im hochklassigen Fußball findet meist am nächsten Tag das Regenerationstraining statt und spätestens am übernächsten erfolgt eine Spielnachbesprechung. Hier müssen exakte Spielanalysen erfolgen und der weitere Trainingsverlauf in Richtung nächstes Pflichtspiel festgelegt werden. Allerdings ist es trotzdem nicht notwendig, sich entsprechende Gedanken zur Nachtzeit zu machen und somit den notwendigen Schlaf zu stören. Zwei Techniken schaffen hier Abhilfe: Spielnachbesprechungs-Protokoll und Stoppschild.

Spielnachbesprechungs-Protokoll:

Sie sollten sich eine bestimmte Routine aneignen, das vergangene Pflichtspiel *systematisch zu analysieren* und sich somit effektiv auf die anstehende Nachbesprechung vorzubereiten. Das schützt vor nächtlichen Gedankenspielen und Schlafproblemen. Wir schlagen hierzu das Führen eines *Spielnachbesprechungs-Protokolls* (siehe auch Anhang) vor. Bearbeiten Sie es – *zumindest die ersten beiden Schritte* – am besten nach einer gewissen Erholungszeit noch am Spieltag. Dann können Sie mit ‚freierem Kopf' ins Bett gehen. Besonders wichtig ist dabei das Herausgreifen auch von *positiven* Spielaktionen Ihrer Mannschaft. Dies muss betont werden, da man sich häufig nur auf Negatives konzentriert und dabei das gut Realisierte einfach als selbstverständlich akzeptiert. Doch Lob und Anerkennung hat vielfältige positive Auswirkungen, z. B. auf Motivation, Stimmung, Selbstvertrauen und Spielverhalten der Spieler (siehe Kap. 5) und darf deshalb nicht unerwähnt bleiben. Bearbeiten Sie das Spielnachbesprechungs-Protokoll (Kopiervorlage siehe Anhang) also in folgenden Schritten:

(1) **Geklappt: Was war/verlief positiv im Spiel?** Vergegenwärtigen Sie sich unbedingt die positiv verlaufenen Spielsituationen und halten Sie diese stichpunktartig fest. Oftmals vergisst man Gelungenes und konzentriert sich vor allem auf Misslungenes. Jedoch tut Lob jedem gut (siehe Kap. 5).

(2) **Misslungen: Was sollten wir verbessern?** Vergegenwärtigen Sie sich nun Spielsituationen, die nicht zufriedenstellend verlaufen sind. Halten Sie sie ebenfalls stichpunktartig fest. Achten Sie auf möglichst konkrete Beschreibungen (z. B. nicht: unser Spiel lief schleppend; sondern: das Mittelfeld hat meist in die Breite statt steil in die Spitze gespielt). Notieren Sie sich *nur die 2 bis 3 wichtigsten Mängel.*

(3) **Denkbare Umsetzungen im Training: Wie könnten die Fehler behoben werden?** Sammeln Sie alle Ideen, wie die oben aufgelisteten Probleme im Training grundsätzlich behoben bzw. ‚wegtrainiert' werden könnten. Es kommt hier darauf an, dass Sie sich alle in den Sinn kommenden Lösungen notieren. **Wichtig**: Ihre Ideen können durchaus auch phantastisch und unrealistisch sein. **Alles ist erlaubt** (z. B.: „Trapattonis Defensivtaktik übernehmen" – obwohl nicht die Zeit zum intensiven Eintrainieren besteht). Sie bewerten hier noch nicht die Brauchbarkeit bzw. Umsetzbarkeit der Lösungen.

(4) **Realistische Umsetzungen: Welche Maßnahmen lassen sich realistischerweise im Training verwirklichen?** Nun prüfen Sie die gefundenen Lösungswege in (3) auf Umsetzbarkeit. Schätzen Sie zunächst ein, welche

(a) *Folgen/Konsequenzen* die einzelnen Lösungswege haben werden. Beurteilen Sie dann, wie (b) *wahrscheinlich* die Folgen/Konsequenzen tatsächlich zu erwarten sind. Durch Formulieren von *Wenn-Dann-Sätzen* erhalten Sie die (a) Folgen/Konsequenzen: „Wenn wir die Trapattoni-Defensivtaktik beherrschen (= Lösungsweg/Trainingsmaßnahme), dann bekommen wir weniger Gegentore" (= **Folge/Konsequenz**). Nun bewerten Sie noch, ob die Folgen/Konsequenzen wahrscheinlich bzw. realistischerweise zu erwarten sind.

(5) **Das ist es: Wie trainieren wir die kommende Woche konkret?** Jetzt entscheiden Sie sich für die Lösungswege/Trainingsmaßnahmen, die die beabsichtigten Folgen/Konsequenzen am ehesten erbringen. Machen Sie sich eine *genaue Liste*, wie Sie im Training in den kommenden Tagen vorgehen wollen.

Mit Hilfe der nach dem Spiel aufgelisteten Stichpunkte (Nachbesprechungs-Protokoll) und etwaiger weiterer Detailanalysen am nächsten Tag werden Sie gut vorbereitet in die Spielnachbesprechung gehen können. Und noch wichtiger: Ihr Schlaf wird leichter fallen, da Sie sich keine Sorgen machen müssen, potenziell wichtige Aspekte zu vergessen.

Stoppschild:

Trotz systematischen Analysierens und Ausfüllens o. g. Spielnachbesprechungs-Protokolls wachen Sie vielleicht nachts auf und es schießen wieder Gedanken vom vergangenen Spiel durch den Kopf. Nun haben Sie zwei mögliche Handlungsalternativen: (a) Wenn Sie *plötzlich neue Einfälle und Lösungsideen* haben und diese keinesfalls vergessen werden dürfen („Bis Morgen Vormittag habe ich das wieder vergessen…"), dann stehen Sie auf, gehen Sie in Ihr Arbeitszimmer und notieren Sie sich den ‚Gedankenblitz'. Hierzu ergänzen Sie am besten das bereits bearbeitete Spielnachbesprechungs-Protokoll. Anschließend gehen Sie wieder beruhigt ins Bett: die Idee wurde festgehalten. (b) Falls Sie jedoch *zum x-ten Mal bereits (im Protokollbogen) analysierte Probleme wälzen*, dabei jedoch ‚auf der Stelle treten' und keine wesentlich neuen Ideen produzieren, sollten Sie die Technik des Gedankenstopp probieren.
Das Gedankenstoppen hilft beim Unterbrechen störender Gedanken(ketten) und unproduktiver Grübeleien. Die Technik können Sie mit dem Verhalten im Straßenverkehr vergleichen: Sie fahren mit dem Auto und stoppen oder verlangsamen das Tempo im Allgemeinen an roten Ampeln oder Stopp- bzw. Warnschildern (*Schule!*; *Tiere!*). Sie halten also bei entsprechenden Warnhinweisen an. Solches Verhalten wurde beispielsweise in der Fahrschule vermittelt und/oder hat Ihnen die Erfahrung im Straßenverkehr gelehrt. Die Gedankenstopp-Technik läuft nach selbigem Prinzip ab: Sie denken, grübeln und sinnieren über Spiel(er)probleme nach. Sofort stellen Sie sich daraufhin im Geiste intensiv ein Stoppschild oder Warnzeichen vor. Dadurch unterbrechen Sie das im Moment nutzlose Denken. Jetzt richten Sie die Aufmerksamkeit auf andere bzw. angenehme Situationen. Das geistig vergegenwärtigte Stopp- oder Warnsignal wirkt hierbei als Sperre des Weiteren (unproduktiven)

Denkens. Es unterbricht die sinnlosen Grübeleien. Folge: Sie schlafen (wieder) ein. Zwei Faktoren sind entscheidend für den wirkungsvollen Einsatz der Technik: (1) müssen Sie – nach Gedanken-Unterbrechung durch Stoppschild oder Warnsignal – Ihre Aufmerksamkeit auf andere Situationen richten. Als Schlafhilfe eignet sich hier besonders Entspannung, zum Beispiel das oben beschriebene Ruhebild/ Phantasiereise oder Progressive Muskelentspannung. (2) ist intensives Üben des ‚Umschaltvorgangs' nötig. Vermutlich haben sich Grübelvorgänge nach Spielen schon über längere Zeit verfestigt. Folglich bedarf es energischen und wiederholten Gegensteuerns, um solche Mechanismen wieder aufzubrechen und umzustrukturieren. Gehen Sie beim Erlernen des Gedankenstoppens in folgenden Schritten vor:

(1) ***Schlafbeeinträchtigende Gedanken: Welche Gedanken(ketten) gehen mir vor dem Einschlafen bzw. während nächtlichem Aufwachen durch den Kopf?*** Beobachten Sie sich nach Pflichtspielen und machen Sie stichpunktartige Notizen über die Grübeleien, Gedanken(ketten) und ‚Spielfilme' bei Nacht.

(2) ***Übungsschritt (a):*** Schließen Sie nun die Augen und denken Sie bewusst die oben herausgefundenen störenden Gedanken. Stellen Sie sich jetzt vor dem geistigen Auge ein deutlich erkennbares ***Stoppschild***, ***Haltesignal*** oder ***Warnzeichen*** vor! Das können ein im Straßenverkehr übliches Schild sein oder vielleicht auch nur fett-leuchtende Buchstaben. Wichtig: Für *Sie* (und nicht einem anderen Trainerkollegen!) muss das Signal *Stopp!, Halt!* oder *Vorsicht!* signalisieren. Sagen Sie gleichzeitig zu sich laut „Stopp!", „Halt!" etc. Sobald Sie feststellen, dass dadurch die Grübeleien unterbrochen werden können, wiederholen Sie den ganzen Vorgang gleich noch einige Male.

(3) ***Übungsschritt (b):*** Nehmen Sie sich in den folgenden Tagen jeweils einige Minuten Zeit und gehen Sie genauso wie beim Punkt (2) beschrieben vor: Erst die Augen schließen, dann die störenden Gedanken bewusst in Erinnerung rufen, hierzu zusätzlich das Stoppschild (Halt-Schild; Warn-Schild) gedanklich vorstellen und mit einem lauten „Stopp!" oder „Halt!" kombinieren. <u>Und</u>: Sobald die Störgedanken unterbrochen sind, stellen Sie sich jetzt bitte immer weiterhin ein entspannendes Ruhebild/Phantasiereise vor. Das lenkt die Aufmerksamkeit auf angenehme, schlafförderliche Gedanken.

(4) ***Übungsschritt (c):*** Gehen Sie in den folgenden Tagen genauso wie beim Punkt (3) vor: Augen schließen, Grübeln bewusst hervorrufen, Stopp-Signal vorstellen, an Ruhebild/Phantasiereise denken. Aber: Sagen Sie nun nur noch <u>*leise*</u> „Stopp!" oder „Halt!" zu sich.

(5) ***Übungsschritt (d):*** Gehen Sie in den folgenden Tagen genauso wie beim Punkt (4) vor: Augen schließen, Grübeln bewusst hervorrufen, Stopp-Signal vorstellen, an Ruhebild/Phantasiereise denken. Aber: Sagen Sie sich jetzt „Stopp!" bzw. „Halt!" nur noch <u>*im Geiste*</u>.

(6)	***Ernstfall:*** Wenden Sie die Technik stets bei Schlafproblemen nach Pflichtspielen an! Selbst wenn es nicht gleich optimal klappt, lassen Sie sich nicht entmutigen und probieren Sie es weiter.

12.4 Selbstkontrolle: Habe ich die wichtigsten Inhalte behalten und verstanden?

Im Kapitel 12 wurde gestörter Schlaf (nach Pflichtspielen) und dessen Behebung dargestellt. Sie können nun überprüfen, ob Sie die wesentlichen Inhalte behalten und verstanden haben. Kreuzen Sie bitte die Ihrer Meinung nach „richtigen" Antworten an. Falls Ihnen die eine oder andere Frage noch Schwierigkeiten bereitet, schlagen Sie die kommentierten Antworten im Anhang nach. Wiederholen Sie außerdem die entsprechenden Abschnitte des soeben durchgearbeiteten Kapitels. Sobald Sie mit Ihrem Kenntnisstand zufrieden sind, zögern Sie bei Bedarf nicht mit der praktischen Umsetzung.

Schlechter Schlaf nach Spielen: „Spielfilm" und Stresshormone (**3 richtige Aussagen; siehe Punkt 12.1**):

(1)	Der Stress im Training ist nachweislich höher als während eines Pflichtspiels.
(2)	Bei Profiliga-Cheftrainern treten nach Spielen oftmals immer wiederkehrende Gedanken zu spielkritischen Szenen auf (sog. „Spielfilme"), die schwer zu stoppen sind.
(3)	Oftmals sind Fußballtrainer nach Spielende noch zu stark geistig und körperlich aktiviert, um gut einschlafen zu können.
(4)	Fußballtrainer schlafen grundsätzlich während der normalen Trainingswoche schlechter als nach dem Spiel.
(5)	Schlafprobleme haben oft mehrere zusammenwirkende Ursachen.

Schlechte Helfer: Konsum von übermäßigem Alkohol und Schlafmitteln (**3 richtige Aussagen; siehe Punkt 12.2**):

(6)	Alkohol ist die einzig wirksame schlaffördernde Maßnahme nach Pflicht-spielen.
(7)	Übermäßiger Alkohol bringt das natürliche (physiologische) Schlafmuster durcheinander und führt zu flacherem und störanfälligerem Schlaf.
(8)	Schlafmedikamente sind grundsätzlich bedenkenlos.
(9)	Schlafmittel haben oftmals unangenehme Nebenwirkungen.
(10)	Pflanzliche Präparate (z. B. Baldriantropfen) sind in ihrer Wirkung noch nicht gut untersucht, scheinen jedoch den Schlaf erleichtern zu können und weisen kaum unangenehme Nebenwirkungen auf.

Trainingsverfahren gegen Schlafbeeinträchtigungen (**3 richtige Aussagen; siehe Punkt 12.3**):

(11) Gegen schlechten Schlaf nach Spielen kann kaum etwas getan werden.
(12) Schlaf lässt sich oft gut durch gedankliche Techniken und Entspannungsverfahren herbeiführen.
(13) Beim Gedankenstoppen stellt man sich ein Stoppschild vor, und schon sind die Grübeleien unterbrochen.
(14) Durch systematisches Spielanalysieren mittels Spielnachbesprechungs-Protokoll erreicht man, dass schlafstörendes Grübeln bereits vor der Nachtruhe erledigt wird und man demnach im Bett beruhigt einschlafen kann.
(15) Es ist nicht problematisch, ab und zu schlecht zu schlafen.

13 Welche Besonderheiten sind beim Mentaltraining im Nachwuchsbereich zu beachten?

Bisher wurde das Mentaltraining im Leistungsfußball für den *Erwachsenenbereich* vorgestellt. Der Nachwuchstrainer wird sich nun zu Recht die Frage stellen, ob die präsentierten Prinzipien und Vorgehensweisen auch bei der Arbeit mit Nachwuchsfußballern wirksam sind oder gegebenenfalls Besonderheiten beachtet werden müssen. Um es vorweg zu nehmen: Mentaltraining lässt sich grundsätzlich auch im Nachwuchsbereich erfolgreich anwenden, die Grundprinzipien gelten auch für jüngere Sportler. Allerdings sind junge Leistungsfußballer teils mit etwas anderen Anforderungen als Erwachsene konfrontiert. Auch bildet sich beispielsweise das menschliche Denken und Vorstellungsvermögen mit zunehmendem Alter erst aus und ist somit für Jüngere nicht 1:1 mit demjenigen von Erwachsenen vergleichbar. Insofern gibt es sportpsychologische Techniken und Programme, denen im Nachwuchsbereich mehr Bedeutung zukommt und die gegebenenfalls ein abgeändertes methodisch-didaktisches Vorgehen verlangen (Mayer & Hermann, 2014; Ziemainz et al., 2016). Wir stellen zunächst den Lebensalltag junger Spieler des Nachwuchs-Leistungsbereichs dar (Kap. 13.1). In diesem Kontext weisen wir auch hin auf gesellschaftliche Veränderungen. Anschließend umreißen wir Besonderheiten der Entwicklung menschlichen Denkens (Kap. 13.2). Im nächsten Schritt werden konkrete mentale Trainingsformen beschrieben. Hierbei werden die bisher im Buch dargestellten Ausführungen zu Diagnostik und Taktiktraining aufgegriffen und jeweils um Aspekte ergänzt, die im Mentaltraining des Nachwuchsleistungsfußballs bedeutsam sind. Auch die Arbeit mit Fußballern mit Migrationshintergrund sowie Lern- und geistigen Beeinträchtigungen wird thematisiert (Kap. 13.3). Zum Schluss sind Lernkontrollfragen zur Selbstkontrolle präsentiert (Kap. 13.4).

13.1 Lebensalltag junger Spieler in Nachwuchsleistungszentren

Die Anforderungen für ambitionierte und talentierte Leistungsfußballer des Nachwuchsbereichs sind vielfältig und müssen als hoch eingeschätzt werden. Neben einer erheblichen schulischen Belastung muss auch ein insgesamt hoher zeitlicher Trainingsaufwand bewältig werden. Mittlerweile hat sich (auf höchstem Niveau des Nachwuchsleistungsfußballs) auch eine forcierte Anwendung wissenschaftlicher Methoden und Analyseverfahren im Trainingsprozess etabliert (Laktat-Ausdauerdiagnostik; Kraft- und Koordinationsdiagnostik; Videoanalysen von Spiel und Training; Ernährungsberatung; sportmedizinische Gesundheits- und Leistungsdiagnostik etc.). Zweifellos ist wissenschaftsgestütztes Training eine unabdingbare Voraussetzung für sportliche Spitzenleistungen und in anderen Sportarten (z. B. der Leichtathletik) schon seit Jahrzehnten Standard. Allerdings sollten wissenschaftliche Verfahren und Tests überlegt eingesetzt werden. Es darf auch bei seriös entwickelten Testverfahren nämlich nicht vergessen werden, dass (a) Fußball ein komplexes Sportspiel ist und die Fußball-Leistung mehr als die Summe isolierter Test-Resultate darstellt (somit ist es schwer, diese Komplexität optimal zu erfassen), (b) Testergebnisse im Gesamt-Blick interpretiert werden müssen (dies erfordert erfahrene und kompetente Leistungs-Diagnostiker), (c) Kinder und Jugendliche durchaus individuelle Entwicklungsbesonderheiten und -variationen aufweisen (sie müssen bekannt sein und entsprechend bei den Testinterpretationen berücksichtigt werden) und (d) der Testeinsatz bei jungen Spielern mitunter erheblichen Stress verursacht. Vor allem letzter Punkt (d) sollte beachtet werden, um die Spieler nicht dauerhaft mental zu stark zu belasten:

> Wenn jedes Training mittels Videoaufzeichnung dokumentiert und jeder Fehler schonungslos präsentiert und kleinkörnig analysiert wird, setzt das die Spieler unnötig unter Stress und verursacht gegebenenfalls Angst. Man muss dann immer – möglichst schon im Training – optimale Leistung zeigen, was sowohl physisch als auch mental mitunter eine erhebliche Anspannung und Überforderung zur Folge hat. Dann kann es sein, dass im eigentlich bedeutsamen Pflichtspiel nichts mehr bzw. nicht mehr viel mehr als im Training mobilisiert werden kann. Unter Umständen leidet sogar die Kreativität, da man im video-dokumentierten Trainingsspiel nur noch perfekt gekonnte Pässe spielt und nicht solche, die riskanter und fehlerbehafteter sind – sie wären ja sofort offensichtlich.
> Oder: Laktat-Ausdauer-Stufentests erfordern häufig, entsprechend der jeweiligen sportmedizinischen Grundannahmen, submaximale oder gar maximale Ausbelastungen der Fußballer. Werden solche – prinzipiell sinnvollen – Testdiagnostiken jedoch nicht optimal in das Gesamt-(Wochen-)Trainingspensum bzw. den Lebensalltag der jungen Fußballer eingebaut (z. B.: zu kurzer Abstand zum nächsten wichtigen Pflichtspiel; ‚Kollision' mit wichtigen Schul-Prüfungen etc.), kommt es zu unnötigen physischen und psychischen Belastungen.

Der erhöhte quantitative und qualitative Aufwand für Spitzenfußballer des Nachwuchsbereichs resultiert zum Beispiel aus im Vergleich zu den 1980er oder 1990er Jahren veränderten Spieleigenschaften (schnelleres und athletischeres Spiel; mehr Pflichtspiele) und Rahmenbedingungen (stärkere Konkurrenz aufgrund höherer Mobilität und Internationalität in Konkurrenz-Vereinen). In den deutschsprachigen Ländern hat man auf diese Veränderungen reagiert und es reifte seit etwa zwei Jahrzehnten die Erkenntnis, dass nur eine optimale Betreuung im sportlichen <u>und</u> außersportlichen Bereich mittelfristig nachhaltige Erfolge sichert. So entstanden in Deutschland so genannte Nachwuchsleistungszentren (NLZ), die für die Bundesligavereine (1. und 2.) obligatorisch sind. In Österreich gibt es in ihren Funktionen ähnliche Institutionen mit den sog. Fußballakademien (AKA) oder den Bundesliganachwuchszentren (BNZ), und auch der schweizerische Fußball forciert die systematische Nachwuchsförderung. Ähnlich den bereits von deutschen Olympiastützpunkten bzw. anderen Sportarten praktizierten Service- und Betreuungsleistungen versuchen Nachwuchs-Förderinstitutionen des Fußballs nun auch, die Nachwuchsfußballer ganzheitlich im fußballerischen und außerfußballerischen Bereich zu betreuen. Das betrifft neben Kooperationen mit ortsansässigen Schulen insbesondere die sozialpädagogische Betreuung (z. B. Sportinternat) oder sportpsychologische Unterstützung. Die verschiedenen Maßnahmen sollen im System mit qualitativ hochwertigem fußballspezifischen Training schließlich leistungsstarke Nachwuchsfußballer entwickeln (siehe z. B. FSV Mainz 05 Nachwuchsleistungszentrum, 2015).

In den NLZs bzw. generell in deutschsprachigen Ländern ist von einem erheblichen Anteil von Spielern mit Migrationshintergrund auszugehen, unabhängig von aktuellen Fluchtbewegungen infolge von Kriegen. Deutschland war beispielsweise schon über Jahrzehnte hinweg ein Land mit einem erheblichen Anteil von Personen ausländischer Herkunft (siehe z. B. auch ec.europa.eu/eurostat/de), selbst wenn das erst in den letzten Jahren verstärkt in den öffentlichen Fokus tritt. Dies erfordert in der sportpsychologischen Arbeit insbesondere die Beachtung kommunikativer Prozesse und Probleme, beispielsweise in der Trainer-Sportler-Kommunikation oder beim Ausfüllen von Fragebögen. Stets ist dafür Sorge zu tragen, dass der Athlet die Anweisungen und Trainingsprogramme verstehen und nachvollziehen kann. Anders ist ein effektives Mentaltraining nicht möglich. Sofern Kinder und Jugendliche (noch) über eher gering ausgeprägte Lese- und/oder Sprachkompetenzen verfügen, bietet sich die Orientierung an der sog. *Einfachen Sprache* (www.klarunddeutlich.de) an. Sie beinhaltet im Wesentlichen, dass Texte bzw. Ansprachen logisch aufgebaut und relativ kurz sind, auf Fremdwörter verzichtet und von Schachtelsätzen absieht. **Aber**: Einfache Sprache bedeutet nicht triviale oder verkindlichte Sprache! Vernünftig eingesetzt, hilft sie Fußballern mit (noch) geringer deutscher Sprachkompetenz beim Verstehen und somit dem effektiven Mentaltraining. Außerdem eignet sie sich im Umgang mit Sportlern mit Lern- oder geistigen Beeinträchtigungen (Schliermann et al., 2014). Ausländische junge Fußballer bedürfen darüber hinaus auch eher sozialpädagogisch akzentuierte Unterstützungsleistungen, die u. a. auch von Ihnen als Fußballtrainer erbracht werden können. Sie sollten darauf achten, dass sich Spieler fremder Kulturen möglichst schnell einleben und im Mannschaftsgefüge wohlfühlen. Hierfür können Sie Maßnahmen zur Förderung des sog. Sozialbezogenen Mannschaftszusammenhalts (Kohäsion) ergreifen (siehe Kap. 7). Sie sollten Wert legen auf den Austausch möglichst vieler kulturspezifischer Besonderheiten (Religion; Sitten und Gebräuche; Essen; Hobbys) und auch darlegen, welche Grundwerte und Verhaltensweisen in Ihrem Land das gemeinsame und friedliche Zusammenleben garantieren. Somit unterstützen Sie die jungen ausländischen Spieler bei der schnellen Eingewöhnung in einem gegebenenfalls fremden Kulturkreis.

13.2 Entwicklung menschlichen Denkens

Will man im mentalen Bereich arbeiten, so macht es Sinn, sich mit den Gesetzmäßigkeiten des menschlichen Denkens – zumindest kurz – auseinander zu setzen. Sportpsychologisches Training ist durchzogen von Trainingselementen, die Prozesse des Denkens, gedanklich-bildlichen Vorstellens oder (Um-)Bewertens aufgreifen. Besonders im psychologisch fundierten Taktiktraining (siehe Kap. 8) wird dies deutlich erkennbar. Damit beispielsweise solche gedanklich-bildhaften Vorstellungen altersgemäß umgesetzt werden und demnach auch die erhofften Effekte zeigen, müssen Besonderheiten der Entwicklung menschlichen Denkens beachtet werden. Mit anderen Worten: noch relativ jungen Fußballern können Sie nicht dieselben Anweisungen im Taktiktraining geben wie bereits ältere Jugendliche oder gar Erwachsenen – sie können dies aufgrund eines natürlichen Entwicklungsverlaufs noch nicht hinreichend nachvollziehen. Selbst wenn Sie sich noch so viel Mühe geben! Solche denkbezogenen Entwicklungsbesonderheiten sind beispielsweise vom Entwicklungspsychologen Piaget (2016) in einer Phasentheorie aufgegriffen worden.
Nach Piagets (2016) Verlaufsmodell vollzieht sich das menschliche Denken in verschiedenen aufeinanderfolgenden Phasen. Die Phasen ereignen sich in etwa in bestimmten Altersbereichen, wobei die Grenzen als grobe Anhaltspunkte zu verstehen sind. Die phasen-typischen Verläufe gelten kulturübergreifend, also prinzipiell für alle Kinder und Jugendlichen. Es wird unterschieden in die Sensomotorische Phase (0-2 Jahre; Säuglingsalter), Voroperationale Phase (2-7 Jahre; Kindergarten- und Vorschulalter; **G-Junioren/Bambini**), Phase der konkreten Operationen (7-12 Jahre; Grundschulalter; **F-; E-; D-Junioren**) und Phase der formalen Operationen (12-15 Jahre; Jugendalter; **C-; B-Junioren**). Die *Sensomotorische Phase* (0-2 Jahre) ist geprägt von konkreten Sinneswahrnehmungen und entsprechenden motorischen Reaktionen der Säuglinge. Die Welt wird sich in diesem Zusammenspiel erst allmählich erschlossen und das Denken ist noch zentriert auf bestimmte Objekte und Impulse und nicht ausdifferenziert. Da ein Mentaltraining für Kleinstkinder keinen Sinn macht, muss auf dieses Stadium hier nicht weiter eingegangen werden. In der *Voroperationalen Phase* (2-7 Jahre) ist das Denken noch stark von direkt erfahrbaren Sinneswahrnehmungen bestimmt und nicht vom logischen Durchdringen bestimmter Situationen oder Sachverhalte. Mit etwa vier Jahren entwickelt sich das sog. egozentrische Denken. Es besagt, dass das Kleinkind seine eigene Sichtweise als die einzig richtige einstuft und sich in die Perspektive anderer nicht hineinversetzen kann. Es macht beispielsweise keinen Sinn, dem 6-jährigen Stürmer X den Auftrag zu geben, er möge sich gedanklich vorstellen, wie sein Sturmkollege Y auf der anderen Seite den Flankenball annimmt und dann mit einem Torabschluss vollendet. Wenn, dann muss sich die Anweisung auf die eigene Perspektive des Spielers X beziehen („Stelle Dir bitte vor, wie Du einen Ball zugespielt bekommst!"). Es ist auch wichtig, darauf zu achten, dass sich die Spieler noch eher einfache (d. h., wenig komplizierte) Abläufe vorstellen, die sie bereits mehrmals tatsächlich im Training oder Spiel erlebt haben.

Mit der Phase der *konkreten Operationen* (7-12 Jahre) vollzieht sich das Denken dann zunehmend weniger abhängig von konkreten Sinneswahrnehmungen. Es können nun mehrere Dimensionen von Situationen und Objekten beachtet und reflektiert werden. Allerdings sollten die jeweiligen Situationen und Objekte realistisch bzw. bereits bekannt und durchlebt worden sein. Demzufolge können Sie nun beim Taktiktraining beispielsweise verlangen, sich mehrere Angriffsvarianten vorzustellen. Sie können die Spieler beim gedanklich-bildhaften Vorstellen auch den Gegenspieler mit einbeziehen lassen. Allerdings müssen all diese Situationen ebenfalls bereits bekannt und durchlebt sein. Es ist also ungünstig, die Anforderung zu stellen: „Stelle Dir bitte vor, Du dürftest im Fußballspiel auch ganz flache Bälle nur mit dem Kopf ins Tor ‚schießen'!"). Erst in der Phase der *formalen Operationen* (12-15 Jahre) sind solche hypothetischen Situationen für die Jugendlichen kein Problem mehr. Nun können Sie beispielsweise verschiedenste Taktikvarianten erarbeiten und auch gedanklich ‚durchspielen' lassen. Fragen im Sinne von „Was wäre, wenn..." sind nun gegebenenfalls relevant. Die Jugendlichen können sich nun auch unrealistische bzw. bisher nicht gekannte Spielsituationen vorstellen und durchdenken.

Wenn wir nochmals die zentralen Aussagen von Piagets (2016) Phasenmodell des Denkens auf den Fußballsport übertragen, so lässt sich zusammenfassen:

- Die gedanklichen Vorgänge des Menschen entwickeln sich im Verlauf verschiedener Phasen; beachtet man die jeweiligen Besonderheiten der verschiedenen Phasen nicht, so wird man beim Mentaltraining keinen Erfolg haben können.
- Ein gedanklich-bildhaftes Vorstellungstraining kann im G-Junioren-Bereich (Bambini) in spielerischer Form beginnen. Dann sollte es aber konkret an bereits bekannten Situationen und Beispielen der Kinder ansetzen und die Perspektive der Kinder wählen; komplizierte Handlungsabläufe (Taktikvarianten) sind zu unterlassen.
- Mit zunehmendem Alter (ab etwa 8 Jahre) sind die Kinder prinzipiell in der Lage, eine Situation in mehreren Dimensionen zu durchdenken. Allerdings ist auch hier noch darauf zu achten, dass es sich um bereits erfahrene (realistische) Situationen handelt. Als Trainer von F- bis D-Junioren-Mannschaften muss demnach stets an konkreten und bekannten Beispielen der Kinder angeknüpft werden.
- Erst ab dem C-Junioren-Bereich (13 Jahre) können Sie davon ausgehen, dass auch bisher noch unbekannte oder unrealistische (hypothetische) Situationen gedanklich vollständig erfasst und durchdrungen werden. Eine entsprechend komplexere Taktikarbeit oder Spielanweisung ist nun möglich.

13.3 Mentaltraining im Nachwuchsbereich: beachtenswerte Besonderheiten

Mit dem bisher beschriebenen Hintergrundwissen wollen wir nun nochmals auf die in diesem Buch behandelten Kapitel zur Diagnostik (Kap. 3) sowie dem Taktiktraining (Kap. 8) eingehen. Wir greifen dabei die für die Arbeit mit Kindern und Jugendlichen besonders beachtenswerten Aspekte heraus. Es schließen sich Vorschläge mentalen Trainierens mit Sportlern mit Migrationshintergrund bzw. kognitiven Beeinträchtigungen an.

(a) Diagnostik: Wie bekomme ich Informationen zu mentalen Bereichen?

In Kapitel 3 haben wir auf die Bedeutsamkeit von Diagnostik im Prozess des Mentaltrainings hingewiesen. Nur wenn die mentalen Schwachstellen erkannt bzw. die leistungsrelevanten mentalen Komponenten präzise erfasst sind, können sinnvolle Trainingsverfahren eingeleitet werden. Das gilt gleichfalls für Erwachsene wie auch für Kinder und Jugendliche.

Generell kann man aber feststellen: Je jünger die Fußballer, desto stärker müssen die meisten in Kapitel 3 genannten Methoden abgeändert werden. Dies hängt mit der noch unzureichend ausgeprägten Sprachkompetenz oder mit dem noch nicht hinreichend entwickelten Denkvermögen zusammen.

Systematische Verhaltensbeobachtung: Sie spielen vor allem bei jüngeren Fußballern eine herausragende Rolle. Junge Spieler sind nicht immer motiviert oder dazu in der Lage, schriftlich Stellung zu bestimmten Situationen oder Problemen zu beziehen. Vielleicht möchten sie auch nicht (mit Ihnen als Trainer) über unangenehme (mentale) Situationen sprechen. Dann bietet Ihnen das beschriebene Vorgehen der systematischen Verhaltensbeobachtung (Kap. 3) eine ausgezeichnete Methode, dennoch mehr Informationen zu mentalen Faktoren zu erhalten. Das konkrete Vorgehen kennen Sie bereits aus Kapitel 3.

Exploration/Interview: Sie sollten im Kinder- und Jugendbereich grundsätzlich auf eine gute Beziehung zu den Spielern Wert legen und für Probleme und Anliegen unterschiedlichster Art (Fußball; Schule; Freunde; Familie) sensibel und offen sein. Eine gute Beziehung wird dazu führen, dass sich die Spieler Ihnen gegenüber auch öffnen und etwaige mentale Problemkonstellationen ansprechen. Haben Sie einen ‚guten Draht', bieten verschiedene Formen des zielgerichteten Gesprächs ebenfalls hervorragende Möglichkeiten, Informationen über mentale Aspekte zu erfahren. Da Sie bei jüngeren Spielern mitunter auch als ‚Ersatzvater' betrachtet werden, sollten Sie ***tendenziell mehr Zeit für solche Gespräche einplanen als im Umgang mit Erwachsenen***. Mehr Zeit benötigen Sie häufig auch deshalb, weil manche (jüngere Kinder) noch nicht präzise auf Ihre Fragen antworten können. Sie müssen somit geduldig zuhören und eventuell mehrmals nachfragen (z. B.: „Wie meinst Du das? Bitte beschreibe mir das noch einmal."; „Habe ich Dich richtig verstanden, dass…?"; „Warst Du dann traurig, oder hast Du Dich gefreut?"). Je jünger die Kinder sind, desto anschaulicher und aus der Perspektive der Fußballer sollten Sie fragen. Dies erleichtert das Verständnis. Insgesamt ist das von manchen Trainern des Erwachsenenbereichs bewusst distanzierte Verhalten im Umgang mit den Spielern im Kinder- und Jugendbereich nicht zielführend.

Schriftliche Befragung: Wenn Sie Informationen in schriftlicher Form haben möchten, sollten Sie das Alter der Kinder und Jugendlichen bei der Fragen-Formulierung bzw. gegebenenfalls Fragebogen-Gestaltung berücksichtigen. Bei Jüngeren bietet es sich an, Fragen mit Smiley-Piktogrammen zu versehen. Somit können Sie Stimmungslagen oder Gefühlszustände besser verdeutlichen. Den jungen Sportlern wird dadurch eher klar, auf was sich die Fragen genau beziehen.

Performance Profiling: Das Performance Profiling (PP) setzt gute Reflexionskompetenzen der leistungsrelevanten mentalen Faktoren voraus. Da solche ausdifferenzierten Denkprozesse für noch jüngere Fußballer nicht vorausgesetzt werden können, sollte diese Technik erst bei älteren Fußballern (z. B. B-Junioren und älter) angewendet werden.

Einschätzungsskalen: In der (Sport-)Psychologie ist es üblich, von Sportlern bzw. Klienten differenzierte Rückmeldungen über zum Beispiel den Anspannungs-/Erholungsgrad, die Stressausprägung, das Ausmaß an fußballspezifischem Selbstvertrauen, die Wettkampfangst oder den Grad an Team-Zusammenhalt zu erfragen. Das erfolgt häufig mittels abgestufter Ankreuzmöglichkeiten bzw. Einschätzungsskalen. Grundsätzlich ist es vorteilhaft, solche Skalen mit Smiley-Piktogrammen zu versehen. Sie machen jüngeren Fußballern relativ gut die Ausprägungen bzw. Bewertungs-Richtungen der Skalen deutlich (Abb. 16):

Bitte kreuze immer den Smiley an, der Deine Stimmung am besten beschreibt.

☹☹	☹	😐	☺	☺☺
trifft gar nicht zu	trifft kaum zu	teils/teils	trifft zu	trifft völlig zu

Die Stimmung beim Training war gut.	☹☹	☹	😐	☺	☺☺

Abb. 16. Beispiel für eine Skala mit Smiley-Piktogrammen für jüngere Fußballer.

Darüber hinaus bieten sich (bei Jüngeren) auch Ampel-Darstellungen als geeignete Methoden der Diagnostik an. Folgende Systematik macht Sinn: „grün“ könnte gute, positive oder angemessene mentale Ausprägungen signalisieren; „gelb“ könnte akzeptable, neutrale, durchschnittliche mentale Ausprägungen bedeuten; „rot“ könnte schlechte, negative, unakzeptable mentale Ausprägungen veranschaulichen. Mit diesem Vorgehen lassen sich viele mentale Bereiche erfassen. Hierbei kann die Diagnostik auf einzelne Spieler gerichtet (z. B.: fußballspezifisches Selbstvertrauen von *Spieler X*) sein oder im Rahmen einer Gruppen-Analyse erfolgen (z. B.: fußballspezifisches Selbstvertrauen von *Mannschaft X*). Anhand der Ampelfarbe kann schnell erkannt werden, in welchen Bereichen alles in Ordnung ist und in welchen Bereichen Veränderungen wünschenswert sind.

(b) Taktik lernen und stabilisieren: Wie optimiere ich mein Taktiktraining?

In Kapitel 8 wurde näher auf das Taktiktraining eingegangen. Es wurde die besondere Bedeutung gezielten gedanklich-bildhaften Vorstellens hervorgehoben. Dies gilt auch für den Junioren- und Kinderbereich, erfordert allerdings einige Besonderheiten und Einschränkungen. Betrachten wir die von Eberspächer (2004b) beschriebenen vier Formen Mentalen Vorstellens (andere beobachten; mit sich selbst sprechen; visualisieren; ideomotorisch trainieren), so sollten für jüngere Fußballer (Bambini bis D-Junioren) vor allem die ersten beiden Formen trainiert werden. Außerdem sollten in diesem Altersbereich mentale Vorstellungstrainings noch eher spontan und unsystematisch (also nicht regelmäßig) eingesetzt werden. Die im Kapitel 8 detailliert dargestellten Lernschritte sind demnach noch nicht relevant. Vielmehr ist es sinnvoll, ins Training immer mal wieder Aufgabenstellungen einzubauen, bei denen die Spieler sich ***gegenseitig beobachten***. Dabei kann dann auf bedeutsame Aspekte hingewiesen werden. Allein solche vermeintlich einfachen und trivialen Beobachtungen regen mentale Denkprozesse an und helfen dabei, Taktiken zu entwickeln oder zu stabilisieren. Erst ab etwa dem C-Juniorenbereich kann dann stärker ***systematisiertes Mentaltraining im engeren Sinn*** (siehe Kap. 8: Einbezug auch der Formen des Visualisierens sowie des ideomotorischen Trainings; Orientierung an den Lern-Schritten) erfolgen. Nun kann den Fußballern beispielsweise auch aufgetragen werden, sich komplexe Taktikvarianten (z. B.: Verhalten der eigenen Mannschaft und der gegnerischen) vorzustellen.

(c) Wie kann ich mit Fußballern mit Migrationshintergrund und kognitiven Beeinträchtigungen optimal mental arbeiten?

Fußballer, die noch relativ kurz in deutschsprachigen Ländern leben (z. B. akut Geflüchtete) oder solche mit kognitiven Beeinträchtigungen (z. B. Menschen mit Lern- oder geistigen Beeinträchtigungen) haben oft Probleme beim Verstehen von Anweisungen oder Schrifttexten. Jedoch ist für ein effektives Mentaltraining gerade dieses Sprachverständnis eine bedeutsame Voraussetzung. Es obliegt somit *Ihnen* als verantwortlichen Trainer, entsprechende Verhaltensweisen in der Kommunikation zu beachten. Orientieren Sie sich gegebenenfalls an folgenden Richtlinien:

- Verwenden Sie ***bekannte Worte*** der ‚Fußballersprache' und verzichten Sie auf eine akademische Ausdrucksweise.
- Wenn, dann nutzen Sie (bei Fußballern mit Migrationshintergrund) ***Fremdworte in englischer Sprache***; es ist davon auszugehen, dass Englisch durch die Nutzung von beispielsweise Internet einen relativ weiten Verbreitungsgrad bei Kindern und vor allem Jugendlichen hat (vor allem beim Grundwortschatz).
- Verwenden Sie ***einfache Satzkonstruktionen*** und vermeiden Sie Schachtelsätze.
- Sprechen Sie ***nicht zu schnell*** und legen Sie ***Pausen*** ein.
- Vergewissern Sie sich durch ***Rückfragen bzw. Spiegeln***, dass der Fußballer die Anweisungen (Fragebögen; Texte) richtig verstanden hat.

- Kommunizieren Sie außerhalb des (Mental-)Trainings mit dem Fußballer durchaus auch ***phasenweise in für Sie gewohntem*** (ggf. anspruchsvollerem; z. B.: längere Sätze; unbekanntere Worte etc.) ***Deutsch***; dadurch fördern Sie nebenbei die Sprachkompetenz.

13.4 Selbstkontrolle

Nachdem Sie nun das Kapitel zum Mentaltraining im Nachwuchsleistungsfußball durchgearbeitet haben, fällt Ihnen die Beantwortung der folgenden Fragen sicher leicht.

*Mentaltraining im Nachwuchsleistungsfußball (**2 richtige Aussagen**):*

(1) Mentaltraining im Kinder- und Juniorenbereich kann keine Effekte haben, da sich die einzelnen Methoden und Programme erst bei Erwachsenen gut anwenden lassen.
(2) Diagnostische Verfahren im Nachwuchsleistungsfußball sind bedeutsam und müssen durchdacht durchgeführt werden.
(3) Performance Profiling ist eine spezielle Diagnostik-Methode, die allerdings in der Kriminologie und nicht der Sportpsychologie eingesetzt wird.
(4) Im Taktiktraining des Nachwuchsleistungsfußballs kann prinzipiell das sog. Mentale Training im engeren Sinne angewandt werden. Es müssen allerdings die speziellen denkbezogenen Besonderheiten bzw. Entwicklungsphasen berücksichtigt werden.
(5) Mentale Trainingsformen und Programme können bei Menschen mit Migrationshintergrund oder Menschen mit Lern- und geistigen Beeinträchtigungen nicht eingesetzt werden. Diese Personen sind nämlich nicht in der Lage, den Anweisungen des Fußballtrainers bzw. Mentaltrainers zu folgen.

Literatur

Alfermann, D. & Stoll, O. (2005). *Sportpsychologie. Ein Lehrbuch in 12 Lektionen*. Meyer & Meyer.

Allmer, H. (1996). *Erholung und Gesundheit*. Hogrefe.

Altfeld, S. & Kellmann, M. (2013). Burnout bei Trainern: Ein Review. *Zeitschrift für Sportpsychologie, 20*(2), 47–58.

Aronson, E., Pines, A. M. & Kafry, D. (1983). *Ausgebrannt. Vom Überdruß zur Selbstentfaltung*. Klett-Cotta.

Backhaus, J. & Riemann, D. (1999). *Schlafstörungen. Fortschritte der Psychotherapie*. Hogrefe.

Bandura, A. (1977). Self-Efficacy: Toward a Unifying Theory of Behavioral Change. *Psychological Review, 84,* 191–215.

Bandura, A. (1986). *Social Foundations of Thought and Action: A Social Cognitive Theory*. Prentice-Hall.

Bandura, A. (1997). *Self-Efficacy: The Exercise of Control*. Freeman.

Baumann, S. (2002). *Mannschaftspsychologie. Methoden und Techniken*. Meyer & Meyer.

BDFL (Hrsg.). (2009). *Internationaler Trainer-Kongress. Pforzheim, 27. bis 29. Juli 2009. Möglichkeiten und Grenzen der Persönlichkeitsentwicklung im Fussball*. BDFL.

Bernstein D. A. & Borkovec, T. D. (1973). *Progressive Relaxation Training*. Research Press.

Bisanz, G. & Gerisch, G. (2001). *Fussball. Training, Technik, Taktik*. Rowohlt.

Burisch, M. (1989). *Das Burnout-Syndrom. Theorie der inneren Erschöpfung*. Springer.

Butler, R. J. & Hardy, L. (1992). The Performance Profile: Theory and Application. *The Sport Psychologist, 6*, 253–264.

Dale, J. & Weinberg, R.S. (1990). Burnout in Sports. A Review and Critique. *Journal of Applied Sport Psychology, 2,* 67–83.

Eberspächer, H. (1995). *Mentales Training. Ein Handbuch für Trainer und Sportler*. Sportinform.

Eberspächer, H. (2004a). *Mentales Training. Ein Handbuch für Trainer und Sportler*. Copress.

Eberspächer, H. (2004b). *Gut sein, wenn's drauf ankommt. Die Psycho-Logik des Gelingens*. Hanser.

Faßnacht, G. (1995). *Systemtische Verhaltensbeobachtung: eine Einführung in die Methodologie und Praxis*. E. Reinhardt.

Feltz, D.L. & Lirgg, C. (2001). Self-Efficacy Beliefs of Athletes, Teams and Coaches. In R. Singer, H. Hausenblas & C. Janelle (Eds.), *Handbook of Sport Psychology* (p. 340–361). Wiley & Sons.

Frester, R. & Wörz, T. (1997). *Mentale Wettkampfvorbereitung. Ein Handbuch für Trainer, Übungsleiter, Sportlehrer und Sportler*. Göttingen: Vandenhoeck & Ruprecht.

FSV Mainz 05 Nachwuchsleistungszentrum (Hrsg.). (2015). *Am Bruchweg. Das Saisonmagazin 2015/2016*. FSV Mainz 05.

Goodgner, K., Gorely, T., Lavallee, D. & Harwood, C. (2007). Burnout in Sport: A Systematic Review. *The Sport Psychologist, 21*, 127–151.

Hagenah, J. (2004). *Sportrezeption und Medienwirkung. Eine dynamisch-transaktionale Analyse der Beziehungen zwischen Sportkommunikatoren und -rezipienten im Feld des Mediensports*. R. Fischer.

Hardy, C. J. & Latane, B. (1988). Social Loafing in Cheerleaders: Effects of Team Membership and Competition. *Journal of Sport & Exercise Psychology, 10,* 109–114.

Hermann, H.-D. & Eberspächer, H. (1994). *Psychologisches Aufbautraining nach Sportverletzungen*. BLV.

Hillert, A. & Marwitz, M. (2006). *Die Burnout-Epidemie oder brennt die Leistungsgesellschaft aus?* Beck.

Hobfoll, S. E. (1988). *The Ecology of Stress*. Hemisphere.

Ingham, A. G., Levinger, G., Graves, J. & Peckham, V. (1974). The Ringelmann effect: Studies of group size and group performance. *Journal of Experimental Social Psychology, 10,* 371–384.

Jacobson, E. (1938). *Progressive relaxation*. University of Chicago Press.

Janke, W. (1976). Psychophysiologische Grundlagen des Verhaltens. In M. v. Kerekjarto (Hrsg.), *Medizinische Psychologie* (S. 1–101). Springer.

Janke, W., Erdmann, G. & Kallus, K. W. (1985). *Streßverarbeitungsfragebogen (SVF)*. Hogrefe.

Kaluza, G. (1996). *Gelassen und sicher im Streß*. Springer.

Karau, S. J. & Williams, K. D. (1993). Social loafing: A Metaanalytic Review and Theoretical Integration. *Journal of Personality & Social Psychology, 65,* 681–706.

Kellmann, M. (1997). *Die Wettkampfpause als integraler Bestandteil der Leistungsoptimierung im Sport. Eine empirische psychologische Analyse.* Kovac.

Kleinert, J. (2002). Fallbeispiele psychologischer Diagnostik und Intervention bei Problemen in der späten Rehabilitationsphase verletzter Sportler. *Schweizerische Zeitschrift für Sportmedizin und Sporttraumatologie, 50*(2), 85–90.

Kleinert, J. (Hrsg.). (2003). *Erfolgreich aus der sportlichen Krise: mentales Bewältigen von Formtiefs, Erfolgsdruck, Teamkonflikten und Verletzungen.* BLV.

Lau, A. (2005). *Die kollektive Leistung in den Sportspielen – eine interdisziplinäre Analyse.* Unveröff. Habilitationsschrift, Martin-Luther-Universität Halle-Wittenberg, Institut für Sportwissenschaft.

Lau, A. & Plessner, H. (2016). *Sozialpsychologie und Sport. Ein Lehrbuch in 12 Lektionen.* Meyer & Meyer.

Laux, L. (1983). Psychologische Streßkonzeptionen. In H. Thomae (Hrsg.), *Enzyklopädie der Psychologie* (Bd. 4/1, S. 453–535). Hogrefe.

Lazarus, R. S. (1991). *Emotion and adaptation.* Oxford University Press.

Lindemann, H. (1984). *Einfach entspannen. Psychohygiene-Training.* Mosaik.

Linz, L. (2004). *Erfolgreiches Teamcoaching. Ein sportpsychologisches Handbuch für Trainer.* Meyer & Meyer.

Lutz, R. (2005). Genusstraining: „Kleine Schule des Genießens“. In M. Linden & M. Hautzinger (Hrsg.), *Verhaltenstherapiemanual* (S. 346–350). Springer.

Martens, R. (1987). *Coaches Guide to Sport Psychology.* Champaign, IL: Human Kinetics.

Martens, R., Christina, R. W., Harvey, J. S., Jr. & Sharkey, B. J. (1981). *Coaching Young Athletes.* Human Kinetics.

Maslach, C., Jackson, S. E. & Leiter, M. P. (1996*). Maslach Burnout Inventory Manual (3rd edition).* Palo Alto, CA: Consulting Psychologists Press.

Mayer, J. & Hermann, H.-D. (2015). *Mentales Training. Grundlagen und Anwendung in Sport, Rehabilitation, Arbeit und Wirtschaft.* Springer.

Neumann, G. (2001). *FundaMental Training im Basketball. Praxisnahe Trainings- und Wettkampfhilfen für Trainer und Spieler.* Sequenz Medien Produktion.

Piaget, J. (2016). *Meine Theorie der geistigen Entwicklung.* Beltz.

Platt, J.J. & Spivack, G. (1972). Problem-Solving Thinking of Psychiatric Patients. *Journal of Consulting and Clinical Psychology, 39,* 148–151.

Schaffran, P., Kleinert, J., Altfeld, S., Zepp, C., Kallus, K. W. & Kellmann, M. (2019). Early Risk Detection of Burnout: Development of the Burnout Prevention Questionnaire for Coaches. *Frontiers of Psychology,10,* 714. Doi: 10.3389/fpsyg.2019.00714

Schermer, F. J. (2002). *Lernen und Gedächtnis.* Kohlhammer.

Schermer, F. J. (2014). *Lernen und Gedächtnis* (5. Aufl.). Kohlhammer.

Schliermann, R. (2005). *Entwicklung eines Selbstlernprogramms zur Burnoutprävention bei Fußballtrainern. Theoretische und empirische Grundlagen der Gestaltung eines Trainingsmanuals.* Czwalina.

Schliermann, R. & Hagenah, J. (2003a). Validierung des PSFT: Potenzielle Stressoren für Fußballtrainer im sportmedialen System. In B. Strauß, N. Hagemann, M. Tietjens & G. Falkenberg-Gurges (Hrsg.), *Sport goes media. Abstracts. 16 Sportwissenschaftlicher Hochschultag der Deutschen Vereinigung für Sportwissenschaft vom 21.-23. September 2003 in Münster* (S. 330). Czwalina.

Schliermann, R. & Hagenah, J. (2003b). Burnout bei Fußballtrainern: Wie es entsteht und wie man es vorbeugen kann. In G. Neumann (Hrsg.), *Fußball vor der WM 2006. Spannungsbogen zwischen Wissenschaft und Organisation* (S. 129–144). Sport & Buch Strauß.

Schliermann, R., Hagenah, J. & Hörmann, G. (2002). Habituelle Stressbewältigung und Burnout von Fußballtrainern. *psychologie & sport, 9,* 71–79.

Schliermann, R., Reinhardt, C., Beck, F. & Herz, F. (2010). Sportpsychologie im Fußball – eine Bestandsaufnahme. *Leistungssport, 40*(5), 23–24.

Schliermann, R., Anneken, V., Abel, T., Scheuer, T. & Froböse, I. (2014). *Sport von Menschen mit Behinderungen. Grundlagen, Zielgruppen, Anwendungsfelder.* Elsevier, Urban & Fischer.

Schwarzer, R. (Ed.). (1992). *Self-Efficacy. Thought Control of Action.* Hemisphere.

Seiwert, L. J. (2000). *Mehr Zeit für fas Wesentliche.* Landsberg/Lech: Verlag für Moderne Industrie.

Skinner, B. F. (1966). *The Behavior of Organisms.* Appleton-Century-Crofts.

Suinn, R. M. (1989). *Übungsbuch für mentales Training. In 7 Schritten zur sportlichen Höchstleistung.* Huber.

Terry, P. (1989). *Mental zum Sieg. Ängste erkennen, Motivation steuern, sportliche Leistung steigern.* BLV.

Tuckman, B. W. (1965). Developmental Sequence in Small Groups. *Psychological Bulletin, 63,* 384–399.

Vealey, R. S. (2001). Understanding and Enhancing Self-Confidence in Athletes. In R. N. Singer, H. A. Hausenblas & C. M. Janelle (Eds.), *Handbook of Sport Psychology* (p. 550–565). Wiley & Sons.

Weinberg, R. S. & Gould, D. (2003). *Foundations of Sport & Exercise Psychology.* Champaign, IL: Human Kinetics.

Weston, N. J. V., Greenless, I. A. & Thelwell, R. C. (2010). Applied Sport Psychology Consultant Perceptions of the Usefulness and Impacts of Performance Profiling. *International Journal of Sport Psychology, 41*(4), 360–368.

Weston, N. J. V., Greenless, I. A. & Thelwell, R. C. (2011). Athlete Perceptions of the Impacts of Performance Profiling. *International Journal of Sport & Exercise Psychology, 9*(2), 173–188.

Wolpe, J. (1958). *Psychotherapy by Reciprocal Inhibition.* Standford University Press.

Anhang / Serviceteil

A Kommentiertes Literaturverzeichnis: Wo kann ich ergänzend nachlesen?

(a) Überblicke zur Angewandten Sportpsychologie und dem Sportpsychologischen Training:

Alfermann, D. & Stoll, O. (2017). *Sportpsychologie. Ein Lehrbuch in 12 Lektionen.* Meyer & Meyer.
Das Lehrbuch ist als Einführung für Sportstudierende gedacht, kann jedoch auch von wissenschaftlich interessierten Fußballtrainern gelesen werden. Sie sollten allerdings bereits vertraut sein mit der Lektüre entsprechender Fachliteratur, da Sprache und Zitierungsform dem wissenschaftlichen Standard folgt. Die Ausführungen behandeln ausgewählte Themen der Sportpsychologie und vermitteln einen guten Überblick über das Fachgebiet. Neben grundlegenden Erkenntnissen der Psychologie (Motivation; Emotionen/Gefühle; Kognition/Denken; Entwicklung) werden auch spezifische Inhalte der Sport-Psychologie wie *Visualisierung/Mentales Training, Entspannungsverfahren, Zielsetzungstraining, Gruppe und Mannschaft* oder *Zuschauer* behandelt.

Baumann, S. (2015). *Psychologie im Sport.* Meyer & Meyer.
In diesem Buch werden psychologische Themen praxisnah und in verständlicher Sprache dargestellt. Das Werk greift u. a. Fragen der Datengewinnung, des psychologischen Trainings und der Mannschafts- bzw. Gruppenprozesse auf. Wer sich über die Angewandte Sportpsychologie informieren möchte, wird hier fündig. Besonderes Augenmerk legt der Autor auf die Umsetzbarkeit der Inhalte für Sportlehrer und Trainer. Das Buch ist nicht fußballspezifisch.

BDFL (Hrsg.). (2009). *Internationaler Trainer-Kongress. Pforzheim, 27. bis 29. Juli 2009. Möglichkeiten und Grenzen der Persönlichkeitsentwicklung im Fussball.* BDFL.
Die Kongress-Dokumentation des Bundes Deutscher Fußballlehrer (BDFL) befasst sich mit dem Leitthema ‚Persönlichkeitsentwicklung im Fußball'. Auch wenn der Fachbegriff ‚Persönlichkeit' mitunter wissenschaftlich nicht korrekt verwendet wird, geben die praxisorientierten Beiträge interessante Einblicke in die psychologische Arbeit im Nachwuchs-Leistungsfußball. Es werden etwa Strukturen und Betreuungsmaßnahmen von Fußball-Bundesligisten (z. B. Hertha BSC Berlin) vorgestellt, um bestimmte (auch mentale) Kompetenzbereiche bei Nachwuchsfußballern zu optimieren. Das Dokument ist deshalb für diejenigen relevant, die sich über den aktuellen Stand der fußballspezifischen Anforderungs- und Betreuungsstruktur im deutschen Nachwuchsleistungsfußball bzw. deren Nachwuchsleistungszentren (NLZ) informieren möchten. Außerdem werden vielfältige konkrete Spielformen zur Entwicklung bestimmter mentaler Kompetenzbereiche präsentiert, die gegebenenfalls von interessierten Trainern übernommen werden könnten.

Beckmann, J. & Elbe, A.-M. (2011). *Praxis der Sportpsychologie. Mentales Training im Wettkampf- und Leistungssport.* Spitta.
Das Buch gibt einen fundierten Einblick in das sportpsychologische Training im Wettkampf- und Leistungssport. Neben grundlegenden Aspekten zur Sportpsychologie wird u. a. die Struktur des sportpsychologischen Trainings (d. h., Mentalen Trainings im weiteren Sinn) näher erläutert. Hier stellen die Autoren vor allem drei Ebenen sportpsychologischen Trainings – Ebene 1: Grundlagentraining, Ebene 2: Fertigkeitstraining, Ebene 3: Krisenintervention – vor, die sich auf eine problembezogene Diagnostik beziehen müssen. Im weiteren Fortgang des Buchs werden dann anwendungsbezogen die einzelnen Trainings-Ebenen aufgegriffen und durch konkrete Trainingsmöglichkeiten konkretisiert. Zum Schluss wird noch ein sog. Mentaler Werkzeugkasten vorgestellt. Er listet bestimmte

Probleme auf und schlägt entsprechende Lösungen vor. Das Buch eignet sich für akademisch (sport-)psychologisch oder sportwissenschaftlich vorgebildete Trainer als gute Grundlage sportpsychologischen Arbeitens.

Brewer, B. W. (Ed.). (2009). *Sport Psychology*. Wiley & Sons.
Der Herausgeberband handelt in komprimierter Form die wesentlichen Themen des Psychologischen Fertigkeitstrainings im Leistungssport ab. Er richtet sich vornehmlich an akademisch ausgebildete Sportpsychologen und geht jeweils auf theoretische Grundlagen bzw. empirische Erkenntnisse ein. Insofern gibt er einen aktuellen Überblick zur Theorie, Empirie und Intervention, eignet sich jedoch nicht als konkrete Anleitung der Anwendung bestimmter Methoden oder Techniken im Rahmen des Psychologischen Fertigkeitstrainings. Es werden u.a. behandelt: Motivation, Wettkampfstress, Selbstvertrauen, Verletzungsprävention und Rehabilitation und klinische Probleme.

Dosil, J. (Ed.). (2006). *The sport psychologist's handbook. A guide for sport-specific performance enhancement*. Wiley & Sons.
Der Herausgeberband richtet sich an akademisch ausgebildete (Sport-)Psychologen sowie wissenschaftlich interessierte Sporttrainer. Nach einem Kapitel zu grundlegenden angewandt-sportpsychologischen Themen (z.B.: Trainer-Athlet-Beziehung; Einteilungsmöglichkeiten sportpsychologischer Interventionen; Diagnostik) werden konkrete, sportartspezifische psychologische Betreuungs- und Trainingsmaßnahmen beschrieben. In diesem Kontext gibt es auch ein Kapitel zum Basketball (Kapitel 6).

Eberspächer, H. (2012). *Mentales Training. Das Handbuch für Trainer und Sportler*. Copress.
Dieses Handbuch richtet sich an Trainer und Athleten aller Sportarten. Es beschreibt praxisnah, in verständlicher Sprache und mit zahlreichen Beispielen versehen das sog. Mentale Training *im weiteren Sinne*: also die Optimierung von mehreren, für (Spitzen-)Leistungen im Sport als bedeutsam angesehenen, mentalen (psychischen) Fertigkeiten mittels verschiedener Methoden bzw. Techniken. Gemäß des Systems des renommierten Heidelberger Sportpsychologen Hans Eberspächer wird u. a. erläutert, wie die mentalen Fertigkeiten Selbstgesprächsregulation, Aufbau von Kompetenzerwartung (Selbstvertrauen), Aufmerksamkeitsregulation, Aktivationsregulation (Erregungsreduzierung und Mobilisierung) und Vorstellungsregulation trainiert werden können. Außerdem beschäftigt sich der Autor mit wirkungsvollen Zielsetzungen und geht auf Optimierungsmöglichkeiten in Wettkampfpausen („Schleusenmodell") ein. Das Buch richtet sich zwar schwerpunktmäßig an Sportler von Individualsportarten (z. B. Leichtathletik), kann jedoch auch im Fußball nützliche Hilfestellung liefern (z. B. Selbstvertrauen systematisch aufbauen).

Hänsel, F., Baumgärtner, S. D., Kornmann, J. M. & Ennigkeit, F. (2016). *Sportpsychologie*. Springer.
Das Lehrbuch adressiert Studierende der Sportwissenschaft und Psychologie sowie an der Sportpsychologie Interessierte, etwa Trainer*innen und Basketballspieler*innen. Es stellt Sportpsychologie als akademische Disziplin grundlegend und anwendungsbezogen vor. Dabei wird stets zunächst die relevante (allgemein-)psychologische Basis gelegt, ehe dann eine Konkretisierung auf Felder des Sports erfolgt. Zusammenfassungen und grafische Darstellungen tragen zum Verständnis bei. Das Buch empfiehlt sich vor allem für diejenigen Leser*innen, die sich tiefergehend mit psychologischen Phänomenen im (Basketball-)Sport auseinandersetzen wollen. Eine 1:1-Praxisanleitung für die Umsetzung im Sportsetting ist nicht beabsichtigt.

Hagemann, N., Tietjens, M. & Strauß, B. (Hrsg.). (2007). *Psychologie der sportlichen Höchstleistung*. Hogrefe.
Der vornehmlich für akademisch ausgebildete (Sport-)Psychologen geschriebene Band stellt sportartübergreifend zentrale Faktoren sportlicher Höchstleistung heraus und schildert umfassend deren theoretischen und empirischen Hintergründe. Auf den Expertise-Ansatz bezugnehmend, werden beispielsweise Motivationsprozesse, emotionale Vorgänge hinsichtlich eines optimalen

Aktivierungs-Leistungs-Zusammenhanges, Aspekte von Selbstwirksamkeitserwartung (Selbstvertrauen) oder Gruppenprozesse in den Blick genommen. Im Band präsentieren international führende Vertreter der Angewandten Leistungs-Sportpsychologie Ihre Forschungs- und Anwendungsschwerpunkt, die ins Deutsche übersetzt sind.

Lück, O. & Schäfer, R. (2005). Der Kick im Kopf. *Rund. Das Fussballmagazin*, Nr. 5 / Dezember 2005, 18–27.
In der relativ neuen Fußballzeitschrift werden Themen rund um das Fußballspiel journalistisch anspruchsvoll aufbereitet. In dieser Ausgabe behandeln die Autoren die Rolle von Sportpsychologie bzw. des Mentalen Trainings im Profifußball. Sie arbeiten u. a. heraus, dass durch Mentales Training noch erhebliche Leistungsreserven im Spitzenfußball erschlossen werden können. Der Beitrag lässt u. a. Trainer und Spieler zu Wort kommen. Darüber hinaus werden in der psychologischen Fußballforschung langjährig tätige Wissenschaftler zitiert: etwa Prof. Henning Allmer von der Deutschen Sporthochschule Köln (dort u. a. für die psychologische Ausbildung im Fußballlehrer-Lehrgang zuständig) oder sein Pendant zu DDR-Zeiten an der Deutschen Hochschule für Körperkultur und Sport (DHfK) in Leipzig, Prof. Hans Schellenberger.

Martens, R. (1987). *Coaches Guide to Sport Psychology*. Human Kinetics.
Rainer Martens kann als Pionier der praktischen Sportpsychologie in den USA bezeichnet werden. Das Buch ist Teil der dortigen Trainerausbildung und behandelt praxisnah und didaktisch gut aufbereitet wichtige mentale Fertigkeiten. Das Besondere: Der Autor denkt auch an die Fertigkeiten, die man speziell als Trainer benötigt (sie werden in der Regel in anderen Büchern zum Mentalen Training vernachlässigt). So befasst er sich zunächst mit der Philosophie eines Trainers und stellt heraus, wie die Grundvorstellungen in Bezug auf das Leben allgemein und das Grundverständnis von Trainingsbetreuung zusammenwirken. Anschließend geht er ausführlich auf Führungsverhalten und kommunikative Fertigkeiten von Sporttrainern ein. Sie sind insbesondere auch für Fußballtrainer bedeutsam. Im letzten Teil behandelt er ‚klassische' mentale Fertigkeiten – bei den Sportlern - wie Entwicklung von Selbstvertrauen, Stressregulation oder Konzentrationssteuerung.

Mayer, J. & Hermann, H.-D. (2014). *Sportpsychologie im Nachwuchsfußball. Mentale Fertigkeiten entwickeln und trainieren*. Philippka.
Die im Deutschen Fußball-Bund (DFB) stark in das sportpsychologische Training verschiedener Nationalmannschaften involvierten Sportpsychologen Jan Mayer und Hans-Dieter Hermann erläutern in kompakter Form wesentliche Aspekte mentalen Arbeitens im Nachwuchsfußball. Dabei orientieren sie sich an der bekannten Heidelberger Systematik des kognitiven Fertigkeitstrainings (begründet vom kürzlich verstorbenen Sportpsychologieprofessor Hans Eberspächer) und sprechen für den Leistungs(nachwuchs)fußball insbesondere den Bereichen Konzentration, Kompetenzerwartung (d. h., fußballspezifisches Selbstvertrauen), Aktivierungsregulierung, Emotions-regulierung und Teamfähigkeit besondere Bedeutung zu. Nach einleitenden Erläuterungen zu Grundlagen sportpsychologischen Trainings (v.a. zu den genannten Kompetenz-Bereichen sowie zur Rolle von Persönlichkeit im Leistungsfußball) folgen konkretisierend Ausführungen zum Grundlagenbereich (F- und E-Junioren; 7-10 Jahre), Aufbaubereich (D- und C-Junioren; 11-15 Jahre) sowie zum Leistungsbereich (B- und A-Junioren; 16-18 Jahre). Positiv hervorzuheben ist die Verknüpfung entwicklungspsychologischer Befunde und Besonderheiten und sportpsychologisches Training. Mit anderen Worten: Die Autoren stellen in knapper Form jeweils zunächst vor, von welchem gedanklich-sprachlichen, emotionalen bzw. verhaltensbezogenen Entwicklungsstand man ausgehen kann (v. a. Stadienmodell der kognitiven Entwicklung nach Piaget). Dann leiten sie hiervon entsprechende mentale Trainingsformen und Vorgehensweisen ab. An konkreten Übungsbeispielen des Fußballtrainings lässt sich dies dann im Training umsetzen. Das Buch richtet sich sowohl an Sportpsychologen bzw. Mentaltrainer als auch an Fußballtrainer. Viele der beschriebenen Übungen können auch von sportpsychologisch interessierten Fußballtrainern umgesetzt werden.

Schüler, J., Wegner, M. & Plessner, H. (Hrsg.). (2020). *Sportpsychologie*. Springer.
Das Lehrbuch adressiert Studierende der Sportwissenschaft und Psychologie sowie an der Sportpsychologie Interessierte, etwa Trainer*innen und Basketballspieler*innen. Es stellt Sportpsychologie als akademische Disziplin grundlegend (z.B. entlang der Themen Motivation, Emotion, Kognition) und anwendungsbezogen (Leistungssport; Gesundheitsförderung/-erhaltung) vor. Im Vergleich zum vorstehend genannten Lehrbuch von Hänsel et al. (2016) ist dieses Buch als Herausgeber*innenband konzipiert, nutzt somit die spezifische Expertise der Fachvertreter*innen für bestimmte Themen und Fragestellungen und ist deutlich umfangreicher. Ein separates Kapitel zum Sport von Menschen mit Behinderungen fehlt leider in diesem deutschsprachigen Standardwerk.

Schliermann, R., Reinhardt, C., Beck, F. & Herz, F. (2010). Sportpsychologie im Fußball – eine Bestandsaufnahme. *Leistungssport, 40*(5), 23–24.
Der Beitrag stellt eine Befragung zum Wissensstand sowie Einsatz des sportpsychologischen bzw. mentalen Trainings von Fußballtrainern dar. Ein wesentliches Ergebnis der Studie ist, dass insgesamt der Nutzen des Mentaltrainings im Fußball gesehen wird, allerdings wenige Fußballtrainer konsequenterweise konkret im mentalen Bereich arbeiten. Die Autoren des Artikels schlussfolgern daraus, dass noch keine adäquate Handlungskompetenz vorherrscht, um routiniert die relevanten sportpsychologischen Methoden auch tatsächlich im Fußball-Alltag anzuwenden. Sie führen dies u. a. auf ein Defizit an geeigneter, wissenschaftlich fundierter und anwendungsbezogener Literatur zurück.

Weinberg, R. S. & Gould, D. (2018). *Foundations of Sport and Exercise Psychology* (7th. Ed.). Human Kinetics.
Das Standardwerk unter den nordamerikanischen Einführungsbüchern zur Sportpsychologie. Das Buch wendet sich vor allem an Studierende der ersten Studiensemester sowie Sporttrainer, die einen umfassenden Überblick zur Thematik bekommen möchten. Das Buch ist – wie viele amerikanische Lehrbücher – didaktisch hervorragend gestaltet und nutzt vielfältige Abbildungen und Praxisbeispiele. Fast durchgängig wird auch das Ziel sichtbar, dass auch ambitionierte und interessierte Sporttrainer vom Buch profitieren bzw. sie in ihr physisches Training integrieren können. Traditionell behandeln nordamerikanische Lehrbücher vor allem den Leistungssport. Insofern erhält man durch die Lektüre auch einen sehr guten Überblick über die verschiedenen Methoden und Techniken zur Entwicklung bestimmter psychischer Fertigkeiten.

Williams, J. M. (Ed.). (2020). *Applied Sport Psychology. Personal Growth to Peak Performance* (8th. Ed.). McGraw-Hill.
Das Standardwerk der Angewandten Sportpsychologie im englischsprachigen Raum orientiert sich konsequent an der Optimierung von (Hoch-)Leistung im Sport. Namhafte Autoren, v. a. aus Nordamerika, thematisieren die verschiedensten Facetten praktischer Sportpsychologie: Grundlagen der Entstehung der Disziplin in den USA, Verletzung oder Karriereübergänge, Leistungssport und Berufstätigkeit oder die Verbesserung mentaler Fertigkeiten. Das Werk eignet sich für diejenigen, die sich einen umfassenden Überblick über die (angloamerikanische) praktische Sportpsychologie des Leistungssports verschaffen möchten.

Ziemainz, H., Drescher, A., Ritter, D. Poimann, D. & Lochmann, M. (2016). *Sportpsychologisches Training im Kinder- und Jugendfußball. Mental gestärkt erfolgreich Fußball spielen.* Spitta.
Die Autoren präsentieren ein stark anwendungsorientiertes Buch zum sportpsychologischen Training des Nachwuchs-Fußballs. Sie richten sich vor allem an Eltern, Trainer, Funktionäre und Spieler und möchten sportpsychologische Elemente in den (Fußball-)Alltag integrieren. Für den Nachwuchsfußball werden insbesondere Aufmerksamkeit, Psychoregulation, Kompetenzerwartung und Soziale Kompetenz als entscheidende psychologische Faktoren der Fußball-Leistung heraus-gestellt. Außerdem werden eine geeignete Diagnostik sowie das Trainer-Verhalten als bedeutsam hervorgehoben. Das Buch stellt eine Vielzahl praxiserprobter und im ‚normalen' Fußballtraining

anwendbarer konkreter Übungen vor, um sportpsychologische Schwerpunkte zu setzen. Die Übungen werden verständlich beschrieben und geben den Interessierten konkrete Anleitungen der Umsetzung.

(b) Psychologisch relevante Erkenntnisse/Informationen über Spieler erhalten / Diagnostik:

Baumann, S. (2015). *Psychologie im Sport.* Meyer & Meyer.
Das Buch wurde unter (a) bereits vorgestellt. In einem separaten Kapitel werden vielfältige Möglichkeiten der Erkenntnisgewinnung im Sport thematisiert: z. B. Beobachtung, Befragung oder Lebenslaufanalyse.

Beckmann, J. & Elbe, A.-M. (2011). *Praxis der Sportpsychologie. Mentales Training im Wettkampf- und Leistungssport.* Spitta.
Das Buch wurde bereits unter (a) näher vorgestellt. Es enthält ein eigenes Kapitel zur Diagnostik im Prozess des sportpsychologischen Trainings. Die Autoren heben hervor, dass eine genaue Diagnostik eine fundamentale Voraussetzung für ein erfolgreiches sportpsychologisches Training darstellt. Es werden beispielhaft verschiedene (von den Autoren entwickelte bzw. benutzte) Verfahren genauer vorgestellt. Die erwähnten Verfahren sollten möglichst von einem qualifizierten Sportpsychologen durchgeführt und interpretiert werden, wobei Fußballtrainer über die grundlegenden Vorgehensweisen des sportpsychologischen Diagnostizierens Bescheid wissen sollten.

Faßnacht, G. (2007). *Systemtische Verhaltensbeobachtung.* E. Reinhardt.
Das Buch ist für Fußballtrainer mit wissenschaftlichem (Sport-)Studium gedacht. Es beleuchtet das Beobachten von Verhalten grundlagentheoretisch. Hier finden sich, in akademisch-psychologischer Fachsprache formuliert, beispielsweise Erörterungen über die im vorliegenden Handbuch behandelten Beobachtungsfehler. Wer sich für grundlagentheoretische Fragestellungen interessiert und wissenschaftlich anspruchsvolle Texte nicht scheut, kann zu diesem Werk greifen. Für die unmittelbare Trainingspraxis ist es jedoch nicht geeignet. Allerdings sollten Trainer sensibel sein für etwaige Beobachtungs-Fehler und deshalb entsprechende Vorkehrungen treffen (bzw. in einer bestimmten Form beobachten).

Hänsel, F., Baumgärtner, S. D., Kornmann, J. M. & Ennigkeit, F. (2016). *Sportpsychologie.* Springer.
Das bereits bei (a) vorgestellte Lehrbuch enthält auch ein Kapitel zur „Sportpsychologischen Diagnostik". Hierbei wird der Prozess des Diagnostizierens im Rahmen der Sportpsychologie nachvollziehbar erläutert und werden insbesondere die Methoden Exploratives Gespräch, Verhaltensbeobachtung und Sportpsychologische Tests näher vorgestellt.

(c) Sportverletzungen bewältigen:

Brewer, B. W. & Redmond, C. J. (2017). *Psychology of sport injury.* Human Kinetics.
Das Lehrbuch behandelt umfassend die Rolle der Psychologie bei der Entstehung, Prävention und Rehabilitation von Sportverletzungen. Dabei wird auf jahrzehntelange wissenschaftliche Forschungen des Erstautors in besagtem Feld zurückgegriffen sowie die umfangreiche Expertise des Zweitautors im trainingspraktischen Kontext berücksichtigt. So liegt ein Lehrbuch vor, das Sportverletzungen im Kontext des Zusammenspiels von biologischen, psychologischen und sozialen Faktoren verortet und evidenzbasiert beleuchtet. Das Buch eignet sich für Leser, die sich intensiver mit der Entstehung, Prävention und Rehabilitation von Sportverletzungen auseinandersetzen möchten und dabei der besonderen Rolle der Psycho Aufmerksamkeit widmen.

Hermann, H.-D. & Eberspächer, H. (1994). *Psychologisches Aufbautraining nach Sportverletzungen.* BLV.
Das Buch gibt einen umfassenden Einblick in die psychologischen Trainingsmöglichkeiten nach Sportverletzungen. Entsprechend der Eberspächerschen Systematik werden insbesondere Selbstgesprächsregulation, Aktivationsregulation, Kompetenzüberzeugung (Selbstvertrauen) bzw. Wettkampfkompetenz und Mentales Training im engeren Sinne (d. h. das Bewegungsvorstellen) als zu trainierende mentale Fertigkeiten bzw. Techniken ausgiebig behandelt. Die Autoren gehen außerdem auf theoretische Aspekte (z. B. Phasenverlauf einer Sportverletzung), psychodiagnostische Fragestellungen sowie die Notwendigkeit interdisziplinären Vorgehens (Teamwork) in der Betreuung verletzter Sportler näher ein.

Kleinert, J. (2002). Fallbeispiele psychologischer Diagnostik und Intervention bei Problemen in der späten Rehabilitationsphase verletzter Sportler. *Schweizerische Zeitschrift für Sportmedizin und Sporttraumatologie, 50*(2), 85–90.
In diesem Zeitschriftenbeitrag beschreibt Kleinert Aspekte von Diagnostik und sportpsychologischem Training in der Phase der Spätrehabilitation von Sportverletzungen. Hierzu stellt er zwei Fallbeispiele vor. Das zweite Beispiel ist in unserem Zusammenhang vor allem relevant, da hier das im vorliegenden Buch vorgestellte Kölner Körpervertrauenstraining (KKVT) näher behandelt wird. Der Autor stellt einen ehemals verletzten Oberliga-Torhüter vor (geschlossene Rippenserienfraktur), der laut Auskunft seiner Ärzte eigentlich körperlich wieder voll leistungsfähig sein müsse. Tatsächlich jedoch weist er erhebliche Zeichen von Verletzungsangst auf und ist eben noch nicht wieder voll leistungsfähig. Im Beitrag werden Ansatzpunkte mittels KKVT berichtet, die bereits nach wenigen Wochen Erfolg zeigten.

Kleinert, J. (Hrsg.).(2003). *Erfolgreich aus der sportlichen Krise: mentales Bewältigen von Formtiefs, Erfolgsdruck, Teamkonflikten und Verletzungen.* BLV.
Das Buch ist eine wissenschaftlich fundierte Darstellung und thematisiert die übergeordnete Problematik von Krisen im Sport. Neben Leistungstiefs werden u. a. auch Verletzungsprobleme bzw. -krisen aufgearbeitet. Gestützt auf eigene Untersuchungen, stellt der Kölner Sportwissenschaftler und Mediziner Jens Kleinert insbesondere dar, wie der Heilungsprozess durch psychogische Maßnahmen unterstützt/optimiert werden kann. Im Grundtenor plädiert der Autor für die enge Zusammenarbeit eines Funktions-*Teams* (Fußballtrainer; Mediziner; Physiotherapeuten; Rehatrainer; evtl. Mentaltrainer), welche zur beschleunigten Wiederherstellung der körperlichen/mentalen Leistungsfähigkeit führt. Als zusätzlichen Service enthält das Buch ein Glossar, in dem häufig gebrauchte (sport-)psychologische Fachbegriffe erläutert sind.

Williams, J. M. & Andersen, M. B. (2007). Psychosocial antecedents of sport injury and interventions for risk reduction. In G. Tenenbaum & R. C. Eklund (Eds.), *Handbook of Sport Psychology* (pp. 379–403). Wiley & Sons.
Der Artikel beschäftigt sich stark wissenschaftsorientiert mit der Entstehung von Sportverletzungen und entsprechender Präventionsmaßnahmen. Er ist vor allem akademisch ausgebildeten (Sport-) Psychologen zu empfehlen, weniger Sportpraktikern. Im Zentrum steht das ‚Stress-Verletzungs-Modell' (Stress-Injury-Model) der Autoren, das sie theoretisch und empirisch begründen. Sie sehen Verletzungen insbesondere als Folge von Stressreaktionen, die wiederum durch bestimmte psychosoziale Risikofaktoren entstehen.

Wiese-Bjornstal, D. M., Smith, A. M., Shaffer, S. M. & Morrey, M. A. (1998). An integrated model of response to sport injury: Psychological and sociological dynamics. *Journal of Applied Sport Psychology, 10*(1), 46–70.
In diesem Artikel wird ein integratives Modell der Verletzungsverarbeitung theoretisch vorgestellt und empirisch begründet. Der Artikel ist ebenfalls vornehmlich für akademisch ausgebildete (Sport-)Psychologen und weniger Sportpraktiker geeignet und beton den vielfältigen Verarbeitungsprozess von Sportverletzungen. Es wird herausgestellt, dass die Bewältigung von Verletzungen von

gedanklichen Bewertungsprozessen, emotionalen und verhaltensbezogenen Reaktionen bestimmt wird. Das integrative Modell versteht sich weniger als konkrete Interventionsgrundlage, sondern möchte verschiedene Forschungsschwerpunkte kanalisieren helfen.

(d) Mannschafts-/Gruppenprozesse fördern:

Baumann, S. (2012). *Mannschaftspsychologie. Methoden und Techniken.* Meyer & Meyer.
Hier werden Gruppenprozesse in Sportmannschaften in verständlicher Sprache und praxisnah vorgestellt. Der Autor geht auf vielfältige Facetten mentaler Prozesse ein: u. a. Teamentwicklungsverläufe von Sportspielmannschaften, Formkrisen oder Versagensangst. Die zahlreichen Abbildungen und Merksätze erleichtern den Einsatz der beschriebenen Trainingsmethoden im Sportalltag. Das Buch ist nicht auf den Fußballsport bezogen, sondern thematisiert Mannschaften insgesamt. Fußballtrainer und Spieler können von der Lektüre jedoch ebenfalls profitieren.

Lau, A. (2005). *Die kollektive Leistung in den Sportspielen – eine interdisziplinäre Analyse.* Unveröffentlichte Habilitationsschrift, Martin-Luther-Universität Halle-Wittenberg, Institut für Sportwissenschaft.
Der Mitarbeiter unserer Forschungsgruppe befasst sich in seiner Habilitationsschrift umfassend mit Fragen von Teamzusammenhalt und Leistung. Zunächst geht er – aus verschiedenen (sport-)wissenschaftlichen Blickwinkeln beleuchtend – auf grundlegende Zusammenhänge der Konstrukte „Kollektive Leistung“ und „Kohäsion“ (Zusammenhalt) ein. Anschließend beschäftigt er sich ausführlich mit Fragen der Diagnostik und Optimierung von Teamzusammenhalt bzw. Leistung. Die Arbeit sollten nur wissenschaftlich Interessierte in die Hand nehmen, da sie als Qualifizierung für eine Universitätsprofessur geschrieben wurde.

Lau, A. & Plessner, H. (2016). *Sozialpsychologie und Sport. Ein Lehrbuch in 12 Lektionen.* Meyer & Meyer.
Das Lehrbuch verbindet Theorie und Praxis und befasst sich im Wesentlichen mit sozialem Verhalten und Inter- sowie Intragruppenprozessen in Feldern des Sports. Es richtet sich vorrangig an Studierende der Sportwissenschaft, kann allerdings auch von akademisch interessierten Trainern gewinnbringend genutzt werden. Obgleich der Fokus nicht ausschließlich der Fußball-Sport ist, fällt die Übertragbarkeit der dargestellten Inhalte meist nicht schwer.

Linz, L. (2014). *Erfolgreiches Teamcoaching.* Meyer & Meyer.
Das praxisorientierte und in verständlicher Sprache verfasste Buch thematisiert problemorientierte Aspekte im Mannschaftssport (also nicht nur des Fußballs). Neben grundlegenden Ausführungen zu Kommunikationsprozessen, Mannschaftsstrukturen oder Führungsverhalten geht der Autor v. a. näher auf für den Sportalltag relevante Bereiche ein: etwa Teambesprechungen, Teambuildingmöglichkeiten, Krisenbewältigung oder Besonderheiten bei der Betreuung von Frauenmannschaften. Linz arbeitet verstärkt mit Hockey- und Handballmannschaften, weshalb die Beispiele und Inhalte auch großenteils dieser Klientel entstammen. Die Übertragung auf den Fußball fällt allerdings nicht schwer.

(e) Stressbewältigung, Schlaferleichterung und Burnout-Vorbeugung:

Altfeld, S. & Kellmann, M. (2013). Burnout bei Trainern: Ein Review. *Zeitschrift für Sportpsychologie, 20*(2), 47–58.
Die Autoren fassen den Forschungsstand zum Burnout-Syndrom bei Sporttrainern zusammen. Sie greifen neben Faktoren wie Alter, Geschlecht oder Sportart im Prozess der Burnout-Entstehung auch Möglichkeiten der Diagnostik dieses Erschöpfungs-Zustandes auf. Der Beitrag geht neben den angloamerikanisch dominierten Forschungen u. a. auch auf die deutschsprachigen Forschungsbemühungen ein, die bisher als kaum vorhanden zu kennzeichnen sind. Ausnahmen betreffen die Aktivitäten des Erstautors dieses Handbuchs sowie insbesondere aktuell die Bochumer Arbeitsgruppe

um Michael Kellmann. Der Beitrag ist an wissenschaftlich ausgebildete (Sport-)Psychologen bzw. Humanwissenschaftler gerichtet, die sich in Theorie und Praxis mit dem Burnout-Syndrom im Sport-Trainerbereich befassen.

Backhaus, J. & Riemann, D. (1996). *Schlafstörungen bewältigen. Informationen und Anleitung zur Selbsthilfe*. Beltz, Psychologie Verlags Union.
Das Büchlein (96 Seiten Text) beschreibt ein von der Universität Freiburg konzipiertes Gruppentraining zur Behebung von Schlafproblemen (Ein- und Durchschlafprobleme). Es dient als diesbezüglich begleitende Lektüre. Die Autoren weisen jedoch ausdrücklich auch auf das selbstständige Erarbeiten diverser Techniken des Buches ohne den Besuch ihres Kurses hin. Es kommen neben grundlegenden Aspekten zu normalem und gestörtem Schlaf insbesondere nicht-medikamentöse Strategien zur Schlaferleichterung zur Sprache: körperliche und gedankliche Entspannung, Regeln für einen gesunden Schlaf und gedankliche Kontrolltechniken. Außerdem sind Adressen der Schlaflabore im deutschsprachigen Raum aufgelistet, die bei Bedarf kontaktiert werden können.

Schliermann, R. (1997). Streß bewältigen. *Der Fußball-Trainer, 48*(7), 12–15.
Der Artikel stellt praxisnah dar, wie Stress im Fußball-Traineralltag entsteht und wie man ihm begegnen kann. Es wird von der heute wissenschaftlich weitgehend geteilten Auffassung ausgegangen, dass Stress vor allem durch gedankliche Einschätzungsprozesse entsteht. Entsprechend kann er vermieden werden bzw. positiven Charakter aufweisen, wenn Anforderungssituationen als *nicht*-bedrohlich oder herausfordernd eingeschätzt sind (sog. Eustress). Im Artikel wird den Fußball-trainern anhand von konkreten Beispielen die Stressentstehung und -bewältigung veranschaulicht. Außerdem schließt die Darstellung mit Vorschlägen der effektiven Belastungsverarbeitung, die aus eigenen Untersuchungen des Autors bei Cheftrainern deutscher Fußball-Bundesligisten resultieren.

Schliermann, R. & Hagenah, J. (2003). Burnout bei Fußballtrainern: Wie es entsteht und wie man es vorbeugen kann. In G. Neumann (Hrsg.), *Fußball vor der WM 2006. Spannungsbogen zwischen Wissenschaft und Organisation* (S. 129–144). Strauß.
Der Artikel spricht sowohl Wissenschaftler als auch Fußballtrainer an und ist verständlich formuliert. Er beschreibt die Entstehung des geistig-körperlichen Erschöpfungssyndroms *Burnout* (Ausbrennen) auf der Basis eines entwickelten Rahmenmodells und verdeutlicht den Prozess mittels Fallbeispielen des Traineralltags. Darauf aufbauend präsentiert er konkrete Vorschläge, dem negativen Zustand vorzubeugen. Die Erörterungen basieren auf eigenen Fragebogen- und Interviewstudien mit Amateur- wie auch Profiligatrainern aus Deutschland, Österreich und der Schweiz. Achtung: Beim Druck hat sich ein Fehler eingeschlichen. Die Kernsymptome des Erschöpfungssyndroms (Seite 131; innere Schale) müssen innere Leere, Emotionale Erschöpfung, Distanzierung, Leistungsunzufriedenheit und Arbeitsüberdruss heißen.

Stern Gesund Leben (2005). Titelthema: Ruhe finden, besser schlafen. *Gesund Leben. Das Magazin für Körper, Geist und Seele*, Nr. 6, 8–37.

Süddeutsche Zeitung Wissen (2005). Titelthema: Augen zu und durch. Wer gut schläft, hat mehr vom Leben. Hilfe für die übermüdete Gesellschaft. *Süddeutsche Zeitung Wissen*, November 2005, Nr. 6, 20-31.
In den zwei letztgenannten Titelthemen der von der deutschen Wochenzeitschrift *Stern* bzw. der überregionalen Tageszeitung *Süddeutsche Zeitung* herausgegebenen Sonder-Magazine werden wissenschaftliche Sachverhalte allgemeinverständlich aufbereitet. Die angegebenen Ausgaben berichten im Titelthema seriös und wissenschaftlich fundiert über den Schlaf bzw. die Entstehung und Behebung von Schlafstörungen. Beide Beiträge sind lesenswert, setzen jedoch unterschiedliche Akzente. Während der Beitrag letztgenannter Quelle (*Süddeutsche Zeitung Wissen*) knapper gefasst ist und u. a. interessante Seitenblicke auf die Schlafgewohnheiten anderer (asiatischer) Kulturen gewährt, zeichnet sich erstgenannter Beitrag (*Stern gesund leben*) durch seine Ausführlichkeit und die Darstellung des aktuellen Forschungsstandes aus. So thematisiert er u. a. fünf verbreitete

Schlafstörungen, gibt Tipps für einen erholsamen Schlaf oder informiert über die (Neben-) Wirkungen verschiedener Schlafmittel. Als besonderer Service druckt er überdies einen Fragebogen (sog. Abend-Morgen-Protokoll) ab, mit dessen Hilfe sich der Nachtschlaf bewerten lässt.

(f) Taktiktraining und Mentales Vorstellungstraining:

Eberspächer, H. (2011). ***Gut sein, wenn's drauf ankommt. Von Top-Leistern lernen.*** **Hanser.**
Hans Eberspächer stellt die Methode des Mentalen Trainings *im engeren Sinne* (d. h., Vorstellungstraining) detailliert vor. Er arbeitet heraus, wie durch gedankliches Durchspielen bzw. Trainieren von bestimmten Bewegungen oder Handlungsabläufen letztendlich optimierte (Höchst-)Leistungen resultieren. Das Positive: Er stellt klar und strukturiert sein System des Mentalen Trainings vor, sodass einzelne Lern- bzw. Ablaufschritte und Formen (5 Schritte; 4 Wege/Formen) nachvollzogen werden können und nicht nur oberflächlich und vage angedeutet sind. Hierbei geht er von seinen jahrzehntelangen Erfahrungen im Hochleistungssport aus und überträgt die Erkenntnisse auf Bereiche wie Chirurgie, Zahnmedizin, Luftfahrt, Wirtschaft oder Rehabilitation. Er präsentiert theoretische Begründungen der Methode (‚dosiert' und allgemeinverständlich) ebenso wie die praktischen Einsatzmöglichkeiten und illustriert sie an zahlreichen und teils eindrucksvollen (z. B. die Wasser-Notlandung des Piloten Sullenberger auf dem Hudson River in New York 2009) Beispielen. Es wird u. a. klar, weshalb Sportler als auch ‚normale' Berufsgruppen von stabilen „inneren Landkarten" resp. der Methode des Mentalen Trainings profitieren können.

Mayer, J. & Hermann, H.-D. (2015). ***Mentales Training. Grundlagen und Anwendung in Sport, Rehabilitation, Arbeit und Wirtschaft.*** **Springer.**
Das Buch ist ebenfalls der sog. Heidelberger Schule der Sportpsychologie zuzuordnen. Es kann als stärker wissenschaftlich untermauerte Ergänzung des oben bereits vorgestellten Buchs von Eberspächer (2011) betrachtet werden. Es wird ebenfalls das systematische Vorgehen des Mentalen Vorstellungstrainings (d. h., Mentalen Trainings im engeren Sinne) beschrieben. Allerdings erfolgt dies nun mit deutlich mehr wissenschaftlichen Belegen und Hinweisen (Einzelstudien; Metaanalysen; Reviews). Wer also an einer vertieften Darstellung zum Mentalen Training im engeren Sinne nach Eberspächer interessiert ist, dem sei dieses Buch empfohlen.

Morris, T., Spittle, M. & Watt, A. P. (2005). ***Imagery in sport.*** **Human Kinetics.**
Dieses englischsprachige Standardwerk zum Vorstellungstraining im Sport gibt einen umfassenden und facettenreichen Überblick. Es werden sowohl die theoretischen Grundlagen der Wirkungsweise Mentalen Trainings im engeren Sinn erläutert als auch deren Effekte durch empirische Studien belegt. Außerdem wird auf die Anwendung entsprechender Verfahren durch systematisches Trainieren eingegangen, was auch eine angemessene Diagnostik beinhaltet. Das Buch empfiehlt sich für wissenschaftlich ambitionierte Fußballtrainer, die über den deutschsprachigen Tellerrand hinausschauen möchten.

B Kommentierte Antworten zu den Kapitelfragen

Kapitel 1: Mentales Training im (Fußball-)Sport

(1) *Falsch.* In der Regel ist Mentaltraining bzw. psychologisches Training erst wirksam, wenn über einen längeren Zeitraum geübt wird, mit System vorgegangen und jeweils konzentriert gearbeitet wird. Bei körperlichem Training (z. B. dem Aufbau von Ausdauer) benötigen wir auch mehrere Wochen, um überhaupt Trainingseffekte bzw. Anpassungen zu erreichen. Genauso ist es beim Training psychischer Fertigkeiten. Die benötigen ebenso Zeit, Geduld und Ausdauer zur Entwicklung. Die in den Medien manchmal beschriebenen schnellen Erfolge (z. B. *ein* Gespräch mit dem Psychologen, und schon sind alle „Blockaden im Kopf gelöst") sind die große Ausnahme, eher auf Zufall zurückzuführen und im Regelfall nicht nachhaltig wirksam. Sie treffen höchstens für leicht lösbare Probleme zu. In der großen Mehrzahl fußballspezifischer Fragestellungen sind langfristige Trainingsphasen notwendig.

(2) *Falsch.* Psychologisches Training ist im Idealfall kontinuierlich einzusetzen. Die Beschränkung auf die – schnelle – Lösung von Problemen wird von der Sportpraxis häufig gefordert, ist aber insgesamt unbefriedigend (siehe [1]). In der Sportpsychologie wehren wir uns gegen diese sog. Feuerwehrfunktion: erst nach aufgetretenen Problemsituationen arbeiten zu dürfen. Sinnvoller ist es, bereits während der Saison (auch wenn kein offenkundiges Problem/Handlungsbedarf besteht) mit dem Trainer und/oder der Mannschaft zu arbeiten. Der Schwerpunkt liegt dann nämlich in der *Optimierung* der psychischen Leistungsvoraussetzungen: Wenn bestimmte Techniken (siehe z. B. in diesem Buch) optimiert werden (auch ohne aktuelle Problemstellung), hat man einen Leistungsvorteil.

(3) ***Richtig.*** Psychische Fertigkeiten erfordern ebenso wie körperliche ein systematisches, dauerhaftes und beständiges Üben. Durch einen ausgeklügelten Trainingsplan sind die jeweiligen Fertigkeiten bzw. Methoden sinnvoll zu planen und engagiert einzutrainieren. Das ist ebenso anstrengend wie körperliches Training. Doch nur solch zielbezogenes Vorgehen verspricht längerfristigen Erfolg. Andere Behauptungen sind unseriös und wissenschaftlich nicht haltbar.

(4) ***Richtig.*** Der Einbau von mentalen Elementen in normale (körperliche) Trainingseinheiten hat mehrere Vorteile und sollte angestrebt werden: Er erfordert keine zusätzliche Trainingszeit, behindert den gewöhnlichen Trainingsprozess nicht und führt oftmals ‚nebenbei' und ‚unbemerkt' zu verbesserten psychischen Fertigkeiten. Darüber hinaus lässt sich so die Anwendung der mentalen Fertigkeiten im Pflichtspiel vorbereiten und erleichtern.

(5) *Falsch.* Der interessierte Fußballtrainer kann durchaus selbstständig sportpsychologische Verfahren im gewöhnlichen (körperlichen) Training einsetzen. Viele Verfahren sind anwendbar, wenn sich der Trainer durch gründliche Lektüre (z. B. mit diesem Handbuch) entsprechendes Wissen aneignet und/oder von einem Sportpsychologen beraten lässt. Hier ist ähnlich Ihrer bekannten Trainingsmethodik zu verfahren: Sie führen Ihr Trainingsprogramm gemäß relevanter Fachliteratur durch. Vielleicht lassen

Sie sich auch von Leistungsdiagnostikern unterstützen und beraten. Ausgewählte Methoden (z. B. die Entspannungsform des Autogenen Trainings) sollten von erfahrenen Sportpsychologen durchgeführt oder zumindest zunächst angeleitet werden. Die Mehrzahl jedoch kann der Fußballtrainer durchaus alleine realisieren. Ein guter Zeitpunkt zum intensiven Lernen sportpsychologischen Wissens kann beispielsweise die Zwischenzeit zwischen den (hoffentlich seltenen) Trainerentlassungen und der Suche nach einem neuen Verein sein – hier bilden sich Profitrainer nach eigenem Bekunden häufig fort; warum nicht also auch im mentalen Bereich?!

Kapitel 3: Methoden sportpsychologischer Diagnostik

(1) *Falsch*. ‚Wissenschaftliche' Beobachtungen bedeuten nicht, dass diese Formen des Beobachtens nur der wissenschaftlichen Forschung vorbehalten bleiben bzw. im Praxisalltag des Fußballs nicht nutzbar wären. Wissenschaftliche Beobachtungen legen vielmehr Wert darauf, systematisch vorzugehen. Dies bedeutet vor allem, ein bestimmtes Verhalten mehrmals zu beobachten, es genau zu definieren und beim Auftreten entsprechend zu registrieren bzw. gegebenenfalls einer Kategorie zuzuordnen. Solche Formen sollten unbedingt ‚naiven' Alltagsbeobachtungen vorgezogen werden. Sie zeichnen sich durch nur einmalige und unsystematische Beobachtungen aus und führen oft zu nicht korrekten Beobachtungen und Schlussfolgerungen.

(2) ***Richtig***.

(3) *Falsch*. Performance Profiling hat nichts mit einem Täter-Profiling in der Kriminologie zu tun. Es handelt sich vielmehr um eine besondere Diagnostik-Form im sportpsychologischen Kontext, die sehr wohl von Fußballtrainern gewinnbringend genutzt werden kann. Die Methode ist insofern speziell, als sie die subjektiven Meinungen der Spieler in Bezug auf leistungsrelevante mentale (und gegebenenfalls auch physische, technische, taktische) Faktoren aufgreift und deren Ausprägung einschätzen lässt. Als Resultat sollte dann eine grafische Veranschaulichung (Profil) erfolgen. Die Methode eignet sich insbesondere auch als Motivations-Hilfe beim Mentaltraining.

(4) ***Richtig*** (siehe auch bei Frage [1]).

Kapitel 4: Selbstvertrauen

(1) *Falsch*. Grundsätzlich ist es immer gut, wenn die Spieler an die eigenen Fertigkeiten und Fähigkeiten glauben. Bei hoch ausgeprägtem Selbstvertrauen (Self-Efficacy; Kompetenzüberzeugung) ist die Wahrscheinlichkeit erhöht, sich in schwierigen Spielsituationen durchzusetzen. Dass sich Spieler demgegenüber „grundsätzlich faul zurücklehnen" und nicht mehr voll engagieren, ist nicht zu erwarten.

(2) ***Richtig***. Gemäß der *Self-Efficacy-Theorie* von Bandura hat hoch ausgeprägtes Selbstvertrauen zur Folge, dass sich die Spieler schwierigen Situationen stellen, diese energisch angehen und außerdem längerfristig „dranbleiben".

(3) ***Richtig***. Kompetenzüberzeugung beeinflusst die (a) Handlungssteuerung der Spieler: Bei hohem Selbstvertrauen trauen sich die Spieler mehr zu (= höhere Anforderungen/Ziele), investieren mehr Energie zur erfolgreichen Erfüllung der gesetzten

Ziele (= intensive Zielerreichung) und bleiben ausdauernder bei der Sache (= beständiger Einsatz). Bei geringer Self-Efficacy dagegen glauben sie nicht an das eigene Können, spielen im Pflichtspiel beispielsweise nur leichte Pässe („Sicherheitspässe") oder lassen sich von misslungenen Aktionen schnell aus dem Gleichgewicht bringen. Somit hat das Selbstvertrauen logischerweise entscheidenden Einfluss auf die (b) Leistung: Wenn die Spieler die vorhandenen Leistungsvoraussetzungen ausschöpfen, wird sich auch der Erfolg einstellen.

(4) *Falsch.* Selbstvertrauen lässt sich durch verschiedene Einflüsse aufbauen. Die einzelnen Theorien der (Sport-)Psychologie greifen hier lediglich jeweils bestimmte Aspekte heraus.

(5) *Falsch.* Gespräche bzw. „Überredungsversuche" können zwar Selbstvertrauen aufbauen (z. B.: „Du hast einen klasse Volleyschuss!"). Am wirksamsten sind jedoch eigene Erfolgserfahrungen: eine schwierige Anforderung/Situation erfolgreich gemeistert zu haben (z. B.: einen klasse Volleyschuss *tatsächlich* mehrmals realisieren; einen langen 50-Meter-Pass im Pflichtspiel *tatsächlich* häufig an den Mann bzw. die Frau bringen).

(6) ***Richtig***. Siehe bei Punkt (5).

(7) *Falsch.* Besonders Sportler nehmen den eigenen Körper oft sensibel wahr (sog. In-Sich-Hineinhorchen). Allerdings ist es individuell unterschiedlich, ob ein Spieler seine Körperwahrnehmungen (z. B. „schwere Beine" haben; vor einem Pflichtspiel stark erregt sein) mit viel bzw. eher wenig Selbstvertrauen in Verbindung bringt. Hier müssen Sie als Trainer besonders aufmerksam sein (Spieler befragen und beobachten).

(8) *Falsch.* In der Sportpsychologie sind inzwischen einige Verfahren entwickelt und überprüft, mit deren Hilfe man Selbstvertrauen aufbauen kann. Die meisten davon können Fußballtrainer problemlos in den normalen Trainingsalltag einbauen: Loben und Anerkennen gelungener Aktionen im Training und Spiel; Videodemonstration erfolgreicher früherer (Spiel-)Szenen; Verfahren der Kompetenzentwicklung nach Eberspächer (1995).

(9) *Falsch.* Selbstvertrauen mag zwar bei manchen Spielern augenscheinlich „in die Wiege gelegt" worden sein. Die meisten jedoch sind mit Phasen und Situationen konfrontiert, in denen es an Selbstvertrauen ermangelt oder sie zweifeln. Grundsätzlich stehen dann verschiedene Methoden des Aufbaus zur Verfügung (siehe [8]).

(10) *Falsch.* Eberspächer (1995) schlägt demgegenüber gerade wettkampfähnliche Trainingssituationen vor. So will er den Ernstfall ‚Spiel' gezielt simulieren.

(11) ***Richtig***. Wettkampfähnliches Training hat Priorität.

(12) ***Richtig***. Diese Verfahren entwickeln Selbstvertrauen, indem sie den Spielern systematisch Erfolgserfahrungen vermitteln. Durch eigene Anstrengung.

(13) *Falsch.* Videoaufzeichnungen sind *eine* Möglichkeit, Kompetenzüberzeugung aufzubauen. Im Fußballsport sind sie ebenso geeignet wie in allen anderen Sportarten.

(14) *Falsch.* Kompetenzüberzeugungen beziehen sich zwar zunächst auf die persönliche Einschätzung, eine schwierige Anforderung/Situation bei Anstrengung erfolgreich zu meistern. Wenn die eigenen Kompetenzen jedoch häufig überschätzt werden, wird auch mittelfristig das Selbstvertrauen sinken: Man macht dann nämlich nur noch Misserfolgserfahrungen. Und diese senken die Kompetenzüberzeugung.

(15) ***Richtig.*** Hautnah erfahrene Erfolge steigern nicht nur die Kompetenzüberzeugung, sondern sind gleichzeitig förderlich für Motivation und Stimmungslage.

Kapitel 5: Lob und Kritik effektiv einsetzen

(1) *Falsch.* Die Operante Konditionierung betont die Maßnahme des Fußballtrainers, die dem Verhalten der Spieler *unmittelbar nachfolgt*. Demzufolge ist es wichtig, auf ein bestimmtes Verhalten möglichst sofort bestimmte Maßnahmen (= Konsequenzen) folgen zu lassen (z. B. Loben; anerkennend Nicken; Abklatschen).

(2) ***Richtig*** (siehe [1]).

(3) *Falsch.* Loben und Strafen sind Mechanismen, die wir alle häufig – ob bewusst oder unbewusst – einsetzen: der zugestandene freie Tag nach einem gewonnenen Spiel (= Belohnung/Anerkennung), der gestrichene freie Tag nach schlechtem Spiel (= Bestrafung), die lobenden Äußerungen in der Pressekonferenz für bestimmte Spieler („Der X hat heute eine außergewöhnlich gute Partie gespielt!" / = Lob) oder das Nicht-Beachten deplatzierter Spieleräußerungen (= Bestrafung). Dass nicht immer die beabsichtigte Wirkung eintritt, hängt u. a. mit der oftmals unsystematischen und inkonsequenten Anwendung zusammen.

(4) ***Richtig.*** Allerdings muss hier darauf hingewiesen werden, dass meist ein nur einmaliges Loben (= Belohnung) bzw. Tadeln (= Bestrafung) die Wirkungen noch nicht erreicht. Und außerdem: Das mechanische, ‚roboterhafte' Anwenden der relevanten Prinzipien ist im Umgang mit Menschen nicht angebracht und leicht durchschaubar.

(5) ***Richtig.*** Zwar stammen die Prinzipien ursprünglich aus Tierversuchen, sind inzwischen jedoch auch im Zusammenhang mit menschlichem Verhalten überprüft und angewendet. Dies gilt ebenfalls für den Sportbereich.

(6) *Falsch.* Bestrafungen sollten das Trainerverhalten keinesfalls beherrschen und nur in bestimmten Situationen – und dann durchdacht – erfolgen. Die alleinige Anwendung von Strafen (ohne belohnende Maßnahmen) gibt dem Spieler keinerlei Hinweise, welches bessere Alternativ-Verhalten er statt dem bestraften zeigen soll. Ihm wird lediglich signalisiert, dass sein bisheriges Verhalten nicht in Ordnung war. Beispiel: Das Anbrüllen nach einem Fehlpass (= Strafe) zeigt dem Spieler, dass er keinen Fehlpass spielen soll. Aber: Was soll er statt des Passversuchs machen? Soll er gar keinen Pass spielen? Soll er einen einfacheren spielen?

(7) ***Richtig.*** Häufige Strafen fördern u. a. Misstrauen Ihnen gegenüber und führen zu schlechter Stimmung beim Spieler. Somit sind ein optimales Arbeiten und eine optimale Leistung kaum möglich.

(8) *Falsch.* Manchmal sind Strafen unvermeidlich und äußerst wirksam. Sie müssen allerdings mehrere Voraussetzungen erfüllen: (a) Strafen nur über sehr kurze Zeiträume und auf bestimmte Situationen bezogen einsetzen; (b) nur sachbezogen und niemals persönlichkeitsbezogen (!) (beleidigend; entwürdigend) bestrafen; (c) Strafen möglichst sofort auf das unerwünschte Verhalten der Spieler folgen lassen; (d) Strafen möglichst immer auch mit Anerkennung/Lob verknüpfen.

(9) ***Richtig.*** Wenn Sie nur strafen, hat das zur Folge: Der Spieler weiß zwar, dass er ein bestimmtes gezeigtes Verhalten (etwa: Fehlpass; misslungenes Dribbling; verschossener Elfmeter) nicht mehr darbieten sollte. Aber: Er weiß dadurch noch nicht, was er stattdessen tun soll. Soll er überhaupt keinen langen Pass mehr spielen oder nur einen einfacheren? Soll er überhaupt keine Dribblings mehr versuchen oder nur unspektakulärere? Soll er zukünftig keine Elfmeter mehr schießen? Deshalb: Dem Spieler stets auch signalisieren (durch Lob/Anerkennung etc.), welches Verhalten er statt des bestraften zeigen soll. Bei den Beispielen also: Loben Sie beispielsweise ‚schnörkellosere' Steilpässe oder ‚raumgewinnende' Dribblings.

(10) *Falsch.* Diese „brutalen Straftrainings" sind aus psychologischer und auch trainingswissenschaftlicher Sicht abzulehnen! Sie führen vor allem zu einer negativen Trainer-Spieler-Beziehung und den Begleitzuständen Angst. Dies sind Wirkungen, die eine optimale Leistung ***nicht*** fördern. Und außerdem: Ein trainingsmethodisch durchdacht vorgeplantes Training (z. B. Wochen-; Monatsplan inklusive Belastungs- und Entlastungsphasen) erlaubt keine (zusätzlichen) „brutal harten" Sonder- und Strafeinheiten. Diese gefährden die nötigen Anpassungs- und Regenerationsprozesse. Die Folge: Leistungsrückgang.

(11) ***Richtig.*** Entwürdigende Maßnahmen zeugen von Führungsschwäche und disqualifizieren einen Fußballtrainer. Der deutsche Spitzentrainer Otto Rehagel wurde von vielen seiner ehemaligen Spieler gerade wegen seiner Führungsqualitäten hochgeschätzt. Und wie wir wissen – er war sehr erfolgreich. Sein Credo bei Kritik und Strafmaßnahmen lautete: Kritisiere nie die Persönlichkeit des Spielers, sondern immer nur die Sache.

(12) *Falsch.* Grundsätzlich sollten positiv-angenehme Maßnahmen das Trainerverhalten dominieren. Sie führen zu mehreren positiven Wirkungen bei den Spielern (a) Aufbau erwünschten Verhaltens; (b) Steigerung der Motivation; (c) Erhöhung der Stimmungslage. Lob und Anerkennung tut uns allen gut. Solange nicht ‚roboterhaft' und künstlich permanent gelobt wird, ist gegen solche Maßnahmen nichts einzuwenden. Dann sollten auch „Faulheit", „Überheblichkeit" oder „Realitätsfremde" nicht eintreten. Grundsätzlich: In angenehmer Atmosphäre trainiert es sich besser.

(13) ***Richtig.*** Das Belohnungs-Prinzip wirkt nur, wenn die von Ihnen beabsichtigten positiv-angenehmen Maßnahmen auch tatsächlich – für die Spieler (!) – als positiv-angenehm empfunden werden. Sie sollten deshalb sorgfältig überlegen und ggf. beobachten, welche Maßnahmen die jeweiligen Vorlieben der Spieler sind. Dann können Sie diese anschließend auch wirksam einsetzen. Insofern müssen Sie jeden Athleten individuell behandeln.

(14) ***Richtig***. Zunächst müssen Sie sichergehen, dass die ‚Belohnungen' auch tatsächlich als angenehm-positive Maßnahmen durch die Spieler verstanden werden. Hierfür ist jeder Akteur individuell zu betrachten. Anschließend sollten Sie möglichst alle lobenswerten Aktionen auch tatsächlich sofort anerkennen. Mit der Zeit gehen Sie dann sparsamer mit solchen positiv-angenehmen Maßnahmen um.

(15) ***Richtig***. Rückmeldungen über Leistungsfortschritte wirken quasi automatisch angenehm-positiv und führen zu den bekannten Wirkungen. Als Trainer müssen Sie somit nicht noch zusätzlich diverse Fortschritte herausheben. Es reicht etwa, wenn Sie Tabellenstände an die Wand kleben und Ihr Team farblich hervorheben oder testdiagnostische Verbesserungen (Laktat-Ausdauertest; Schnelligkeitstest etc.) ansprechen. Das sagt bereits alles aus.

Kapitel 6: „Mit angezogener Handbremse spielen"

(1) *Falsch*. Soziales Faulenzen (social loafing) meint, dass sich die Spieler in der relativ großen (Trainings-/Spiel-)Gruppe verstecken und nicht mehr die eigentlich möglichen individuellen Leistungen abrufen.

(2) ***Richtig***. Es hat sich in vielen wissenschaftlichen Studien gezeigt, dass Personen mit zunehmender Gruppengröße nicht mehr die maximal mögliche Einzelleistung aktivieren. Somit bleibt die Gruppenleistung unter den eigenen Möglichkeiten. Die Erkenntnisse gehen v.a. auf Max Ringelmann zurück. Er beobachtete bereits vor ca. 90 Jahren bei seinen Seilzug-Experimenten diesen Sachverhalt.

(3) ***Richtig***. Soziales Faulenzen (social loafing) findet vor allem bei größeren Gruppen statt. Dann können sich die Personen bzw. Sportler manchmal relativ unbeobachtet fühlen und – bewusst oder unbewusst – „einen Gang zurückschalten".

(4) *Falsch*. Die Prozesse des sozialen Faulenzens (social loafing) laufen oftmals unbewusst ab und sind durch das Zusammenwirken vieler Faktoren möglich. Mit „Charakterschwäche" hat das nichts zu tun.

(5) *Falsch*. Soziales Faulenzen kann man durchaus mit konkreten Gegenmaßnahmen beheben. Es besteht kein Zusammenhang zwischen „Charakterschwäche" und dem Verstecken im Kollektiv. Da vielfältige Einflussfaktoren für social loafing-Prozesse existieren, können Fußballtrainer auch vielfältig-kreative Lösungsmöglichkeiten ausprobieren.

(6) ***Richtig***. Alle relevanten und im Kapitel beschriebenen Gegenstrategien basieren darauf, die Anonymität und Unbeobachtbarkeit der Groß-Gruppe aufzulösen. Durch Training in kleineren Einheiten lassen sich alle Spieler von den Trainern leichter beobachten und deren Aktionen registrieren. Ein „Zurückschalten" wird somit erheblich erschwert.

(7) *Falsch*. Gerade das Rückmelden der individuellen Stärken einzelner Spieler inklusive Vergegenwärtigen des (wichtigen) Einzelbeitrags zur Gesamt-Leistung ist eine wichtige Gegenmaßnahme. Der Spieler fühlt sich somit als unverzichtbarer Teil der Mannschaft – und agiert besonders motiviert.

Kapitel 7: Mannschaftszusammenhalt

(1) *Falsch.* In psychologischer Fachsprache meint der Begriff *Kohäsion* den Zusammenhalt einer Gruppe bzw. (Fußball-)Mannschaft.

(2) *Falsch.* Es ist zwar richtig, dass sich Kohäsion auf den Grad der Sympathie der Mannschaftsmitglieder untereinander bezieht. Aber: Zusätzlich zu diesem „Sympathie-Effekt" bzw. „11-Freunde-Prinzip" setzt sich Kohäsion auch noch aus dem *aufgabenbezogenen* Zusammenhalt zusammen. Dieser meint den Grad, mit dem sich (Fußball-)Mannschaften einem gemeinsamen Ziel verpflichtet fühlen rsp. ein gemeinsames Ziel verinnerlichen und entsprechend konsequent die jeweilige Aufgabe verfolgen. Diese Dimension entspricht Aussagen wie „Alle haben sich in den Dienst der Aufgabe gestellt" oder „Alle haben sich dem Ziel ‚Aufstieg' untergeordnet".

(3) ***Richtig.*** Siehe bei Punkt (2).

(4) *Falsch.* Kohäsion hat nichts mit Kondition im trainingsmethodischen Verständnis zu tun. Zusammenhalt ist demnach nicht zu verwechseln mit den körperlich-konditionellen Hauptbeanspruchungsformen Ausdauer, Kraft oder Schnelligkeit.

(5) *Falsch.* Es ist zwar sinnvoll, durch Teambuildingmaßnahmen – z. B. in einem mehrtätigen Camp – vor Saisonbeginn die Entstehung von Zusammenhalt zu fördern. Aber: Ein solches, einmaliges Vorgehen reicht nicht aus. Zusammenhalt kann sich durch verschiedene Einflüsse (etwa: sportlicher Erfolg vs. Misserfolg; Neueinkäufe etc.) verändern. Demnach sollte Kohäsion auch kontinuierlich über die Saison verteilt vom Trainer gefördert werden. Ratsam wären hier unspektakuläre Vorgehensweisen, da in den Medien vielzitierte „Extremcamps" teuer sind und sich deren Wirkung auch schnell abnutzen kann.

(6) ***Richtig.*** Im Leistungsfußball kommt es immer wieder zu Spieler- und Trainerwechseln, was das bisherige Mannschaftsgefüge inklusive Zusammenhalt stark durcheinanderbringen kann. Insofern muss es dann logischerweise wieder neu aufgebaut werden. Außerdem durchläuft die Herausbildung von Teamstrukturen, -hierarchien und -kohäsion im Regelfall verschiedene Entwicklungsphasen. Stabile Gruppenstrukturen entstehen erst allmählich und verlangen vom Trainer zunächst oft Geduld. Wie Sie aus dem Alltag wissen, haben enge Freundschaften häufig eine relativ lange Entstehungsgeschichte. Ähnlich verhält es sich mitunter bei Fußballteams.

(7) ***Richtig.*** Teamzusammenhalt kann effektiv durchaus vom Trainer bzw. Co-Trainer unterstützt werden. Hierfür eignen sich im Idealfall unspektakuläre Team-sitzungen, in denen die Zwischen- und Saisonziele besprochen bzw. ‚aufgefrischt' werden (*aufgabenbezogene Kohäsion*). Außerdem lässt sich die Kameradschaft innerhalb einer Mannschaft durch gemeinschaftliche, außersportliche Aktivitäten (z. B.: gemeinsamer Kneipenbesuch; Saunaabend etc.) entwickeln (*sozialbezogene Kohäsion*). Ein Sportpsychologe als Animateur ist nicht nötig. Der Trainer verfügt über genügend Möglichkeiten, evtl. mithilfe bestimmter Personen (z. B. Mannschaftskapitän; Mannschaftsrat) zusammenhaltsfördernde Maßnahmen einzuleiten.

(8) *Falsch.* Wenn man als Trainer nichts zur Förderung des Mannschaftszusammenhalts unternimmt, kann der Aufbau zu lange dauern und/oder misslingen. Insofern gehören entsprechende Maßnahmen zum ‚Muss' eines jeden Trainers.

(9) ***Richtig.*** Aufgabenbezogener Zusammenhalt setzt voraus, dass die Mannschaft ein gemeinsames Ziel verinnerlicht und die entsprechend hierfür nötigen Aufgaben dann konsequent realisiert.

(10) ***Richtig.*** Wir kennen alle Mietverträge, Kaufverträge oder Sponsorenverträge. Im Regelfall sind wir bestrebt, die schriftlich fixierten Vereinbarungen (Rechte und Pflichten) einzuhalten. Wir fühlen uns also einem bestimmten Vertragsinhalt *verpflichtet.* Ähnliche Wirkungen kann man auch bei Verhaltensverträgen in psychologischer Perspektive nachweisen: Hier tragen die fixierten Vereinbarungen ebenfalls dazu bei, bestimmte Vereinbarungen über zukünftiges Verhalten und Handeln möglichst einzuhalten. Dieses Prinzip nutzt man bei „Statuten" oder „Manifesten" im Mannschaftssport. Sie enthalten die *konkreten Leitlinien*, die zum Gelingen des angestrebten Teamziels/Teamaufgabe beitragen.

(11) *Falsch.* Obwohl im Fußball quasi automatisch soziale Situationen eintreten (Fahrten zu Spielen etc.), entwickelt sich nicht ebenfalls automatisch ein intensiver sozial-emotionaler Zusammenhalt. Sonst müssten ja alle Fußballmannschaften gute Beziehungen untereinander aufweisen. Dem ist jedoch nicht so. Im höher-klassigen Leistungsbereich sind Spieler- und Trainerwechsel an der Tagesordnung und unterbrechen evtl. Prozesse des emotionalen Zusammenwachsens einer Mannschaft. Auch der momentane Zeitgeist (Stichworte: Oberflächlichkeit; Schnelllebigkeit) trägt nicht dazu bei, sich auf andere Charaktere, Sprachen, Meinungen oder Gewohnheiten selbstverständlich einzulassen.

Kapitel 8: Taktiktraining optimieren

(1) ***Richtig.*** Es wird meist von drei Gedächtnisspeichern(-arten) ausgegangen (Sensorisches Gedächtnis; Kurzzeitgedächtnis; Langzeitgedächtnis), durch die Reize oder Informationen laufen bzw. verarbeitet werden, ehe sie für die Handlungsausführung (hier: Taktikausführung) nutzbar sind. Besondere Bedeutung nimmt in solchen Modellvorstellungen die (sprachliche/gedankliche) Wiederholung diverser Reize und Eindrücke ein.

(2) ***Richtig.*** Mehrebenenansätze konzentrieren sich auf unterschiedliche Verarbeitungsebenen rsp. -tiefen von Reizen und Informationen. Demnach verankern wir Eindrücke besser im Gedächtnis, wenn wir sie bedeutungsmäßig verstehen können.

(3) *Falsch.* Beide Modellannahmen sind für wirkungsvolle Taktikschulung beachtenswert. Der Mehrspeicheransatz plädiert für das mehrmalige sprachlich-gedankliche und spielpraktische Wiederholen im Taktiktraining, ehe sich allmählich Automatismen entwickeln. Das können Sie aus eigener Erfahrung sicherlich bestätigen und praktizieren Sie vermutlich bereits hinreichend. Aus den Mehrebenen-ansätzen ist die Forderung ableitbar, auf das Verstehen und Nachvollziehen-Können der zu trainierenden Taktiken zu achten.

(4) ***Richtig***. Mentales Training nach Eberspächer (2004b) kann über das Beobachten anderer Personen (oder Filme etc.), innere Sprechen mit sich selbst, bildliche Vorstellen eigener/fremder Handlungen und Bewegungen oder das tiefe Vergegenwärtigen eigenen Handelns mit Einbezug aller inneren Sinne geschehen. Die letztgenannte Form ist hierbei die anspruchsvollste und erfordert am meisten Übung, wogegen erstgenanntes Beobachten im Alltag oft gebraucht wird und eher leichtfällt. In Vorstellungs-Trainingsprogrammen werden meist mehrere dieser verschiedenen Wege in systematischer Weise miteinander kombiniert.

(5) *Falsch*. Mentales Vorstellungstraining kann zwar durchaus gewinnbringend in das normale Fußballtraining (hier insbesondere Taktikschulung) integriert werden, ist aber keinesfalls einfach zu erlernen. Demgegenüber verlangt das Beherrschen der Technik kontinuierliches und intensives Üben. Ansonsten sind keine Wirkungen zu erwarten.

(6) ***Richtig***. Das System geht von 5 Schritten aus, die grundsätzlich im Auge behalten werden sollten, wenngleich nicht immer alle ausgiebig zu trainieren sind: (1) Anweisen, (2) Beschreiben, (3) Auswendig lernen/Verinnerlichen, (4) Knotenpunkte/Schlüsselszenen beschreiben, (5) Knotenpunkte/Schlüsselszenen symbolisch markieren. In dieses 5-Schritte-System werden die einzelnen Formen/Wege/Vorstellungsarten des mentalen Trainierens integriert.

(7) *Falsch*. Das einmalige Vorstellen der zu erlernenden Taktik reicht nicht aus. Sie muss häufig in Gedanken durchgegangen und parallel dazu auf dem Sportplatz eintrainiert werden, um schließlich im Pflichtspiel abrufbar zu sein.

(8) ***Richtig***. Siehe letzter Punkt (7).

(9) ***Richtig***. Nicht alle können sich gleichgut bestimmte Sachverhalte vorstellen. Dem Einen fällt das leichter, der Andere hat hierbei mehr Schwierigkeiten. Auch treten zu Übungsanfang oft noch Störungen (z. B.: Gedanken schweifen ab; die Szene stoppt plötzlich; die Szene läuft plötzlich rückwärts; es kann nicht mit allen Sinnen in die Realsituation ‚eingetaucht' werden) auf. Mit zunehmender Übung jedoch verbessern sich die mentalen Fertigkeiten.

Kapitel 9: Effektives Coaching im Pflichtspiel

(1) *Falsch*. Unsere Studien haben ergeben, dass insbesondere die Mannschaftsbesprechung einige Stunden vor Anpfiff bei den Profiliga-Trainern eine relativ hohe Anspannung auslöst. Die Trainer betrachten die Besprechung u. a. als letzte, grundlegende Gelegenheit, der Mannschaft richtungsweisende und spielentscheidende Hinweise zu geben. Sie möchten, dass ihre Botschaften von den Spielern gut aufgenommen werden.

(2) *Falsch*. Das gesamte Fachwissen muss bei der Besprechung nicht demonstriert werden. Die Spieler benötigen konkrete Hinweise zum bevorstehenden Spiel. Eine Informationsflut hat lern- und gedächtnispsychologisch keinen Sinn, da die Akteure sowieso nur begrenzt Botschaften im (Kurzzeit-)Gedächtnis behalten können. Außerdem sind sie vor Anpfiff in der Regel höher aktiviert (Stress) und dadurch evtl. in der Aufnahmefähigkeit zusätzlich eingeschränkt.

(3) ***Richtig***. Siehe bei (2).

(4) ***Richtig***. Die Gedächtnispsychologie befasst sich u. a. mit der Fragestellung, wie Reizeindrücke bzw. Informationen (behaltens-/lernförderlich) im Langzeitgedächtnis abgespeichert und schließlich für den Handlungsvollzug genutzt werden können. Aus Mehrspeichermodellen geht hervor, dass Reize (sprachlich) *mehrmals wiederholt* werden sollten, ehe sie vom Kurzzeit- in den Langzeitspeicher überführt werden. Insofern sind wichtige Botschaften der Besprechung mehrmals (am besten in synonymer Wortwahl) zu wiederholen. Von Mehrebenenansätzen ist die Erkenntnis ableitbar, vor allem auf das *Verstehen* der mitgeteilten Inhalte in der Teamsitzung Wert zu legen. Das soll zu einer tieferen Verarbeitung im Gedächtnis führen und somit einem nachhaltigeren Lernen.

(5) *Falsch*. Die Spieler müssen zunächst einmal zur Ruhe kommen und sich von den Beanspruchungen der ersten Halbzeit weitmöglichst regenerieren. Erst dann – also nach einer gewissen Zeit zum Verschnaufen und Erholen – sollten Sie ggf. lauter werden und die Spieler „wachrütteln".

(6) ***Richtig***. Der Pausen- bzw. Erholungsverlauf vollzieht sich in mehreren Phasen. Sie sollten die Phasen effektiv unterstützen, damit optimal regeneriert in die zweite Spielhälfte gegangen werden kann. Zunächst müssen sich die Spieler v.a. gedanklich-emotional von der ersten Halbzeit lösen (LEA: Lösen), anschließend mental und körperlich einigermaßen regenerieren (LEA: Erholen) und schließlich wieder optimal aktiviert in die zweite Halbzeit gehen (LEA: Aktivieren). Ihnen obliegt es also, die jeweiligen Phasen ideal zu unterstützen (z. B.: Ruhe und Entspannung veranlassen; aktivieren und motivieren etc.).

(7) *Falsch*. Sie müssen sich auf das Notwendigste beschränken. Die Spieler sind auch während der Halbzeitpause noch unter „Hochspannung" (Stress) und deshalb in der Informationsaufnahme eingeschränkt bzw. beeinträchtigt. Außerdem kann unser Gedächtnis übermäßig viele Informationen nicht adäquat weiterverarbeiten bzw. im Langzeitgedächtnis abspeichern und schließlich im Spiel umsetzen.

(8) ***Richtig***. Die Spieler müssen einerseits so gut wie möglich von den physischen und mentalen Beanspruchungen der ersten 45 Spielminuten regenerieren. Andererseits sollten Sie in der Halbzeitpause auch die Gelegenheit nutzen, durch wenige, klare Anweisungen bzw. gegebenenfalls Fehler-Analysen ein verbessertes Spielverhalten in den zweiten 45 Minuten zu ermöglichen. Dabei sollten Sie stets das erwähnte LEA-Prinzip im Kopf behalten: Fangen Sie erst mit gezielten Instruktionen bzw. Anweisungen oder Fehler-Analysen an, nachdem die Spieler einige Minuten Zeit zum physischen und mentalen Regenerieren hatten.

(9) *Falsch*. Die Teambesprechung vor einem Pflichtspiel ist bedeutsam, um die Spieler optimal auf den kommenden Wettkampf einzustellen. Sie geht häufig auch mit einer erhöhten Anspannung der Trainer einher. Es macht also Sinn, sich auf dieses wichtige Ereignis gut vorzubereiten. Eine gute Vorbereitung gelingt am besten, wenn man die Mannschaftsbesprechung vorab schriftlich (stichpunktartig) plant und im Idealfall auch bereits mehrmals gedanklich durchspielt. Dies führt dazu, dass man bei der Mannschaftsbesprechung dann nichts vergisst und bereits eine gewisse

Handlungssicherheit entwickelt hat. Man fühlt sich gut vorbereitet und kann entsprechend sicher auftreten.

(10) ***Richtig***. Durch den Einsatz verschiedener didaktischer Hilfsmittel (z. B. Tafel/Whiteboard; Flipchart; Overheadprojektor) können Sie das Einprägen der wichtigsten Aussagen bei den Spielern erleichtern. Achten Sie jedoch darauf, nicht zu viele technische Hilfsmittel zu nutzen und die Informationen sparsam zu vermitteln. Sie erinnern sich: das menschliche Kurzzeitgedächtnis bzw. der Arbeitsspeicher kann nur etwa fünf Einheiten gleichzeitig behalten bzw. verarbeiten.

(11) ***Richtig***. Viele Trainer sind durch die Geschehnisse der ersten Halbzeit stark aktiviert. Gleichzeitig jedoch benötigen sie einen ‚kühlen Kopf', um die Halbzeitansprache effektiv gestalten zu können. Somit bietet es sich an, die Aktivierung durch gezieltes Atmen so zu regulieren, dass ein angemessenes Agieren in der Mannschaftskabine möglich wird. Das effektive Atmen kann gut erlernt werden und ist flexibel anwendbar.

(12) *Falsch*. Die Spieler sind nur dann nicht aufnahmefähig während der Halbzeitpause, wenn man ihnen keine Gelegenheit gibt zur Erholung und Regeneration und/oder mit zu vielen Informationen und Anweisungen konfrontiert. Wenn Sie das LEA-Prinzip beachten, können Sie die Halbzeitpause effektiv nutzen.

Kapitel 10: Verletzter Spieler

(1) *Falsch*. Obgleich der behandelnde Arzt und Physiotherapeut eine besondere Stellung im Heilungsprozess einnehmen, darf der Fußballtrainer nicht (völlig) die Verantwortung abgeben. Verletzungen gehen oft mit Selbstzweifeln, Ratlosigkeit oder Angst vor der Wiederbelastung des (vormals) verletzten Körperbereichs einher. Das jeweils angemessene mentale Gegensteuern erleichtert den raschen sportlichen Wiedereinstieg erheblich. Dies kann der Fußballtrainer durch verschiedene Maßnahmen leisten.

(2) ***Richtig***. Der Heilungsverlauf durchläuft mehrere Phasen. Jede Phase stellt bestimmte Anforderungen an den Spieler und ist charakterisiert durch bestimmte Stresssituationen. Besonders bei der Wiederaufnahme des sportlichen Trainings und den ersten Pflichtspielen ist die Gefahr hoch, sich erneut zu verletzen.

(3) *Falsch*. Es gibt viele Gegenbeispiele, bei denen Spieler nach schweren Verletzungen weiterhin höchste sportliche Leistungen erbrachten. Der deutsche DFB-Rekordnationalspieler Lothar Matthäus etwa hatte u. a. einen Kreuzbandriss und agierte auch danach auf einem internationalen Top-Niveau. Doch selbst ‚mentale Blockaden' können häufig durch psychologische Maßnahmen behoben werden. Verletzungen sind nun einmal – normaler – Teil einer Fußballer-Karriere.

(4) ***Richtig***. Durch das sog. *Prognosetraining* (vgl. Eberspächer, 1995) lässt sich das Selbstvertrauen systematisch aufbauen. Das Training folgt dem Prinzip, dass sich zunächst anspruchsvolle (aber bei hoher Anstrengung *erreichbare/realistische*!) Ziele einer Aufgabenausführung gesetzt werden (z. B.: erstmals 30 min Dauerlauf in 5:30 min/km; 10 Wiederholungen eines bestimmten Gewichts beim Krafttraining), die Aufgabe dann anschließend zu realisieren versucht und abschließend der Erfolg

bzw. Misserfolg festgestellt und analysiert wird. Durch gezielten Einsatz der Trainingsform lässt sich somit in allen Rehabilitationsphasen systematisch Selbstvertrauen aufbauen. Folge: Der Spieler verfügt beim Eintritt in den regulären Spielbetrieb über hohe Kompetenzüberzeugung („Ich fühle mich absolut überzeugt, dass ich wieder voll leistungsfähig bin!"; „Ich kann wieder voll in die Zweikämpfe gehen, mein Bein hat schon in mehreren Prognosetrainings ‚gehalten'!"). Somit verkürzt sich die ‚Eingewöhnungszeit'.

(5) *Falsch.* Unbestritten ist der behandelnde Arzt der erste Ansprechpartner und Fachmann für Fragen bezüglich einer bestimmten Diagnose. Es hat sich jedoch gezeigt, dass verletzte Spieler oftmals ärztliche Diagnosen nicht richtig verstehen und demzufolge verunsichert sind. Es ist deshalb eine wichtige Aufgabe Ihrerseits, dafür Sorge zu tragen, dass dem Athleten die genaue Diagnose *in verständlichem Deutsch* (oder der jeweiligen Landessprache bei ausländischen Akteuren) vermittelt wird und er v. a. Art („Was habe ich genau?") und Konsequenzen („Was bedeutet das für den Heilungsverlauf und die weitere sportliche Karriere?") nachvollziehen kann. Bleiben solche wichtigen Fragen offen, hat man den Kopf nicht hinreichend für die wichtigen Reha-Maßnahmen frei. Der Spieler denkt stattdessen immer wieder über Diagnose, Konsequenzen etc. nach.

(6) ***Richtig.*** Wenn mehrere Alternativpläne des Reha-Verlaufs konkret ausgearbeitet sind inklusive entsprechender (Teil-)Ziele, dann reduziert sich die Ungewissheit hinsichtlich des Heilungsfortgangs bzw. des Weiteren, sportlichen Werdegangs (Stressreduktion). Außerdem wirkt das Vorgehen motivationsfördernd, denn der Spieler kann die bereits erreichten Fortschritte jeweils sofort nachvollziehen („z. B.: „Die Operation habe ich überstanden; dann die anstrengenden Übungsprogramme zum Wiederaufbau der Muskulatur; jetzt kann ich schon lockere Dauerläufe machen; und in vier Wochen könnte dann der erste Pflichtspieleinsatz folgen. Toll!").

Kapitel 11: Wohlbefinden des Fußballtrainers erhalten

(1) *Falsch.* Zwar lässt sich „to burn" mit „brennen" übersetzen, an ein abgebranntes Haus oder Ähnliches ist dabei im psychologischen Sinne allerdings nicht zu denken. ‚Ausbrennen' lässt sich vielmehr insofern verstehen, als man zunächst für seinen Trainerjob „Feuer und Flamme" war und mit hoher Motivation und Begeisterung ans Werk ging – das Feuer brannte sozusagen auf voller Flamme. Allmählich jedoch reduzierte sich die Arbeitsfreude und -leistung, man fühlte sich gefühlsmäßig ausgelaugt und distanzierte sich mehr und mehr von Job und Spielern – das Feuer erlosch sinnbildlich. Der *Erschöpfungszustand Burnout* hat sich somit entwickelt.

(2) ***Richtig.*** Das Burnout-Syndrom besteht aus einem Bündel von Symptomen, von denen es typische und weniger typische bzw. allgemeinere gibt. Zu den typischen Merkmalen gehören v. a. die gefühlsmäßige Erschöpfung, Distanzierung von Arbeit/Spielern etc., Unzufriedenheit mit der Arbeitsleistung als Trainer, das Gefühl starker innerer Leere sowie die Abneigung der Trainertätigkeit gegenüber. Im ungünstigsten Fall treten viele bzw. alle genannten Merkmale über Monate auf.

(3) ***Richtig***. Permanente Überbeanspruchung wird häufig als wesentliche Ursache für die Entstehung von Burnout angesehen. Es resultiert dann ein Ungleichgewicht zwischen den Anforderungen und den zur Verfügung stehenden Ressourcen zur Bewältigung (z. B. Stressbewältigung; Erholung; Selbstvertrauen). In der Folge kann sich Burnout – oft schleichend – entwickeln.

(4) *Falsch.* Stress wird häufig durch die Art der gedanklichen Einschätzung verursacht. Wenn Sie Ihre Fähigkeiten und Fertigkeiten als nicht ausreichend einschätzen, um mit einer Anforderung umgehen zu können, erzeugen Sie Stress. Glauben Sie demgegenüber an die eigenen Kompetenzen, ist Stress unwahrscheinlich oder zumindest von ‚herausforderndem' (positivem) Charakter.

(5) *Falsch.* Es gibt Studien.

(6) ***Richtig***. Wir haben u. a. Cheftrainer von deutschen Bundesligisten (1. und 2.) mit Cheftrainern von deutschen Amateurligisten verglichen und eine Reihe bedeutsamer Unterschiede in der Stressbewältigung herausgefunden. Insgesamt weisen die hochklassigen Spitzentrainer ein aktiv-problemorientiertes Bewältigungsmuster auf.

(7) ***Richtig***. In den erwähnten Studien bei [6] fanden wir u. a. heraus, dass sich Toptrainer insbesondere um zügige Stressbewältigung bzw. Problemlösung bemühen. Sie gehen im Allgemeinen in der Reihenfolge vor, zunächst das Problem zu analysieren, anschließend eine Lösung zu realisieren bzw. das zu versuchen, danach das Geschehene abzuhaken und sich schließlich wieder voll auf die anstehende Aufgabe zu konzentrieren.

(8) ***Richtig***. Effektive Zeitplanung ist vor allem bei vielen Terminen notwendig. Gehen Sie vor allem „nach Lust und Laune" vor, werden Sie sicherlich wichtige Verabredungen verpassen oder den Alltag vorwiegend in Hektik bewältigen müssen. Es können Zweifel entstehen, alles ordentlich zu erledigen (Stress). Bei bedachter Zeitplanung koordinieren Sie die Termine idealerweise gut und ermöglichen somit ein stressfreieres Arbeiten.

(9) ***Richtig***. Fußballtrainer haben oftmals auf Grund dichtgedrängter Terminpläne Schwierigkeiten, sich ausreichend (soziale) Erholungsmaßnahmen zu gönnen. Um diese wichtige Gesundheitsressource dennoch nicht zu vernachlässigen, empfiehlt sich die gezielte Planung entsprechender Maßnahmen.

(10) *Falsch.* Zeitplanung bedeutet nicht, den gesamten Tag zu verplanen und dann keine Zeit für Unerwartetes oder Spontanes zu haben. Eines der wichtigsten Prinzipien besagt vielmehr, maximal 60% der zur Verfügung stehenden täglichen Arbeitszeit (bei einem 10-Stunden-Arbeitstag also ca. 6 Stunden) fix zu verplanen und den Rest gerade für Unerwartetes bzw. Spontanes zu reservieren. Als Grobregel sollte demnach stets beachtet werden, einen bestimmten Anteil termin-freier Zeit im Tagesplan zu reservieren.

Kapitel 12: Den Schlaf des Trainers nach Pflichtspielen erleichtern

(1) *Falsch.* Aus wissenschaftlichen Untersuchungen im Profibereich ist bekannt, dass der Stress während eines Pflichtspiels deutlich höher und unangenehmer (ein

Trainer bezeichnete ihn als „knochenzerfressend") ist als während des gewöhnlichen Trainingsalltags. Auch für den Amateurbereich ist der Sachverhalt wahrscheinlich.

(2) ***Richtig***. Viele Profiliga-Trainer erzählten uns, nach Pflichtspielen immer wiederkehrende Gedanken kritischer, vorangegangener Spielsituationen zu durchleben, die nicht beendet werden können (sog. „Spielfilme").

(3) ***Richtig***. Viele Trainer sind gedanklich-emotional und körperlich noch hochaktiviert (z. B.: Wut nach Niederlage; Freude nach Sieg; Adrenalinausschüttung etc.) und haben deshalb zum Großteil erhebliche Schwierigkeiten, die Nacht nach Spielen gut ein- bzw. durchzuschlafen.

(4) *Falsch*. Im Allgemeinen schlafen Fußballtrainer während der normalen Trainingswoche deutlich besser als nach einem Pflichtspiel. Eventuell kann der Schlaf auch während der Woche beeinträchtigt sein, etwa in „Druckphasen" oder in Phasen mit zwingend zu lösenden „Kernproblemen" (so erzählte es uns ein Trainer der 2. Bundesliga in Deutschland).

(5) ***Richtig***. In der Schlafforschung (Somnologie) geht man davon aus, dass Schlafstörungen durch das Zusammenspiel mehrerer Faktoren entstehen und aufrechterhalten bleiben. Stets ist auch von Stress und Aktivierung die Rede, was insbesondere die Konstellation nach Pflichtspielen beinhaltet.

(6) *Falsch*. Alkohol ist keine wirklich gute Schlafhilfe. Er erleichtert zwar manchmal das Einschlafen, führt aber auch zu flacherem Schlaf, früherem Aufwachen oder gar unangenehmen Albträumen. Über die Suchtgefahr chronischen Alkoholkonsums muss nicht weitergesprochen werden.

(7) ***Richtig***. Übermäßiger Alkohol unterdrückt u. a. die REM-Schlaf und Tiefschlafanteile, wodurch der Schlaf störanfälliger und flacher wird.

(8) *Falsch*. Sie erleichtern zwar manchmal das Einschlafen und reduzieren die nächtlichen Aufwachperioden, haben aber häufig unangenehme Nebenwirkungen. Vor allem Benzodiazepin-Hypnotika können, ähnlich wie bei Alkohol, zu reduziertem Tiefschlaf führen und das Schlafen somit störanfälliger machen. Außerdem bringen bestimmte diesbezügliche Präparate die Gefahr mit sich, sog. Rebound-Effekte auszulösen: Der Schlaf wird nach abruptem Absetzen des Medikaments vorübergehend noch schlechter als vor Beginn der Schlafmitteleinnahme. Auch ist die Gefahr von Toleranz- und Abhängigkeit gegeben. Die schlaferleichternde Wirkung tritt dann nur bei allmählich zu erhöhender Dosierung auf, was zur Abhängigkeit führen kann.

(9) ***Richtig***. Siehe bei (8).

(10) ***Richtig***.

(11) *Falsch*. Gegen schlechten Schlaf können Sie durchaus etwas tun. Zwar wird es nicht möglich sein, stressende Pflichtspiele abzuschaffen. Sie können jedoch z. B. gedankliche Strategien und Entspannungsverfahren erlernen und dann gezielt anwenden. Freilich benötigt der Erwerb solcher Techniken einen gewissen Zeitaufwand und Engagement, doch der Erfolg zahlt sich mittel- und langfristig aus. Und das ohne, die bei Schlafmitteln bekannten negativen Nebenwirkungen.

(12) ***Richtig***. Siehe bei (11).

(13) *Falsch*. Die Gedankenstopp-Technik kann zwar eine hilfreiche Unterstützung beim Unterbrechen störender Gedankenketten („Spielfilme") – etwa nach Pflichtspielen – sein. Allerdings ist sie nur wirksam, wenn sie intensiv und dauerhaft eintrainiert wird. Das einmalige und spontane Stopp-Sagen oder Stopp-Denken ist hier nicht ausreichend. Bedenken Sie: Die „Spielfilme" laufen hartnäckig und meist bereits über längere Zeit stets nach ähnlichem (für das Einschlafen unangenehmen) Muster ab. Dann wäre es ja beinahe ein Wunder, wenn sich der Mechanismus quasi ohne Mühe und Anstrengung unterbrechen oder beheben ließe.

(14) ***Richtig***. Oftmals ist der Nachtschlaf behindert, weil man sich bereits im Bett Gedanken über anstehende Spielnachbesprechungen in nächster Zeit macht. Durch das Bearbeiten eines sog. Nachspiel-Protokolls inklusive des Festhaltens wichtiger Aspekte entsteht die Gewissheit, bis zur nächsten Teambesprechung rsp. zum nächsten Morgen nichts Wesentliches zu vergessen – und demnach beruhigt einschlafen zu können.

(15) ***Richtig***. Man funktioniert und fühlt sich nicht immer gleichgut. Warum sollte es also ein Problem sein, ab und zu schlecht zu schlafen? Das führt zu keinerlei gesundheitlichen (irreversiblen) Beeinträchtigungen.

Kapitel 13: Mentaltraining im Nachwuchsleistungsfußball

(1) *Falsch*. Prinzipiell kann Mentaltraining auch mit Kindern und Jugendlichen durchgeführt werden. Allerdings müssen die einzelnen Methoden manchmal auf die Bedürfnisse und Entwicklungsbesonderheiten der jüngeren Fußballer abgestimmt werden. Besonders diagnostische Methoden, die Kommunikation zwischen Fußballtrainer/ Mentaltrainer und Fußballer sowie das psychologisch untermauerte Taktiktraining müssen durchdacht angewendet werden.

(2) ***Richtig***.

(3) *Falsch*. Das Performance Profiling ist eine besondere Diagnostik-Methode. Sie greift die subjektiven Ansichten und Meinungen bezüglich sportartspezifischer leistungskritischer mentaler und körperlicher Faktoren auf und stellt sie u. a. grafisch dar. Der Einsatz im Kindertraining ist nicht zu empfehlen, da die Reflexionsfähigkeit in diesem Alter noch nicht ausdifferenziert ist. Im fortgeschrittenen Jugendalter lässt sich das Verfahren dann eher anwenden.

(4) ***Richtig***. Die Denkfähigkeit entwickelt sich im Verlauf des Kindes- und Jugendalters und folgt einer genetisch vorgegebenen Struktur. Das Mentale Training im engeren Sinn (d. h., bildlich-gedankliches Vorstellungstraining) als Hilfe der Taktikschulung hängt wesentlich von vielfältigen Denk- und Vorstellungsprozessen ab. Da ein differenziertes Denkvermögen erst im späteren Jugendalter entwickelt ist, macht ein differenziertes, mental unterstütztes Taktiktraining im Kindesalter keinen Sinn und ist unwirksam. Hier ist es sinnvoller, unsystematisch Beobachtungsübungen oder Selbstgespräche ins Training einzubauen. Somit lässt sich ebenfalls mental trainieren, allerdings noch nicht in systematischer und differenzierter Art und Weise. Solche

differenzierten und systematischen (d. h., lernschritt-bezogenen) Vorgehensweisen können im fortgeschrittenen Jugendalter praktiziert werden.

(5) *Falsch*. Mentales Training lässt sich auch für Fußballer mit Migrationshintergrund oder Lernschwierigkeiten sinnvoll nutzen. Allerdings muss vor allem dafür Sorge getragen werden, dass schriftliche oder mündliche Inhalte und Anweisungen verstanden werden. Durch Beachtung von Prinzipien der sog. Einfachen Sprache kann dies wesentlich erleichtert werden. Aber Vorsicht: ‚Einfach' heißt nicht Verkindlichung oder trivial.

C Kopiervorlagen / Protokolle

C.0 Beispiel einer Performance Profiling-Visualisierung

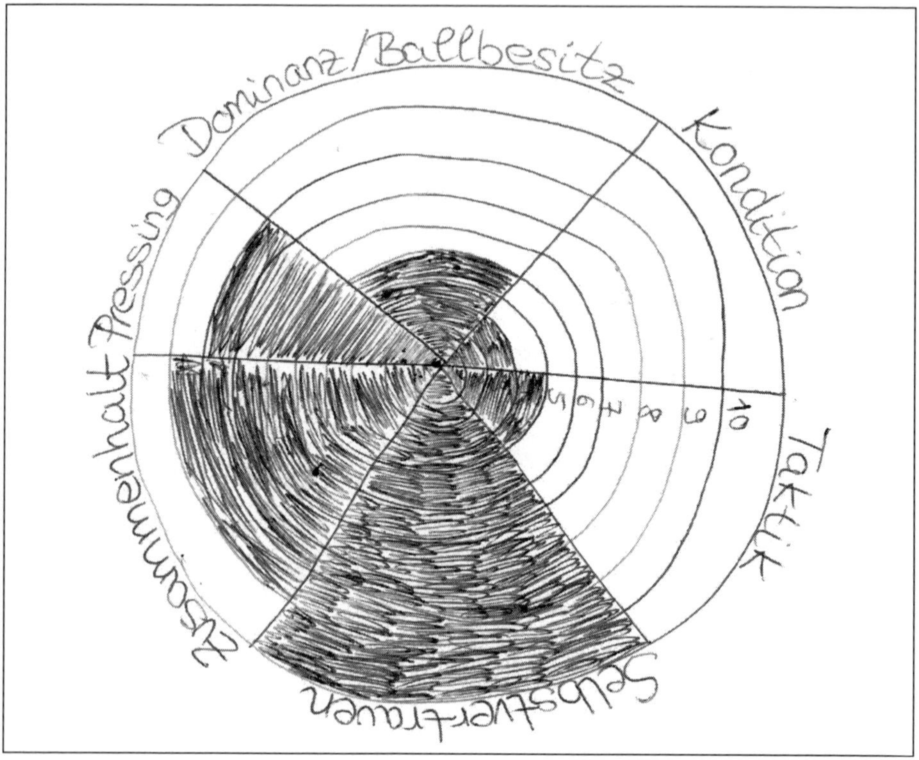

C.1 Comeback-Planer (Kap. 10: Verletzungen)

COMEBACK-PLANER		
Endziel: Ich möchte am wieder ein Pflichtspiel bestreiten!		
(1) Zwischen-Ziel / am:		
► Dafür tue ich konkret:		
► Ziel erreicht, wenn (Kriterien):		
(2) Zwischen-Ziel / am:		
► Dafür tue ich konkret:		
► Ziel erreicht, wenn (Kriterien):		
(3) Zwischen-Ziel / am:		
► Dafür tue ich konkret:		
► Ziel erreicht, wenn (Kriterien):		
(4) Zwischen-Ziel / am:		
► Dafür tue ich konkret:		
► Ziel erreicht, wenn (Kriterien):		
(5) Zwischen-Ziel / am:		
► Dafür tue ich konkret:		
► Ziel erreicht, wenn (Kriterien):		
Ich** (Name des Spielers)* ***verpflichte mich, das Vereinbarte einzuhalten!		
Kenntnisnahme:		
Cheftrainer:	***Co-Trainer:***	***Physio etc.:***

C.2.1 Aktivitäten-Checkliste (Monat) (Kap. 11: Wohlbefinden)

AKTIVITÄTENCHECKLISTE (Monatsliste)	
Anmerkung (z. B.: Erledigungs-stichtag / „Deadline" / teilerledigt...):	***Zu erledigende Aktivitäten:***

C.2.2 Aktivitäten-Checkliste (Woche) (Kap. 11: Wohlbefinden)

AKTIVITÄTENCHECKLISTE (Wochenliste)	
Anmerkung (z. B.: Erledigungs-stichtag / „Deadline“ / teilerledigt...):	***Zu erledigende Aktivitäten:***

C.2.3 Planungshelfer-Tagesplanung (Kap. 11: Wohlbefinden)

PLANUNGSHELFER – TAGESPLANUNG		
Nr.:	***Angedachte Aktivitäten:***	***Geschätzte Zeitdauer (in Stunden):***
Σ	**Gesamtarbeitszeit = Std. // 60% davon = Std.**	Σ **Std.**

C.2.4 Konkreter Tagesplan (Kap. 11: Wohlbefinden)

KONKRETER TAGESPLAN		
✓ erledigt	***Uhrzeit (von-bis):***	***zu erledigende Aufgabe:***

C.2.5 Lösungen statt Probleme (Kap. 11: Wohlbefinden)

LÖSUNGEN STATT PROBLEME

(1) **Problembeschreibung:** Was ist das Problem?

► Was ist nicht so, wie es sein soll? (z. B.: *unkonzentrierte Spielweise des Teams*)

► Woran erkenne ich, dass das nicht so ist, wie es sein soll? (*z. B.: mehr statistisch nachweisbare Abspielfehler als gewöhnlich im Durchschnitt*)

► Wie müsste es sein, damit ich damit zufrieden wäre? (z. B.: *Abspielfehler-Quote dürfte unseren Durchschnittswert nicht übersteigen*)

(2) **Ideensammlung:** zügig denkbare Lösungen auflisten

- Option 1:
- Option 2:
- Option 3:
- Option 4:

(3) **Entscheidung:** Welche ist die praktikabelste Lösung?

Konsequenz (k/l) / Wahrsch. (k/l):

- Option 1:
- Option 2:
- Option 3:
- Option 4:

(4) **Stopp!** Zurückschauen verboten!

(5) **Lösungsrealisierung:** Nichts und Niemand bringt mich von der Durchführung ab!

►► Ich setze Option in die Tat um und gehe folgendermaßen vor:

(1)

(2)

(3)

(6) **Erfolgskontrolle:** War die durchgeführte Lösung erfolgreich/wirksam?

∑+: Was wurde erreicht?

∑-: Was wurde nicht erreicht?

∑∑: Was könnte zukünftig wirksamer sein?

(7) **Stopp!** Jetzt interessieren nur noch zukünftige Herausforderungen!

C.3 Spielnachbesprechungs-Protokoll (Kap. 12: Einschlafen)

SPIELNACHBESPRECHUNGS-PROTOKOLL
(1) Geklappt: Was war/verlief positiv im Spiel?
Positiv war (+): ☻ ☻ ☻ ☻
(2) Misslungen: Was sollten wir verbessern?
Negativ war (-): ◘ ◘ ◘ ◘
(3) Denkbare Umsetzungen im Training: Wie könnten die Fehler behoben werden?
► ► ► ► ►
(4) Realistische Umsetzungen: Welche Maßnahmen lassen sich realistischerweise im Training realisieren?
(a) Wenn ich X mache, dann ergibt sich Y – In unserer Situation realistisch? -- (1="völlig unrealistisch"; 6="absolut r.") ► ► ► ► ►
(5) Das ist es: Wie trainieren wir die kommende Woche konkret?
►► ►► ►► ►► ►► ►►

Die Autoren

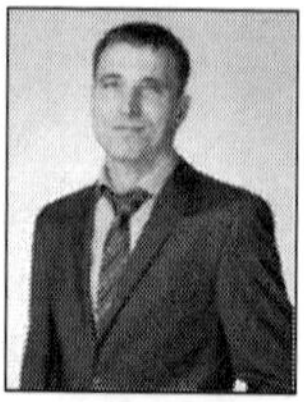

Prof. Dr. phil. habil. Rainer Schliermann, studierte an der Fachhochschule Würzburg-Schweinfurt und den Universitäten Bamberg und Halle-Wittenberg Erziehungswissenschaft, Kommunikationswissenschaft (Journalistik), Psychologie, Soziale Arbeit und Sportwissenschaft. Er promovierte an der Universität Halle-Wittenberg mit einem Thema zur Burnout-Prävention bei Fußballtrainern und analysierte im Rahmen seiner Habilitation die psychischen Leistungsvoraussetzungen im Rollstuhlbasketball. Im Jahr 2005 schloss er das Fortbildungscurriculum *Sportpsychologie im Leistungssport* (asp/BDP) erfolgreich ab. Nach Stationen als Wissenschaftlicher Leiter des Forschungsinstituts für Inklusion durch Bewegung und Sport (FIBS) an der Deutschen Sporthochschule Köln (An-Institut) und Vertretungsprofessor für Exercise Psychology (Sportpsychologie) an der Universität Leipzig ist er aktuell Professor für Erziehungswissenschaften und sozialwissenschaftliche Forschungsmethoden an der Ostbayerischen Technischen Hochschule (OTH) Regensburg. Zu seinen Spezialgebieten gehören u. a. Fragen der psychologischen Leistungsoptimierung von Athlet*innen und Sporttrainer*innen im (Hoch-) Leistungssport. Er war langjähriger Hochleistungssportler im leichtathletischen Mittelstreckenlauf und Paralympics-Sydney 2000-Teilnehmer.

Kontakt: Ostbayerische Technische Hochschule (OTH) Regensburg, Fakultät Sozial- und Gesundheitswissenschaften, Seybothstr. 2, 93053 Regensburg.
E-Mail: rainer.schliermann@oth-regensburg.de

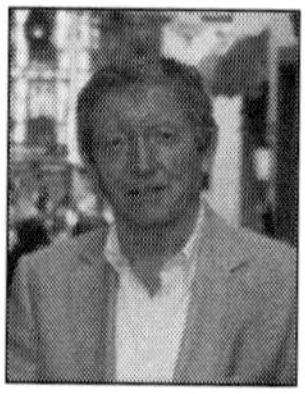

Horst Hülß (*05.09.1938 in Rossach b. Coburg [Oberfranken]; † 07.10.2022 in Mainz), war verheiratet, hatte eine Tochter, 1958 Abitur am Gymnasium „Ernestinum“ in Coburg, studierte an der Deutschen Sporthochschule Köln (Sport) und an der Universität Köln (Geographie, Chemie, Pädagogik und Philosophie) für das Lehramt an Gymnasien, schon mit 24 Jahren absolvierte er die Ausbildung zum Fußball-Lehrer (UEFA-Pro-Lizenz), im Hauptberuf Gymnasiallehrer bis zur Pensionierung 2003 als Studiendirektor am Schlossgymnasium Mainz und gleichzeitig Lehrbeauftragter an der Universität Mainz/Fachbereich „Angewandte Sportpädagogik“ von 1973 bis 1995, Spielleiter im Schulfußball des Südwestdeutschen Fußballverbandes von 1973 bis 2003 und ab 1990 Organisationsleiter für den Wettkampf IV für Rheinhessen-Pfalz, ab 1977 dann Mitglied im Bund Deutscher Fußball-Lehrer (BDFL) und seit 1996 bis 2012 Pressechef im Bundesvorstand als verantwortlicher Redakteur für das BDFL-Journal, eine Verbandszeitschrift, von 2001 bis 2010 Beisitzer für Fußball-Lehrer im Sportgericht des Deutschen Fußball-Bundes (DFB), mehrfach für den Hessischen Fußball-Verband als Referent in Theorie und Praxis für Übungsleiter tätig, spielte aktiv bei Viktoria Köln (1960 bis 1965) in der Oberliga West und ab 1963 bis 1965 in der Regionalliga West, von 1965 bis 1968 in der Regionalliga Südwest beim 1. FSV Mainz 05, über 30 Jahre Trainer im Rhein-Main-Gebiet u. a. bei Mainz 05 auch in der A- und B-Jugend sowie als Cheftrainer 1976 bis 1980 in der Amateur-Oberliga-Südwest, vorher schon 1976 in der damaligen 2. Bundesliga-Süd, danach 1988/89 erneut in der 2. Bundesliga, Auszeichnungen und Ehrungen: BDFL-Verdienstnadel 2012, Goldene Verdienstnadel 1. FSV Mainz 05 2012, Ehrenmitglied bei Viktoria Köln 2012, seit 2009 Mitglied im Ältestenrat vom 1. FSV Mainz 05.